풀 면 서 익 히 다

# 사 자 성 어 퍼 즐 1

# 사자성어 퍼즐 1

## 풀면서 익히다

**초판 1쇄 발행** 2025년 11월 28일

**지은이** 배호식
**펴낸이** 장현수
**펴낸곳** 메이킹북스
**출판등록** 제 2019-000010호

**표지** 홍규선
**교정** 안지은
**마케팅** 이지현

**주소** 서울특별시 구로구 경인로 661, 핀포인트타워 912-914호
**전화** 02-2135-5086
**팩스** 02-2135-5087
**이메일** making_books@naver.com
**홈페이지** www.makingbooks.co.kr

ISBN 979-11-6791-811-6(03700)
값 25,000원



홈페이지 바로가기

메이킹북스는 저자님의 소중한 투고 원고를 기다립니다.
출간에 대한 관심이 있으신 분은 making_books@naver.com로 보내 주세요.

四字成語

풀면서 익히다

# 사자성어 퍼즐 1

동의어, 유의어, 반의어 망라!

배호식 엮음

Puzzle

메이킹북스

# 출간(出刊)의 변(辯)

현대(現代)를 사는 대부분(大部分) 사람은 '하기 싫은 일'을 열심(熱心)히 하며 산다. '하고 싶은 일'을 즐겁게 하며 사는 사람이 많은 사회(社會)가 진정(眞正)한 복지국가(福祉國家)가 아닐까? 슬프게도 생계(生計)를 위하여 하기 싫은 일을 열심히 하며 산다. 나는 그에 전형적(典型的)인 삶을 살았다.

신학대학(神學大學)을 입학(入學)하고 교회(教會) 전도사(傳道師)라는 역할(役割)을 하며 20대를 보낸 나는 자의(自意) 반, 타의(他意) 반으로 목사(牧使)라는 성직(聖職?)의 길을 포기(抛棄)하고 일반인(一般人)의 삶을 살았다. 그때는 이미 한 여인(女人)의 남편(男便)이었고, 두 아이의 아비였다. 그때부터 잘하지 못하고 하기 싫은 온갖 일을 하며 살았다. 그렇게 30여 년을 살며 나이 지천명(知天命)이 되었을 때, 막내딸의 "'출가외인(出嫁外人)'이라고 생각해!"라는 말을 들었다. 소위(所謂) 독립선언(獨立宣言)이다.

이 세상의 남자(男子)는 자식(子息) 있는 자와 없는 자로 나뉜다. 아비라는 자는 책임감(責任感)이라는 당연(當然)함으로 인해 잘하지 못하고 하기 싫은 일도 열심(熱心)히 해야 했고 나중에는 전문가(專門家), 달인(達人) 등의 칭송(稱頌)도 받게 되는 거다. 하기 싫었다. 아내는 '하기 싫으면 하지 마!' 한다. 몇 달은 잘 놀았다. 그리고 생각했다. 나는 무얼 하고 싶은가? 잘할 수 있는 일은 무엇인가? 글을 쓰고 싶었다. 나름의 파란만장(波瀾萬丈)한 삶에 관한 이야기를 쓰고 싶었다. 그러나 그것이 직업(職業)이 될 수는 없는 노릇 아닌가? 누가 내 글을 기다리며 읽어준다는 말인가? 틈틈이 소일거리를 하며 젊은 날 스포츠 신문(新聞)의 낱말 퍼즐을 풀던 때를 떠올리며, 사자성어 위주(爲主)의 퍼즐을 만들기 시작(始作)했다. 전도사 시절 학생(學生)들을 위해 고민(苦悶)하며 성경 퍼즐을 만들던 때를 떠올리며 재미있게 열심히 하여 결국(結局)은 다섯 권의 책(冊)을 출간(出刊)하기에 이르렀다. 그때 모은 사자성어를 한데 묶어 '사자성어(四字成語) 집대성(集大成)'이라는 방대(尨大)한 분량(分量)의 사전(事典) 또한 출간하였다. 이 책은 이미 몇 년 지나 없어진 책인데, 저자(著者)로서는 너무도 아까운 것이라 이번 기회(機會)에 재편집(再編輯)하여 다시 세상에 내보내어 평가(評價)받고자 한다.

많은 사람에게는 매우 어렵고 관심(關心) 없는 분야(分野)의 책이다. 특히 한자(漢字) 교육(教育)의 중단(中斷)으로 더욱 그럴 것이다. 그렇기에 더욱 고집(固執)하게 된다. 한자는 중국만의 문자(文字)가 아니다. 오랜 역사(歷史)에서 많은 한자문화권의 나라가 사용(使用)한 공통(共通)의 문자이다. 젊은이들의 어휘력(語彙力) 부족(不足) 현상(現象)의 심각성(心覺性)이 대두(擡頭)되고 있고, 한글과 한국어(韓國語)가 세계적(世界的)으로 관심인 시기(時機)에, 한자 교육의 부활(復活)이라는 막중(莫重)한 문제 앞에, 우리가 늘 쓰는 사자성어는 그야말로 불가근불가원(不可近不可遠)이 아닐까? 많이 판매(販賣)되지 않겠지만 그래도 이에 의의(意義)를 담아 적지 않은 비용(費用)을 아깝지 않게 여겨 출간(出刊)한다.

쉽게 잡지 마십시오. 어렵다고 저를 욕(辱)하실 겁니다. 더불어 송구(悚懼)스러운 것은 과유불급(過猶不及)이라는 말이 꼭 맞을 만큼 동의어(同義語)와 유의어(類義語)를 많이 실음이다. 이런 말도 있다고 소개(紹介)하고 싶고, 내 심중(心中)에는 어렵게 찾아 모았다는 것에 대한 인정(認定)과 위로(慰勞)를 받고 싶음이 깔려있다. 이제는 글다운 글을 써야겠다. 우리네 진솔(眞率)한 삶의 이야기를---

2025년 12월,

배호식

# 첫 번째

## 가 로 열 쇠

1. 「맺은(묶은) 사람이 풀어야 함」 일을 저지른 사람이 해결(解決)하여야 함.

3. 「근본(根本)을 빼내고 원천(源泉)을 막아 버림」 좋지 않은 일의 근본 원인(原因)이 되는 요소(要素)를 완전(完全)히 없애 버림.

거기지엽(去其枝葉), 삭주굴근(削柱掘根)
전초제근(翦草除根), 부저추신(釜底抽薪)

5. 연못이나 논의 물에 떠서 사는 여러해살이풀.

의지(依支)할 데가 없어 정처(定處) 없이 떠도는 신세(身世)를 비유(譬喩)함.

개구리밥, 머구리밥, 수평(水萍)

6. 이리저리 비추어 보아서 알맞게 고려(考慮)함.

・부끄럽게 여김.

참괴(慙愧), 참뉵(慙恧)

7. 복잡(複雜)하고 시끄러운 일이나 사건(事件)이 벌어지는 가운데.

흐르는 물이 소용돌이치는 가운데.

8. 겉으로 드러나지 않게 속으로 생각하여 정(情)이 깊음.

태도(態度)나 표정(表情) 따위가 겸손(謙遜)하고 정중(鄭重)함.

10. 부녀자(婦女子)들이 전통(傳統) 예복(禮服)을 입을 때에 머리에 쓰는 관(管).

족관(簇兜), 족관(簇冠), 족아(簇兒)

12. 대상(對象) 그 자체에 전혀 이질적(異質的)인 잡것의 섞임이 없음.

13. 학문(學問)이나 경력(經歷), 세력(勢力) 등이 뛰어나 사회적(社會的)으로 큰 영향력(影響力)을 갖는 인물(人物).

14. 사물(事物)의 현상(現狀)이나 동태(動態) 따위를 주의(注意)하여 잘 살펴봄.

15. 나뭇가지를 다듬거나 잘라냄.

・자르지 않은 온 장의 종이.

16. 모르는 사람과 처음으로 인사(人事)할 때 성과 이름을 서로에게 알려 줌.

18. 굽히거나 지지 않으려고 맞서서 버티거나 항거(抗拒)함.

반항(反抗), 저항(抵抗)

20. 낮은 지위(地位)나 직위(職位)로 자리를 옮기거나 한직(閑職)으로 전근(轉勤)됨. ↔ 영전(榮轉)

21. 잘못이나 허물을 드러내어 꼭 집어 말함.

22. 어떤 현상(現狀)이 압도적(壓倒的) 우위(優位)를 차지하는 것.

23. 「엎지른 물」 한 번 저지른 일은 다시 바로잡거나 돌이킬 수 없음.

화부재양(華不再揚), 숙불환생(熟不還生)
이발지시(已發之矢), 파경부조(破鏡不照)
복수불반분(覆水不返盆)
낙화난상지(洛花難上枝)
왕자불가간(往者不可諫)

24. 이치(理致)에 맞지 않는 말을 억지로 끌어 붙여 자기에게 유리(有利)하도록 맞춤.

부회지설(附會之說), 수석침류(漱石枕流)
아전인수(我田引水), 영서연설(郢書燕說)
영서연열(郢書燕說), 지록위마(指鹿爲馬)
천착지학(穿鑿之學), 추주어륙(推舟於陸)

## 세 로 열 쇠

1. 「풀을 묶어서 은혜(恩惠)에 보답(報答)함」 죽은 뒤에라도 은혜를 잊지 않고 갚음.

각골난망(刻骨難忘), 난망지은(難忘之恩)
명기누골(銘期鏤骨), 명심불망(銘心不忘)
백골난망(白骨難忘), 위과결초(魏顆結草)

2. 「믿는 도끼에 발등 찍힌다」 믿는 사람에게 배신(背信)을 당함.

자부월족(自斧刖足), 신부작족(信斧斫足)
자부작족(自斧斫足)

3. 조그만 일에도 발끈하여 성을 잘 내는 사람. 제주(濟州) 지방(地方)의 방언(方言)이다.

4. 소득(所得)이나 수익(收益)을 지급(支給)하는 쪽에서 세금(稅金)의 일부(一部)를 거두어들이는 방법(方法).

9. 어떤 활동(活動)의 터전으로 삼는 중요(重要)한 장소(場所).

11. 일이 잘되도록 이리저리 힘쓰거나 처리(處理)하는 솜씨.

주변성(周邊性), 돌림성, 변통성(變通性)

12. 순시(巡視)하며 살피는 일을 담당(擔當)하기 위해 조직(組織)된 부대(部隊)나 경찰대(警察隊).

15. 「화(禍)가 바뀌어 오히려 복(福)이 됨」 좋지 않은 일이 계기(契機)가 되어 오히려 좋은 일이 생김.

새옹지마(塞翁之馬), 새옹화복(塞翁禍福)
새옹득실(塞翁得失), 반화위복(反禍爲福)
↔ 낙극생비(樂極生悲), 흥진비래(興盡悲來)

16. 「하늘에 통하는 운수(運數)」 좋은 운수를 말함.

17. 분명(分明)하게 알고 똑똑히 봄.

밝은 지혜(知慧)와 정확(精確)하고 확실(確實)한 견해(見解).

19. 「하늘 끝까지 올라가서 내려올 줄 모르는 용(龍)은 후회(後悔)하게 됨」 극히 존귀(尊貴)한 지위(地位)에 오른 자는 교만(驕慢)함을 경계(警戒)하지 않으면 실패(失敗)하여 후회하게 된다는 말.

세고익위(勢高益危)

# 두 번째

## 가 로 열 쇠

1. 눈앞의 이익(利益)을 보면 먼저 의리(義理)를 생각함.
↔ 견리망의(見利忘義)

3. 불을 피울 적에 불이 쉽게 옮겨붙도록 먼저 태우는 물건(物件).

5. 어떤 상태(狀態)를 판단(判斷)하여 결정(決定)할 만한 잣대가 되는 수(數)나 값.

6. 시간(時間)으로나 순서상(順序上)으로 앞서서. 우선(于先)

7. 낮 열두 시부터 밤 열두 시까지의 동안.
오후(午後), 과오(過午) ↔ 상오(上午)

8. 남을 괴롭히려는 고약하고 심술궂은 마음.
· 자세(仔細)하게 조사(調査)하여 등급(等級)이나 당락(當落) 따위를 결정(決定)함.
· 마음속으로 생각하는 일. 또는 그 생각.

10. 임금에게 올리는 글.
봉장(封章), 주소(奏疏), 진소(陳疏)

12. 산등성이를 따라 죽 이어진 선(線).
· 무늬가 있는 비단(緋緞)으로 만든 부채.

13. 사람의 성(姓) 뒤에 붙여, 그 사람을 다른 사람과 구별(區別)하여 부르는 명칭(名稱).
· 어떤 사물(事物)이나 단체(團體)를 다른 것과 구별(區別)하여 부르는 일정한 칭호(稱號).

14. 어떤 관점(觀點)의 바탕을 이루는 기본(基本) 테두리의 생각. 시각(視覺)
직면(直面)한 형편(形便)이나 상황(狀況).

15. 멎지 아니하고 계속(繼續) 내리는 비.
· 매우 놀라서 어찌할 줄을 모름.

16. 인간(人間)의 사회(社會)나 세계(世界)에서 벌어지는 일.

18. 몹시 싫어하거나 꺼림.
숨이 막힘. 질기(窒氣)

20. 어떤 대상(對象)의 생김새나 모양(模樣). 매무새
· 글자의 모양이나 글자 꼴.

21. 여러 사람의 각각(各各)의 얼굴.

22. 인동과(忍冬科)에 속한 반상록(半常綠) 덩굴성 관목(灌木).
김대중 대통령(金大中 大統領)을 상징(象徵)함.

23. 특정(特定)한 지역(地域)에 살고 있거나, 특정 지역(地域) 출신(出身)인 사람들에게 다른 지역 사람들이 갖는 좋지 않은 생각이나 편견(偏見).

24. 물건(物件) 가격(價格)을 큰 폭으로 낮추어 파는 일. 투매(投賣)

## 세 로 열 쇠

1. 어떤 물건(物件)을 실제(實際)로 보면 그것을 가지고 싶은 욕심(慾心)이 생김.

2. 「의기(意氣)가 쇠(衰)하여 활기(活氣)가 없음」 기운(氣運)이 없어지고 풀이 죽음.

의기소침(意氣銷沈)

↔ 의기양양(意氣揚揚)

3. 지위(地位)나 나이, 학식(學識) 따위가 자기(自己)보다 못한 사람에게 묻는 것을 부끄러워하지 않음.

하문불치(下問不恥), 공자천주(孔子穿珠)

4. 지난날의 잘못이나 허물을 고쳐 올바르고 착하게 됨.

개과자신(改過自新), 회과천선(悔過遷善)

9. 겉으로는 비슷하나 속은 완전(完全)히 다른 가짜.

사시비이(似是而非), 사이비자(似而非者)

어목연석(魚目燕石)

11. 생산자(生産者)나 도매상(都賣商)에게서 물품(物品)을 사들여 소비자(消費者)에게 파는 장사.

12. 사정(事情)없이 몰아치는 매질.

몰매질, 무릿매질

15. 「하늘이 진동(振動)하고 땅이 흔들림」 위력(威力)이나 기세(氣勢)를 천하에 떨침.

경천동지(驚天動地), 번천흔지(翻天掀地)

석파천경(石破天驚), 진천해지(震天駭地)

16. 세상 사람들의 인심(人心)과 세상(世上) 물정(物情).

인정물태(人情物態), 인심세태(人心世態)

17. 「사방(四方)에서 들리는 초(楚)나라의 노래」 아무에게도 도움이나 지지(支持)를 받을 수 없는 고립(孤立)된 상태(狀態)에 처하게 됨. 초가(楚歌)

고립무원(孤立無援), 낭패불감(狼狽不堪)

진퇴유곡(進退維谷), 사면수적(四面受敵)

진퇴양난(進退兩難), 진퇴무로(進退無路)

사면수적(四面受敵)

19. 궁벽(窮僻)한 것을 캐내고 괴이(怪異)한 일을 행함.

괴벽(怪癖)스러운 짓을 함.

| | | | | | | | | |
|---|---|---|---|---|---|---|---|---|
| 1 | | | 2 | ■ | 3 | | | 4 |
| | ■ | ■ | 5 | | | ■ | ■ | |
| | ■ | 6 | | ■ | 7 | | ■ | |
| 8 | 9 | ■ | 10 | 11 | | ■ | 12 | |
| ■ | 13 | | ■ | | ■ | 14 | | ■ |
| 15 | | ■ | 16 | | 17 | ■ | 18 | 19 |
| | ■ | 20 | | ■ | 21 | | ■ | |
| | ■ | ■ | 22 | | | ■ | ■ | |
| 23 | | | | ■ | 24 | | | |

# 세 번째

## 가 로 열 쇠

1.「달면 삼키고 쓰면 뱉는다」사리(事理)에 옳고 그름을 돌보지 않고, 자기(自己) 비위(脾胃)에 맞으면 취하고 싫으면 버림.

조진궁장(鳥盡弓藏), 토사구팽(兎死狗烹)

3.「신을 신고 발바닥 긁기」마음으로는 애써 하려 하나 사물(事物)의 정통(精通)을 찌르지 못해 답답함을 이르는 말.

격화파양(隔靴爬癢), 두양소근(頭痒搔跟)

슬양소배(膝痒搔背), 도로무공(徒勞無功)

서과피지(西瓜皮舐)

↔ 일침견혈(一針見血), 단도직입(單刀直入)

6. 몹시 애가 타게 바라고 구함.

갈망(渴望)

7. 어미 소가 송아지를 사랑하여 혀로 핥음. 노우지독지애(老牛舐犢之愛)

지독지애(舐犢之愛), 지독지정(舐犢之情)

8.「달팽이의 뿔」아주 좁은 지경(地境)이나 매우 작은 사물(事物)을 비유(比喩)하는 말. 와우각상(蝸牛角上)

10. 몸의 한 부분(部分)이 부풀어 터질 것 같은 느낌.

12. 아주 작은 몸집.

짤막한 글귀.

사물(事物)을 자른 면.

13. 설을 맞이하여 새로 단장(丹粧)하기 위한 옷이나 신 따위. 세장(歲粧)

14. 자립성(自立性)과 분리성(分離性)을 가진 말의 최소(最小) 단위(單位).

15. 다름이 없이 마찬가지로.

16. 같은 성(性)끼리의 사랑.

18.「귀신(鬼神)의 장난」일의 진행(進行)되는 과정(過程)에 나타나는 뜻밖의 방해(妨害)나 헤살. 마장(魔障)

• 말을 타고 갖가지 재주를 부리는 일.

20. 절묘(絶妙)하고 비상(非常)한 기술(技術)과 재주.

있는 그대로 묘사(描寫)하여 기록(記錄)함.

21. 겨를 없이 서둘러 알림.

급고(急告), 비보(飛報)

22. 재물(財物)이 넉넉하면 자연(自然)히 집이 윤택(潤澤)하게 보임.

심광체반(心廣體胖)

23. 말로 설명(說明)할 수 없는 진여(眞如).

24.「까마귀 날자, 배 떨어짐」아무런 관계(關係)도 없이 한 일이 공교(工巧)롭게도 다른 일과 때가 일치(一致)해 혐의(嫌疑)를 받게 됨.

과전이하(瓜田李下)

과전불납리(瓜田不納履)

이하부정관(李下不整冠)

## 세 로 열 쇠

1. 「우물 안 개구리」 견문(見聞)이 좁고 세상(世上) 형편(形便)에 어두운 사람.

옹리혜계(甕裏醯鷄), 야랑자대(夜郎自大)
정중관천(井中觀天), 용관규천(用管窺天)
이려측해(以蠡測海), 척택지예(尺澤之鯢)
하충어빙(夏蟲語氷)

2. 「사냥에서 토끼를 잡으면, 사냥하던 개를 잡아먹음」 필요(必要)할 때 요긴(要緊)하게 써먹고 쓸모가 없어지면 가혹(苛酷)하게 버림.

적국파모신망(敵國破謀臣亡),
교토사이주구팽(狡兎死而走狗烹)
야수이진엽구팽(野獸已盡獵狗烹),
교토구팽(狡兎狗烹), 주구팽(走狗烹)

3. 많이 바뀐 세상(世上)이 된 것 같은, 또는 딴 세대(世代)와 같이 변화(變化)가 있었음.

금석지감(今昔之感), 능곡지변(陵谷之變)
상전벽해(桑田碧海), 화옥산구(華屋山丘)

4. 「좋은 약은 입에 씀」 충언은 귀에 거슬림.

양약고어구이어병(良藥苦於口利於病)
충언역어이이이어행(忠言逆於耳而利於行)
고약이병(苦藥利病), 약석지언(藥石之言)
정문일침(頂門一鍼), 촌철살인(寸鐵殺人)

9. '장타령꾼'을 얕잡아서 하는 말.

11. 오래도록 둥지에서 어미 새의 도움을 받아야 하는 새끼 새의 늦게 성장(成長)하는 성질(性質). 유소성(留巢性),

조성성(早成性), 이소성(離巢性)

12. 임종시(臨終時).

숨이 끊어질 때의 고통(苦痛). 숨이 끊어질 때 내뱉는 짧은 비명(悲鳴).

15. 일이나 이치(理致)에 어둡고 어리석은 사람.

무지러지거나 헐어서 못 쓰게 된 물건(物件).

16. 집단(集團)이나 개인(個人) 혹은 동물(動物)에게 자극(刺戟)을 주어 목표(目標)하는 행동(行動)을 불러일으키는 일.

17. 「사랑이 지붕 위의 까마귀에끼지 미침」 그 사람과 연관(聯關)된 사람이나 물건(物件)까지도 사랑함

애급옥상오(愛及屋上烏), 옥상오(屋上烏)

19. 기쁨과 노여움, 슬픔과 즐거움.

희비애락(喜悲哀樂), 희비애환(喜悲哀歡)

# 네 번째

## 가 로 열 쇠

1. 그 나라에서 발생(發生)하여 과거(過去)로부터 현재(現在)까지 전해 내려오는 고유(固有)한 문화(文化).

3. 이리저리 마구 치고받고 부딪힘.
아무 사람이나 구분(區分)하지 않고 함부로 맞닥뜨림.
동충서돌(東衝西突), 좌우충돌(左右衝突)

5. 이익(利益)이 되지 않고 손해(損害)가 되는 데가 있음.
· 이롭지 못함.

6. 떠들썩하게 일을 벌이거나 매우 부산하게 법석거림.
서로 시비(是非)의 실마리를 끌어 일으킴.
야기요단(惹起鬧端), 야료(惹鬧)

7. 서로 시끄럽게 다툼.
패로 갈라져서 다툼.
성이 나서 다툼.

8. 대기권(大氣圈) 밖의 공간(空間).
· 무한(無限)한 시간(時間)과 온갖 사물을 포괄(包括)하는 공간(空間).
· 건물(建物)의 모퉁이에 세운 기둥.

10. 어떤 활동(活動)이나 동작(動作)의 주체(主體)인 사람.

12. 한쪽 끝에서 다른 쪽까지의 거리.
어떤 때로부터 여느 때까지의 사이.

13. 각각(各各)의 것이 일정(一定)한 원리(原理)에 따라 계통적(系統的)으로 결합(結合)된 조직(組織).

14. 한데 뒤섞여 매우 어수선하고 떠들썩함.
· 갈피를 잡을 수 없이 어지러움.

15. 오랜 시간 지속(持續)되어 어느새 익숙해져 버린 상태나 성질(性質).
· 늦게야 이루어짐. ↔ 급성(急性)
· 야만(野蠻)스러운 성질(性質).

16. 사회(社會)에 관한 기사(記事)를 싣는 지면(誌面).

18. '이'를 속되게 이르는 말.

20. 사람이나 물체(物體)가 차지하고 있는, 일정(一定)한 넓이의 공간(空間)이나 장소(場所).

21. 국가 기관(國家機關)이나 행정기관(行政機關)에서 어떤 기술(技術) 자격(資格)을 인정(認定)하여 허가(許可)함.

22. 예전에, 벼슬이나 문벌(門閥)이 높은 집안의 사람을 이르던 말.

23. 「나라의 부끄러움과 백성(百姓)의 욕됨」 외세(外勢)에 국권(國權)이 농락(籠絡)당하는 것. 을사늑약(乙巳勒約)을 가리킴.

24. 절구에 넣은 곡식(穀食)을 찧는 기구.

## 세 로 열 쇠

1. 장관급(長官級) 이상(以上)의 고위관직(高位官職)에 있던 사람에게 퇴임(退任) 후에도 재임(在任) 때와 같은 예우(禮遇)를 갖추는 일.

회전문 현상(Revolving Door)

2. 재앙(災殃)은 늘 겹쳐서 옴.

전호후랑(前虎後狼)

3. 사회운동(社會運動)에 있어서 급진적(急進的)이고, 과격(過激)한 당파(黨派)에 속한 사람.

일반적(一般的)으로 공산당(共産黨)에 속한 사람.

4. 생물(生物)의 형질(形質)에 어버이의 계통(繼統)에 없던 새로운 형질이 갑자기 출현(出現)하는 현상(現象).

갑작변이, 우연변이(偶然變異)

9. 인간이 어떤 일을 실행(實行)할 때 보여 주는 자유(自由)롭고 자주적(自主的)인 성질(性質)이나 특성(特性).

자발적 능동성(自發的 能動性)

11. 기관(機關)이나 단체(團體) 등에서, 특정(特定)한 일을 처리(處理)하기 위하여 특별한 자격(資格)을 갖춘 사람들로서 구성(構成)된 합의제(合議制) 기구(機構).

12. 앞에 나서서 길을 인도(引導)하는 사물(事物)이나 사람.

15. 조국(祖國)이나 고향(故鄕)에서 멀리 떨어진 다른 나라.

16. 사사(私私)로운 이익(利益)과 개인적(個人的)인 욕심(慾心).

사리사복(私利私腹)

17. 오랜 시간(時間) 동안 이어져 끊어지지 않음.

계속부절(繼續不絶), 연속부절(連續不絶)

19. 옷을 모두 벗은.

· 돈이나 재산(財産) 따위를 다 써 버려 가진 것이 없는 사람을 비유하는 말.

# 다섯 번째

## 가 로 열 쇠

1. 「사슴을 가리켜 말이라고 함」 사실(事實)이 아닌 것을 사실로 만들어 강압(强壓)으로 인정(認定)하게 함.

윗사람을 농락(籠絡)하여 권세(權勢)를 마음대로 함.

기군망상(欺君罔上), 흑백전도(黑白顚倒)

전도시비(顚倒是非), 이록위마(以鹿爲馬)

3. 오륜(五倫)의 하나로 「임금과 신하(臣下) 사이에 의리(義理)가 있어야 함」

5. 일정(一定)한 거처(居處)나 직업(職業) 없이 떠돌아다니거나 빈둥빈둥 놀면서 방탕(放蕩)하게 사는 사람.

6. 임금, 국가원수(國家元首) 등의 신변(身邊)을 직접(直接) 호위(護衛)하는 일.

7. 서로 관계(關係)가 좋지 않거나 좋지 않게 지냄.

8. 무엇을 가지거나 누리거나 하고자 간절(懇切)하게 바람.

갈망(渴望), 열망(熱望), 염원(念願)

10. 사물(事物)이나 현상(現想)이 변화(變化), 발전(發展)하지 못하고 한자리에 머무는 기간(其間) 혹은 시기(時機).

12. 사물(事物)을 바라보거나 생각하는 견해(見解).

사고방식(思考方式)이나 행위(行爲) 등의 수준(水尊). 레벨(level)

13. 분하고 노여운 마음.

• 양서류(兩棲類) 이상(以上)의 척추동물(脊椎動物)이 지닌 호흡(呼吸) 기관(器官).

14. 부족(不足)하거나 잘못된 것을 고치어 나아지게 함.

15. 물건(物件)의 밑바닥에 받치는 돌.

• 칼 따위를 갈아서 날을 세우는 데 쓰는 돌.

16. 보급품(補給品)을 조달(調達)하거나 비축(備蓄)하여 분배(分配)하고 정비(整備)하는 임무(任務)를 맡은 부대(部隊).

18. 좋지 않은 일을 몰래 꾸며서 행함.

남을 부추기어 일정(一定)한 방향(方向)으로 행동(行動)하게 함.

20. 지난 일을 더듬어 생각하며 느끼는 회포(懷抱).

21. 좋지 않은 일이나 감정(感情)을 풀어서 없앰.

22. 어떤 것이 바뀌어 달라지거나 탈(頉)이 생겨 제대로가 아닌 상태(狀態).

23. 남에게 잘 보이려고 구차스럽게 아첨(阿諂)함.

아유순지(阿諛順旨), 요미걸련(搖尾乞憐)

연옹지치(吮癰舐痔), 협견첨소(脅肩諂笑)

24. 「이전(以前) 사람이 아직 밟지 않음」 지금까지 아무도 손을 대거나 발을 디딘 일이 없음. 미증유(未曾有)

공전절후(空前絶後), 전무후무(前無後無)

전소미유(前所未有), 파천황(破天荒)

↔ 비비개시(比比皆是)

## 세 로 열 쇠

1. 모든 일에 분수(分數)를 알고 만족(滿足)하게 생각하면 모욕(侮辱)을 받지 않음. 지족지지(知足知止)

2. 「도끼를 갈아 바늘을 만듦」 아무리 이루기 힘든 일이라도 끊임없는 노력(努力)과 끈기 있는 인내(忍耐)로 성공(成功)한다는 말.

군경절축(群輕折軸), 노마십가(駑馬十駕)
수적성천(水積成川), 승거목단(繩鋸木斷)
십벌지목(十伐之木), 우공이산(愚公移山)
인일기백(人一己百), 적수성연(積水成淵)
적우침주(積羽沈舟), 적진성산(積塵成山)
진합태산(塵合太山)

3. 「군자(君子)는 일정(一定)한 용도(用度)로 쓰이는 그릇과 같은 것이 아님」 군자는 한 가지 재능(才能)에만 얽매이지 않고 두루 살피고 원만(圓滿)해야 한다는 말.

주이불비(周而不比), 화이부동(和而不同)

4. 음식(飮食)을 먹는 것과 병(病)을 치료(治療)하는 것은 인간(人間)이 건강(乾薑)을 유지(維持)하도록 하므로 그 근원(根源)이 같음.

약식동원(藥食同源), 약선(藥膳)

9. 절개(節槪) 굳은 아내가 집을 떠난 남편(男便)을 고개나 산마루에서 기다리다 죽어서 되었다는 전설적(傳說的)인 돌.

11. 일정(一定) 동안 머물러 있는 곳.

12. 최선(最善)의 버금가는 방책(方策).

15. 적(敵)의 형편(形便)과 나의 형편을 다 자세(仔細)히 앎.

지피지기(知彼知己)

16. 어떤 자원(資源)이나 재화(財貨)를 이용(利用)하여 생산(生産)이나 소비(消費)를 하였을 경우(境遇), 다른 것을 생산하거나 소비했었다면 얻을 수 있었던 잠재적(潛在的) 이익(利益).

기회원가(機會原價)

17. 「푸른 바다가 변하여 뽕나무밭이 됨」 곧 덧없는 세상의 변천(變遷)을 뜻함.

격세지감(隔世之感), 고안심곡(高岸深谷)
능곡지변(陵谷之變), 상전벽해(桑田碧海)
창상지변(滄桑之變), 화옥산구(華屋山丘)

19. 「동쪽을 묻는데 서쪽을 대답(對答)함」 묻는 말에 대한 전혀 엉뚱한 대답.

| 1 |  |  | 2 | ■ | 3 |  |  | 4 |
|---|---|---|---|---|---|---|---|---|
|  | ■ | ■ | 5 |  |  | ■ | ■ |  |
|  | ■ | 6 |  | ■ | 7 |  | ■ |  |
| 8 | 9 | ■ | 10 | 11 |  | ■ | 12 |  |
| ■ | 13 |  | ■ |  | ■ | 14 |  | ■ |
| 15 |  | ■ | 16 |  | 17 | ■ | 18 | 19 |
|  | ■ | 20 |  | ■ | 21 |  | ■ |  |
|  | ■ | ■ | 22 |  |  | ■ | ■ |  |
| 23 |  |  |  | ■ | 24 |  |  |  |

# 여섯 번째

## 가 로 열 쇠

1. 목적(目的) 달성(達成)을 위해서는 인정(人情)이나 도덕(道德)을 가리지 않고, 권세(權勢)와 모략(謀略)과 중상(中傷) 등 갖은 방법(方法)과 수단(手段)을 쓰는 술책(術策). 권수(權數), 권술(權術)

권모술책(權謀術策)

3. 「백아(伯牙)가 거문고 줄을 끊어 버림」 자기(自己)를 알아주는 절친(切親)한 벗, 즉 지기지우(知己之友)의 죽음을 슬퍼함을 이르는 말.

유수고산(流水高山), 백아파금(伯牙破琴)

5. 나이가 어린 여자아이를 낮추거나 욕(辱)하여 이르는 말.

6. 어떤 대상(對象)에 대하여 아무런 지식(智識)이나 선입견(先入見)이 없는 상태.

아무것도 적지 않은 비어 있는 종이.

· 농사(農事)가 안되어 거두어들일 것이 없는 땅.

7. 어떤 사물(事物)이나 일에서 잘못되거나 불완전(不完全)한 부분(部分).

8. 어떤 의제(議題)나 안건(案件)을 의논(議論)하고 합의(合議)하여 의사(意思)를 결정(決定)함.

10. 전(全) 세계(世界)의 가톨릭교회를 관장(管掌)하는 중앙기관(中央機關).

12. 앞선 세대(世代)의 인류(人類)가 후세(後世)에 남긴 물건(物件).

고인(故人)이 생전(生前)에 사용(使用)하다 남긴 물건.

13. 어떤 사물(事物)이나 사상(思想), 행동(行動), 일 등이 지닌 가치(價値)나 중요성(重要性).

14. 씻기 어려운 부끄럽고 욕된 평판(評判)을 비유적(比喩的)으로 이르는 말.

쇠붙이로 만들어 불에 달구어 찍는 도장(圖章).

15. 우주(宇宙)와 천체(天體)의 온갖 현상(現象)과 그에 내재(內在)한 법칙성(法則性).

· 인물(人物)을 추천(推薦)하여 임금에게 아뢲.

16. 여행(旅行)할 때 필요(必要)한 짐 등을 넣어서 가지고 다니는 가방이나 주머니.

18. 무엇을 밝히거나 내용(內容)을 알고 싶어서 대답(對答)이나 설명(說明)을 요구(要求)함.

20. 앞으로 나아감.

· 어음이나 환(換) 따위를 발행(發行)함.

21. 앞날의 일을 희망적(希望的)으로 생각함.

· 글씨나 그림 따위에 작가(作家)가 자신(自身)의 이름이나 호(號)를 쓰고 도장을 찍는 일.

22. 그날그날에.

23. 글씨를 쓰는 데 필요(必要)한 여러 가지 물건(物件).

24. 예와 지금을 통틀어도 비교(比較)할 사람이 없을 정도(程度)로 아주 뛰어남.

고금무쌍(古今無雙), 고금무비(古今無比)

## 세 로 열 쇠

1. 일반적(一般的)인 사실(事實)이나 상대(相對)의 의견(意見)은 무시(無視)한 채 기존(旣存)의 권위(權威)에 기대어 사람을 대하거나 사태(事態)를 바라보는 사고방식(思考方式)이나 행동양식(行動樣式).

2. 「물과 물고기의 사귐」 임금과 신하(臣下), 부부(夫婦) 사이처럼 매우 친밀(親密)한 관계(關係)나, 서로 떨어질 수 없는 친한 사이.

군신수어(君臣水魚), 유어유수(猶魚有水)
수어지친(水魚之親), 어수지락(魚水之樂)
어수지친(魚水之親), 여어득수(如魚得水)

3. 「백년(百年)을 기다린다 해도 황하(黃河)의 물은 맑아지지 않음」 아무리 오랜 시간(時間)이 흘러도 이루어지기 어려움을 비유(比喩)하는 말.

황하천년일청(黃河千年一靑)
여사하청(如俟河淸), 하청난사(河淸難俟)

4. 꽃이 피어 씨로 번식(繁植)하는 식물(植物).

9. 의제(議題)나 안건(案件) 등을 의논(議論)하고 합의(合議)하여, 그 결의 사항(決議事項)을 적은 글.

11. 「황천(黃泉)으로 감」 죽음을 이름.

12. 등사기(謄蛇旗), 인쇄기(印刷機), 프린터(printer) 따위를 이용(利用)하여 만든 인쇄물(印刷物).

15. 하늘에서 미리 정해 준 짝.

천생연분(天生緣分), 청실홍실
· 신통(神通)히 꼭 알맞은 부부(夫婦).

16. 「입은 다르나 목소리는 같음」 여러 사람의 말이 한결같음을 이름.

이구동성(異口同聲), 이구동음(異口同音)

17. 「명마(名馬)가 백락을 만나 세상에 알려짐」 자기(自己)의 재능(才能)을 알아주는 사람이 있어야 능력(能力)을 발휘(發揮)할 수 있음을 말함.

가증일고(價增一顧), 일고지영(一顧之榮)

19. 남이 모르게 덕행(德行)을 쌓은 사람은 뒤에 그 보답(報答)을 저절로 받게 됨.

| 1 |  |  | 2 | ■ | 3 |  |  | 4 |
|---|---|---|---|---|---|---|---|---|
|  | ■ | ■ | 5 |  |  | ■ | ■ |  |
|  | ■ | 6 |  | ■ | 7 |  | ■ |  |
| 8 | 9 | ■ | 10 | 11 |  | ■ | 12 |  |
| ■ | 13 |  | ■ |  | ■ | 14 |  | ■ |
| 15 |  | ■ | 16 |  | 17 | ■ | 18 | 19 |
|  | ■ | 20 |  | ■ | 21 |  | ■ |  |
|  | ■ | ■ | 22 |  |  | ■ | ■ |  |
| 23 |  |  |  | ■ | 24 |  |  |  |

# 일곱 번째

## 가 로 열 쇠

1. 「들보 위의 군자」 '도둑'을 완곡(婉曲)하게 부르는 말.

녹림호걸(綠林豪傑), 녹림호객(綠林豪客)
무본대상(無本大商), 초두천자(草頭天子)

3. 품고 있는 마음이나 뜻이 서로 잘 맞음.

정의투합(情意投合), 의기상투(意氣相投)
웅창자화(雄唱雌和), 장두상련(腸肚相連)

5. 고려시대(高麗時代), 서경(西京)에 두었던, 학교(學校)와 도서관(圖書館)을 겸한 기관(機關). 6대 성종(成宗) 9년(990년)에 개설(開設)하여 역사(歷史) 사적(史籍)을 등사(謄寫)하여 소장(所藏)하게 함.

6. 온갖 힘을 다하려는 진실(眞實)하고 성실(成實)한 마음.

7. 책임(責任)이나 책망(責望)을 면(免)함.

채무자(債務者)가 채무의 전부(全部) 또는 일부(一部)를 면제(免除)받는 일.

탕감(蕩減)

8. 어떤 일이나 인물(人物), 대상(對象) 따위를 어떠한 목적(目的)을 전제(前提)로 가꾸어 키우거나 발전(發展)시킴.

10. 인간(人間)이 자기(自己)를 포함(包含)한 세계(世界)나 어떤 대상(對象)에 대해 부여(附與)하는 가치(價値)나 의의(意義)에 관한 견해(見解)나 입장(立場).

12. 사회(社會)나 공동체(共同體)를 위한 옳고 바른 도리(道理).

플라톤(Platon)의 철학(哲學)에서, 지혜(知慧)와 용기(勇氣)와 절제(節制)의 완전(完全)한 조화(調和).

13. 집단적(集團的) 폭력(暴力) 행위(行爲)로 사회(社會)의 안녕(安寧)과 질서(秩序)를 문란(紊亂)하게 만드는 일.

14. 비밀(祕密)이나 잘못된 일 따위가 드러난 판.

15. 지금(只今)까지 겪거나 거쳐 온 직업(職業)이나 학력(學歷) 따위의 일.

16. 문짝을 끼워 달기 위하여, 중방(中房)과 문지방 사이에 있는 문(門)의 양쪽에 세운 기둥.

18. 문제(問題) 삼지 않기로 하거나, 또는 문제 삼아서는 안 되는 사항(事項)을 비유(比喩)하는 말.

신성(神性)한 지역(地域). 영장(靈場)

20. 일의 정황(情況)이나 남의 마음 따위를 상황(狀況)으로부터 미루어 알아내는 힘. 기색(氣色), 면색(面色)

속으로 생각하는 바가 겉으로 드러나는 어떤 태도(態度).

21. 모자라거나 부족(不足)해서 남에게 뒤떨어지는 점.

22. 맡아서 해야 할 가장 주되고 중요(重要)한 일.

23. 독립(獨立)이나 통일(統一)을 위하여 민족(民族)의 독자성(獨自性)이나 우월성(優越性)을 주장(主張)하는 사상(思想).

24. 유학(儒學)에서, 사람이 마땅히 갖추어야 할 네 가지의 성품(性品). 곧 어질고, 의(義)롭고, 예의(禮儀) 바르고, 지혜(知慧)로움을 이름.

## 세 로 열 쇠

1. 「양 머리를 걸어놓고 개고기를 팖」 겉은 훌륭해 보이나 속은 그렇지 못함.

겉과 속이 서로 다름.

말과 행동(行動)이 일치(一致)하지 않음.

구밀복검(口蜜腹劍), 면종복배(面從腹背)

양질호피(羊質虎皮), 표리부동(表裏不同)

현양두매마포(懸羊頭賣馬脯)

2. 물려받은 재산(財産)이 없이 자기(自己) 힘으로 벌어 살림을 이루고 재산을 모음. 자성일가(自成一家)

3. 본인(本人)의 청원(請願)으로 그 관직(官職)에서 물러나게 함.

의원면본관(依願免本官)

4. 이성적(理性的)으로 판단(判斷)하고 합리성(合理性)을 관철(貫徹)하려고 하는 생활(生活) 태도(態度)나 사고방식(思考方式).

이성주의(理性主義), 유리론(唯理論)

9. 심리적(心理的), 물리적(物理的), 법적(法的)으로 성(性)과 관련(關聯)되어 이성(異性)에게 위해(危害)를 가한 폭력적(暴力的) 사태(事態)를 통틀어 이르는 말. 성희롱(性戲弄), 성추행(醜行), 성폭행(暴行) 등.

11. 어린 물고기를 기르는 곳.

산란지(産卵池)

12. 통치(統治)를 받는 사람에게 권력(權力) 지배(支配)를 승인(承認)하고 체제(體制)를 허용(許容)하게 하는 논리적(論理的)이고 심리적(心理的)인 관념(觀念)이나 근거(根據).

15. 세상(世上)과 나라를 다스리고 백성(百姓)을 구제(救濟)함.

경국제세(經國濟世), 광제창생(廣濟蒼生)

구세제민(救世濟民), 박시제중(博施濟衆)

16. 유교적(儒教的) 예(禮)와 악(樂)을 기초(基礎)로 하고 학문(學文)과 법령(法令)에 따라 정치(政治)를 펴고자 하는 정치이념(理念).

예문정치(禮文政治), 문식정치(文飾政治)

17. 「곁에 사람이 없음」 마치 제 세상(世上)인 것처럼 거리낌 없이 함부로 말하거나 행동(行動)함을 말함.

오안불손(傲岸不遜), 안하무인(眼下無人)

안중무인(眼中無人), 경거망동(輕擧妄動)

19. 남과 처지(處地)를 바꾸어 생각함.

인익기익(人溺己溺), 인기기익(人飢己飢)

기기기익(己飢己溺)

↔ 아전인수(我田引水)

# 여덟 번째

## 가 로 열 쇠

1. 「날개가 돋아 하늘로 신선(神仙)이 되어 하늘에 오름」 번잡(煩雜)한 세상일에서 떠나 즐겁게 지내는 상태(狀態). 또는 술이 거나하게 취하여 기분(氣分)이 좋음을 비유하는 말.

3. 저승에서 염라대왕(閻羅大王)의 명(命)을 받고 죽은 사람의 혼(魂)을 데리러 온다는 심부름꾼.

5. 네 개의 구(句)로 된, 향가(鄕歌) 형식(形式)의 하나. 서동요(薯童謠)・풍요(風謠)・헌화가(獻花歌)・도솔가(兜率歌) 등.

6. 한 장소(場所)에 여러 사람이 연이어 붙어 앉음.

· 남이 일으킨 사건(事件)이나 범죄(犯罪)와 관련됨.

7. 화기(火氣)가 방 밑을 통과(通過)하여 방(房) 전체(全體)를 덥히는 장치(裝置). 우리나라의 전통적(傳統的)인 난방(煖房) 방식(方式)임.

8. 벌어진 일의 상태(狀態)나 일의 되어 가는 형편(形便).

· 어떤 행위(行爲)를 하는 개체(個體)에 영향(影響)을 미치는 각 순간(瞬間)의 환경(環境).

10. 마음이 편하지 않고 기가 몰려 있는 병증(病症).

12. 따라다니며 심부름함.

· 나무를 심어 가꿈.

13. 어느 때로부터 다른 한때까지의 시간적(時間的) 간격(間隔). 사이

· 나이 든 사람이 지닌 어린아이 같은 얼굴.

14. 개인(個人) 간이나 국가(國家) 간에 서로 친(親)하고 사이가 좋음.

친선(親善)

15. 활발(活潑)하고 힘찬 기운.

· 좋은 날의 운수(運數).

16. 지금(只今)까지 한 번도 있어 본 적이 없음.

광고(曠古), 공전(空前), 파천황(破天荒)

18. 품행(品行)과 예의(禮儀)가 바르며 점잖고 교양(敎養)이 있는 남자(男子).

· 말을 조심(操心)하고 삼감.

20. 원래(原來)의 좋은 상태(狀態)로 되돌리거나 되찾음.

21. 시계(時計)나 계량기(計量器) 따위의 지시(指示) 장치(裝置)에 붙어 있는 바늘.

· 방향(方向), 목적(目的) 등을 가리켜 이끄는 길잡이나 방침(方針).

22. 목표(目標物)를 직접(直接) 볼 수 없는 잠수함(潛水艦) 등에서 사용(使用)하는 반사(反射)식 망원경(望遠鏡).

23. 일정(一定)한 구간(區間)을 지정(指定)하여 한 방향(方向)으로만 가도록 하는 일.

한쪽의 의견(意見)이나 주장(主張)만이 전해짐.

24. 참되고 성실(誠實)한 마음과 뜻.

단성무이(丹誠無二), 금석위개(金石爲開)

## 세 로 열 쇠

1.「소는 살고 말은 죽음」 큰 홍수(洪水)로 물에 빠진 말은 거슬려 오르려다 힘이 빠져 죽고, 소는 물의 흐름에 맡겨 서서히 강가로 이동(移動)해 산다는 이야기에서 유래(由來)함.

치폐설존(齒敝舌存), 치망설존(齒亡舌存)

2.「임금의 최측근(最側近)이 훌륭한 처신(處身)으로 보살핌」 아부(阿附)나 뇌물(賂物)을 쓰지 않고 정도(程度)로 관료(官僚)의 길을 갔다는 것을 말함.

보필지신(輔弼之臣), 보필지임(輔弼之任)

격심성사(格心止事), 법가필사(法家拂士)

선사좌우(善事左右), 전일회천(轉日回天)

현상양좌(賢相良佐)

3. 정상(正常)보다 체온(體溫)이 낮아지는 현상(現象).

체온이 35도 이하(以下)로 떨어진 상태(狀態).

4. 처음부터 끝까지 이르는 동안.

종두지미(鐘頭至尾), 전후수말(前後首末)

자두지미(自頭至尾), 자초지말(自初至末)

9. 어떤 일이 생기려는 기운(氣運)이 싹트는 시기(時期).

11. 매우 놀라거나 흥분(興奮)하여 가슴이 몹시 두근거리는 증세(症勢).

12. 개인(個人)이나 가정(家庭), 국가(國家) 등을 지키고 보호(保護)해 주는 신(神).

15. 태어난 해와 달과 날

↔ 졸년월일(卒年月日)

16. 자신(自身)의 신분(身分)이 드러나지 않게 남루(襤褸)한 옷차림을 하고 몰래 주변(周邊)을 살피며 다님.

간행(間行), 강구미복(康衢微服)

17.「뜻이 있어 마침내 이룸」 이루고자 하는 뜻이 있는 사람은 반드시 성공(成功)함.

유지자사경성(有志者事竟成)

마고소양(麻姑搔痒), 무일불성(無一不成)

소원성취(所願成就), 음미도달(吟味到達)

풍운지지(風雲之志), 풍운지회(風雲之會)

19. 나이 어린 남녀 중(中)인 사미와 사미니가 지켜야 할 열 가지의 규율(規律).

사미십계(沙彌十戒), 사미니계(沙彌尼戒)

# 아홉 번째

## 가 로 열 쇠

1. 「공자(孔子)가 《주역(周易)》을 즐겨 읽어 책(冊)의 끈이 세 번이나 끊어짐」 한 권의 책을 몇십 번이나 되풀이해서 읽음을 비유(比喩)하는 말로 쓰임.

과골삼천(踝骨三穿), 발분도강(發憤圖强)
발분흥기(發憤興起), 우각괘서(牛角掛書)
일비충천(一飛沖天), 자강불식(自强不息)
진비일호(振臂一呼), 현두자고(懸頭刺股)

3. 적(敵)을 속이기 위해, 또는 어려운 사태(事態)를 벗어나기 위한 수단(手段)으로 제 몸을 괴롭히면서까지 짜내는 계책(計策).

미봉책(彌縫策), 하석상대(下石上臺)
동족방뇨(凍足放尿), 임시방편(臨時方便)

5. 자신(自身)이 직접(直接) 경험한 이야기. 경험담(經驗談)

6. 어떤 사물(事物)이나 현상(現想)을 다시는 발생(發生)할 수 없도록 그 근원(根源)을 없애 버림. 근멸(根滅)

발본색원(拔本塞源)

7. 규칙(規則)이나 명령(命令), 법률(法律) 등을 규정(規定)대로 따르거나 좇아서 지킴. 순수(循守)

8. 출세(出世)나 목적(目的) 달성(達成)을 위한 수단(手段)이나 바탕이 되는 것.

키를 높이려고 발밑에 괴는 물건(物件).

10. 어떤 일에 있어서 반드시 지켜야 할 도리(道理)나 분수(分數)를 중요(重要)하게 내세우는 견해(見解)나 주장(主張).

12. 항해(航海)나 등산(登山)을 하는 중에 재난(災難)을 만남.

13. 감옥(監獄)에 갇혀 지내는 동안 겪는 괴로움.

14. 논이나 밭에 심어서 가꾸는 곡식이나 채소(菜蔬) 따위의 재배(栽培) 식물(植物).

15. 착하지 않거나 좋지 못함.

잘하지 못함.

16. 물건(物件)을 파는 사람.

↔ 매수인(買受人)

18. 일이 잘되도록 중간(中間)에서 여러 가지 방법(方法)으로 두루 힘을 씀.

제삼국(第三國)이 중간에서 당사국(當事國) 간의 분쟁(紛爭)을 평화적(平和的)으로 해결(解決)하기 위하여 교섭(交涉)을 진행(進行)하는 일.

20. 넘기기 어려운 일이나 고비.

지나기 어려운 관문(關門).

21. 「요절(夭折)을 면함」 나이 쉰 살을 겨우 넘기고 죽음.

22. 물 분자(分子) 가운데 육각형(六角形) 고리 구조(構造)의 비율(比率)이 높은 물.

23. 어떤 일이 일어나기 전 또는 어떤 기회(機會)나 때가 무르익기 전에 미리 넘겨짚어 어림잡아 헤아림. 어림짐작

24. 깊이 잘 생각하고 고찰(考察)함.

심사묵고(深思默考), 심사숙려(深思熟慮)
숙려단행(熟慮斷行), 심모원려(深謀遠慮)
↔ 서목촌광(鼠目寸光), 경려천모(輕慮淺謨)

## 세 로 열 쇠

1. 「머리털 하나로 천균(千鈞)이나 되는 물건(物件)을 끌어당김」 당장(當場)이라도 끊어질 듯한 위험(危險)한 순간(瞬間).
누란지위(累卵之危), 위여일발(危如一髮)
명재경각(命在頃刻), 풍전등촉(風前燈燭)

2. 「몸도 목숨도 다 된 것」 몹시 위태(危殆)롭거나 절박(切迫)한 지경(地境)을 비유적(比喩的)으로 이르는 말.
일촉즉발(一觸卽發), 존망지추(存亡之秋)
진퇴양난(進退兩難), 풍전등화(風前燈火)

3. 뜻이 높고 바르며 매우 엄숙(嚴肅)하고 날카로운 말.
고담준언(高談峻言)

4. 조선시대(朝鮮時代), 1453년에 수양대군(首陽大君)이 단종(端宗)을 폐위(廢位)하고 여러 대신(大臣)을 죽이고 반대파(反對派)를 숙청(肅淸)하여 정권(政權)을 찬탈(簒奪)한 사건(事件).

9. 조선(朝鮮) 명종(明宗) 10년(1555년)에 개발(開發)한 조선의 군선(軍船). 2층 구조(構造)로 되어 있고 승무원(乘務員)이 100여 명으로 임진왜란(壬辰倭亂)의 주력선(主力船).

11. 조사(調査) 대상(對象)의 사물(事物)들이 퍼져 있는 상태(狀態)를 나타낸 도표(圖表)나 지도(地圖).

12. 우주(宇宙)의 만물(萬物)을 만들고 다스리는 신(神).

15. 묻지 않아도 빤히 알 수 있음.
불언가상(不言可相), 타상하설(他尙何說)

16. 돈이나 재물(財物)을 받고 벼슬을 시킴. 매관매직(賣官賣職)
납물당상관(納物堂上官)

17. 「사람의 얼굴을 하고 있으나 마음은 짐승과 같음」 남의 은혜(恩惠)를 모르고, 사람의 도덕(道德)을 지키지 못하는 배은망덕(背恩忘德)하거나 흉악(凶惡)하고 음탕(淫蕩)한 사람.
불치인류(不齒人類), 의관금수(衣冠禽獸)
종신불치(終身不齒), 피발좌임(被髮左衽)

19. 상대국(相對國)과 전쟁(戰爭)을 시작(始作)한다는 뜻을 정식(正式)으로 선언(宣言)하고 공포(公布)함.
개전선언(開戰宣言)

| | | | | | | | | |
|---|---|---|---|---|---|---|---|---|
| 1 | | | 2 | ■ | 3 | | | 4 |
| | ■ | ■ | 5 | | | ■ | ■ | |
| | ■ | 6 | | ■ | 7 | | ■ | |
| 8 | 9 | ■ | 10 | 11 | | ■ | 12 | |
| ■ | 13 | | ■ | | ■ | 14 | | ■ |
| 15 | | ■ | 16 | | 17 | ■ | 18 | 19 |
| | ■ | 20 | | ■ | 21 | | ■ | |
| | ■ | ■ | 22 | | | ■ | ■ | |
| 23 | | | | ■ | 24 | | | |

# 열 번째

## 가 로 열 쇠

1. 「이쪽저쪽을 돌아봄」 주위(周圍)의 사람을 염려(念慮)하여 결단(決斷)을 주저(躊躇)함을 이르는 말.

좌고우면(左顧右眄), 수서양단(首鼠兩端)

3. 「얻음과 잃음이 서로 반반(半半)임」 이익(利益)과 손해(損害)가 서로 엇비슷함.

공과상반(功過相半), 훼예상반(毁譽相半)

5. 마음에 꺼려서 하지 않거나 피하는 말. 관습(慣習), 신앙(信仰), 질병(疾病), 배설(排泄) 따위와 관련(關聯)되는 경우(境遇)가 많음.

6. 사람이 몸을 단련(鍛鍊)하거나 건강(健康)을 위하여 몸을 움직이는 일.

어떤 목적(目的)을 이루려고 힘쓰는 일. 또는 그런 활동(活動).

7. 말이나 행동(行動)을 잘못하여 자기의 지위(地位), 명예(名譽), 체면(體面) 따위를 손상(損傷)함. 무안, 수모(受侮)

· 나라를 등지거나 망명(亡命)한 신하.

· 옳지 못한 것을 그릇되게 함부로 믿음.

8. 자기의 잘못을 인정(認定)하고 용서(容恕)를 빎.

· 유학(儒學)의 네 가지 학과(學科).

10. 연대생(延大生)이 부르는 고대(高大)와 연대의 체육대회(體育大會).

12. 일찍 부러짐.

· 꺾거나 부러뜨림.

· 유대(紐帶)나 연관(聯關) 관계를 끊음.

13. 전체(全體)에서 어떤 부분(部分)이 차지하는 위치(位置).

사회적(社會的)으로 담당(擔當)하는 지위(地位)나 역할(役割).

14. 처음부터 끝까지 일이 진행(進行)되어 온 경과(經過).

경위(經緯), 시말(始末), 경과(經過)

15. 넉넉하여 모자람이 없음.

욕구(慾求)나 기대(期待), 조건(條件) 따위를 충분하게 채움.

충분(充分), 흡족(洽足) ↔ 결핍(缺乏)

16. 사소(些少)한 것까지 모두다.

· 항문(肛門)을 이루는 창자의 끝부분.

18. 삼에서 뽑아낸 실로 짠 천.

20. 「죽을죄를 함부로 범함」 죽기를 무릅쓰고 말함을 이르는 말. 주로 신하(臣下)들이 상주문(上奏文)에 경외(敬畏)의 표시(表示)로 사용(使用)하였다.

· 하나하나의 모든 일.

21. 나라에 난리(亂離)가 났을 때 신호(信號)로 올리던 불.

관화(爟火), 봉화(烽火)

22. 여승(女僧)들이 사는 절.

23. 「진흙탕에서 싸우는 개」 명분(名分)이 서지 않는 일로 몰골사납게 싸우는 싸움.

함경도(咸鏡道) 사람의 강인(强靭)하

고 악착(齷齪)스러운 성격(性格)을 특징(特徵)짓는 말.

24. 생김새나 몸가짐이 등이 의젓하고 멋진 남자와 같은 모습.

귀공자풍(貴公子風)

## 세 로 열 쇠

1. 「중국 전한(前漢)의 공신(功臣) 주발(周勃)이 여씨(呂氏)의 반란(反亂)을 진압(鎭壓)할 때, 여씨 편은 오른쪽 소매를 한나라 편은 왼쪽 소매를 벗으라고 하자, 모두 왼쪽 소매를 벗었다는 데에서 유래(由來)함」 어떤 사람에게 편들어 뜻을 같이하는 것을 비유하는 말.

좌우단(左右袒)

2. 사물(事物)이 변치 않아 예나 지금(只今)이나 똑같음.

고유금(古猶今) ↔ 고금부동(古今不同)

3. 「물고기를 잡으면 통발을 잊음」 바라던 바를 이루고 나면 그 목적(目的)을 달성(達成)하기 위해 썼던 일들을 잊어버림을 비유하는 말.

득토망제(得兔忘蹄), 토사견기(兔死犬饑)

4. 「구부러진 나무뿌리와 울퉁불퉁한 마디」 얽히고설켜서 처리(處理)하기에 곤란(困難)한 사건(事件), 세상(世上)일에 난관(難關)이 많음. 반착(盤錯)

9. 표준(標準)을 넘거나 모자람.

11. 수수를 원료(原料)로 하여 빚은 소주(燒酒).

12. 「급소(急所)를 끊음」 숨이 끊어질 때의 모진 고통(苦痛).

15. 충성(忠誠)스럽고 곧은 말은 귀에 거슬림.

양약고구(良藥苦口) ○○○○

양약고구(良藥苦口), 약석지언(藥石之言)
역이지언(逆耳之言), 정문금추(頂門金錐)
정문일침(頂門一鍼), 정상일침(頂上一鍼)
촌철살인(寸鐵殺人)

16. 아름다운 말로 듣기 좋게 꾸민 글귀.

감언이설(甘言利說), 교언영색(巧言令色)
조삼모사(朝三暮四), 화언교어(花言巧語)

17. 교묘(巧妙)한 말과 그럴듯한 행동(行動)으로 남의 비위(脾胃)를 맞추는 짓을 속되게 이르는 말.

19. 「불에 동쌔로 굽거나 불로 지지는 형벌(刑罰)」 은나라 주왕 때, 기름칠한 구리기둥을 숯불 위에 걸쳐 놓고 죄인(罪人)을 건너가게 하던 형벌.

달군 쇠로 지지는 극형(極刑)을 통속적(通俗的)으로 이르는 말.

# 열한 번째

## 가 로 열 쇠

1. 그때그때 처한 뜻밖의 일을 재빨리 그 자리에서 알맞게 대처(對處)하는 일.
   권의지계(權宜之計), 당의즉묘(當意卽妙)
   봉장작희(逢場作戲), 비원사안(鼻元思案)
   수기응변(隨機應變), 임시방편(臨時方便)
   하석상대(下石上臺), 할고담복(割股啖腹)

3. 남에게 들은 것을 그대로 남에게 전할 정도(程度)밖에 안 되는 천박(淺薄)한 학문(學問). 들은풍월(--風月)
   기문지학(記問之學), 기송지학(記誦之學)

5. 꽃의 모양(模樣)을 수놓아 짠 돗자리.

6. 매우 위급(危急)하고 어려운 경우(境遇).

7. 고르거나 가지런하지 않고 차별(差別)이 있음.

8. 정도(程度)나 수준(水準)이 지금(只今)의 상태(狀態)보다 뒤떨어지거나 못하게 됨. 후퇴(後退), 뒷걸음.
   ↔ 진보(進步)

10. 조선시대(朝鮮時代), 1441년에 만들어진, 우량(雨量)을 측정(測定)하고 기록(記錄)하는 기구(器具).
   우량계(雨量計)

12. 대립(對立)하거나 비교(比較)될 만한 것이 없이 압도적(壓倒的)으로 많은 상태(狀態).

13. 자신(自身)의 경험(經驗)이나 느낌 따위를 일정(一定)한 형식(形式)에 얽매이지 않고 자유(自由)롭게 기술(記述)한 산문(散文) 형식(形式)의 글.

14. 규칙(規則)이나 법령(法令), 관습(慣習) 따위로 일정한 한도(限度)를 정하여 그 이상(以上)을 넘지 못하도록 제한(制限)함.

15. 오랜 가뭄이나 홍수(洪水) 때문에 씨뿌릴 시기(時期)를 놓쳐서 심으려고 한 곡식(穀食)을 심지 못하고 대신(代身) 다른 곡식의 씨앗을 뿌리는 일.

16. 선사시대(先史時代)의 돌무덤.
   지석묘(支石墓), 탱석(撑石)

18. 도덕적(道德的)으로 바르고 아름다운 일.

20. 어떤 일의 내용(內容)이나 이유(理由) 따위를 상대편(相對便)이 잘 알 수 있도록 밝혀 말함.

21. 사물(事物)이나 현상(現象)이 사슬처럼 서로 연결(連結)되어 관련(關聯)을 맺거나 통일체(統一體)를 이룸.

22. 전혀 예상치 못한 큰 사태(事態)나 괴이(怪異)한 변고(變故).

23. 「뼈가 가루가 되고 몸이 부서짐」 자기 몸을 돌보지 않고 지극(至極)한 정성(精誠)으로 있는 힘을 다함.
   견마지로(犬馬之勞), 간뇌도지(肝腦塗地)
   구마지심(狗馬之心), 마정방종(摩頂放踵)
   분불고신(奮不顧身), 이신허국(以身許國)
   진충갈력(盡忠竭力), 한마공로(汗馬功勞)

24. 다른 사람이나 사회(社會) 일반(一

般)에 대하여 배려(配慮)하지 않고 자신의 이익(利益)이나 행복(幸福)만을 고집(固執)하는 사고방식(思考方式).

에고이즘(egoism), 주아주의(主我主義) ↔ 이타주의(利他主義)

## 세 로 열 쇠

1. 「싸움에 임하여 물러섬이 없음」 삼국통일(三國統一)의 원동력(原動力)이 된 화랑(花郎)의 세속오계(世俗五戒)의 하나.

2. 변화가 심하여 다 헤아리기 어려움.

변화무궁(變化無窮), 변화막측(變化莫測)

3. 축구(蹴球)에서, 수비(守備) 측의 몸에 닿은 공이 골라인을 벗어났을 때 공격(攻擊) 측이 공을 코너에 놓고 경기장(競技場) 안쪽으로 차는 일.

코너킥(corner kick)

4. 「학의 목처럼 목을 길게 늘여 빼고 기다림」 애타게 기다림을 말함.

일각여삼추(一刻如三秋)

갈민대우(渴民待雨), 교족인령(翹足引領)

촌음약세(寸陰若歲), 학립기저(鶴立企佇)

연경학망(延頸鶴望), 일각삼추(一刻三秋)

9. 보수주의(保守主義)를 지지(支持), 주장(主張)하거나 따르는 일파(一派).

11. 지구(地球) 이외(以外)의 행성(行星)에 존재(存在)한다고 추측(推測)되는 지적(知的)인 생명체(生命體). 외계인(外界人).

우주비행(宇宙飛行)을 위하여 특별(特別)한 훈련(訓鍊)을 받은 비행사(飛行士).

12. 정도(程度)를 넘지 않고 알맞게 삼가는 데에서 느껴지는 아름다움.

15. 어떤 일을 꾀하려 할 때 내세우는 합당(合當)한 구실이나 이유(理由).

사람으로서 마땅히 지켜야 할 도리(道理)와 본분(本分).

대의충절(大義忠節)

16. 뒷일을 부탁(付託)하는 임금의 유언(遺言)을 받은 신하(臣下).

고명지신(顧命之臣), 섭정승(攝政丞)

17. 생물(生物)의 형질(形質)에 어버이의 계통(系統)에 없던 형질이 갑자기 출현(出現)하는 현상(現象).

우연변이(偶然變異), 갑작변이

19. 덕망(德望)이 있는 사람이 도덕적(道德的)으로 어두운 사람을 다스려야 한다는 정치사상(政治思想).

지치주의(至治主義), 왕도정치(王道政治)

↔ 패도정치(覇道政治), 전제주의(專制主義)

| 1 |  |  | 2 | ■ | 3 |  |  | 4 |
|---|---|---|---|---|---|---|---|---|
|  | ■ | ■ | 5 |  |  | ■ | ■ |  |
|  | ■ | 6 |  | ■ | 7 |  | ■ |  |
| 8 | 9 | ■ | 10 | 11 |  | ■ | 12 |  |
| ■ | 13 |  | ■ |  | ■ | 14 |  | ■ |
| 15 |  | ■ | 16 |  | 17 | ■ | 18 | 19 |
|  | ■ | 20 |  | ■ | 21 |  | ■ |  |
|  | ■ | ■ | 22 |  |  | ■ | ■ |  |
| 23 |  |  |  | ■ | 24 |  |  |  |

# 열두 번째

## 가 로 열 쇠

1. 수많은 싸움의 경험(經驗)이 있는 노련(老鍊)한 장수(將帥).

온갖 어려운 일을 많이 겪은 노련한 사람.

산전수전(山戰水戰), 십전구도(十顚九倒)
우왕마왕(牛往馬往), 백전노졸(百戰老卒)
유연노장(幽燕老將)

3. 「맨손과 맨주먹」 가진 것이 아무것도 없음.

소지무여(掃地無餘), 적빈여세(赤貧如洗)
척수공권(隻手空拳), 도수공권(徒手空拳)

5. 영적(靈的) 생명에 필요(必要)한 물.
· 생명(生命)을 주는 물.

6. 어수선하게 엉클어진 얕은 수풀.
· 고물 끝 위쪽에 댄 두꺼운 널판.

7. 일이 뜻대로 되지 않아 답답하고 속이 탐.
· 유성(流星)이 떨어질 때의 불빛.
· 올림픽(Olympics) 따위의 규모(規模)가 큰 체육(體育) 경기(競技)에서, 경기장에 켜 놓는 횃불.

8. 동물(動物)의 머리 부분(部分).
· 콩으로 만든 음식(飮食)의 하나.

10. 어떤 사상(思想)에 대하여 조예(造詣)가 깊은 사람.

12. 요전부터 지금(只今)까지의 가까운 얼마 동안.

요사이, 요즈음, 이즈막

13. 발로 밟고 지나갈 때 남는 흔적(痕迹). 또는 그때 나는 소리.

지나온 과거(過去)의 역정(歷程).

14. 어떤 행동(行動)이나 견해(見解), 제안(提案) 따위에 따르지 않고 맞서 거스름.

15. 대상(對象)이나 환경(環境) 따위에 따라 마음에 절로 생기며 한동안 지속(持續)하는 유쾌(愉快)함이나 불쾌(不快)함 따위의 감정(感情).

16. 남의 잘못이나 결점(缺點)을 책(責)잡아 몹시 나무람.

18. 상품(商品)의 교환(交換) 가치(價値)를 나타내고, 지불(支拂)의 수단(手段)이 되며 그것의 교환(交換)을 매개(媒介)하는 일반화(一般化)된 수단.

주화(鑄貨), 지폐(紙幣), 은행권 따위.

20. 사람의 얼굴 모양(模樣).
· 매우 잘고 부드러운 털. 솜털

21. 임금의 생각과 걱정.

어떤 사상(思想)이나 생각을 굳게 믿으며 그것을 실현(實現)하려는 의지(意志).

22. 짧은 기간에 걸치는. 또는 그런 것.

23. 씻지도 않고 소금만 뿌려 구운 고기.

24. 다른 나라의 간섭(干涉)을 받거나 의존(依存)하지 않고 자주권(自主權)을 행사(行事)하는 것.

## 세 로 열 쇠

1. 「백(百) 자나 되는 높은 장대 위에 올라섬」 몹시 어렵고 위태(危殆)로운 지경(地境)을 말함.

간두지세(竿頭之勢), 낙미지액(落眉之厄)
누란지위(累卵之危), 도식부도(倒植浮圖)
박빙여림(薄氷如臨), 발인천균(髮引千鈞)
부절여발(不絶如髮), 사생관두(死生關頭)
소미지급(燒眉之急), 여림심연(如臨深淵)
위기일발(危機一髮), 위약조로(危若朝露)
위여누란(危如累卵), 절체절명(絶體絶命)
조로지위(朝露之危), 존망지추(存亡之秋)
태재급급(殆哉岌岌), 풍전등화(風前燈火)

2. 오래도록 살고 죽지 않음.

교송지수(喬松之壽), 귀학지수(龜鶴之壽)
만수무강(萬壽無疆), 무병장수(無病長壽)
성수만세(聖壽萬歲), 성수무강(聖壽無疆)
수고무강(壽考無疆), 수명장수(壽命長壽)
장명부귀(長命富貴), 향복무강(享福無疆)
불로장생(不老長生), 불로불사(不老不死)

3. 몹시 가난한 집에서 태어난 사람이 자기 힘이나 노력(努力)으로 한 집안의 재산(財産)을 이룸.

적수기가(赤手起家), 자수성가(自手成家)
자성일가(自成一家)
↔ 패가망신(敗家亡身)

4. 「흙먼지를 날리며 옴」 한 번 실패(失敗)에 굴하지 않고 몇 번이고 다시 일어남. 패(敗)한 자가 세력(勢力)을 되찾아 쳐들어옴을 말함.

사회부연(死灰復燃), 동산재기(東山再起)
↔ 일패도지(一敗塗地)

9. 일정(一定)한 정도(定度)나 기준(基準)에서 모자라는 부분(部分)이나 분량(分量).

11. 짐 따위를 싣는 데 드는 비용(費用).

12. 사회(社會)나 문화(文化), 제도(制度) 따위가 근대적(近代的) 상태(狀態)로 됨.

15. 기생(妓生)이나 몸 파는 여자와 살면서 이들의 영업(營業)을 돌보아 주며 얻어먹고 지내는 사내.

16. 「맹자(孟子)의 어머니가 베를 끊음」 학업(學業)을 중도(中途)에 그만둠을 훈계(訓戒)하는 말.

단기지계(斷機之戒), 단기지교(斷機之敎)

17. 나라를 어지럽히는 신하(臣下)와, 어버이에게 불효(不孝)하는 자식(子息).

무부무군(無父無君), 간신적자(奸臣賊子)

19. 「해진 옷과 부서진 갓」 너절하고 구차(苟且)한 차림새를 비유(比喩)함.

폐의파립(敝衣破笠), 폐의파관(敝衣破冠)
구의폐대(垢衣弊帶), 현순백결(懸鶉百結)

| 1 | | | 2 | ■ | 3 | | | 4 |
|---|---|---|---|---|---|---|---|---|
| | ■ | ■ | 5 | | | ■ | ■ | |
| | ■ | 6 | | ■ | 7 | | ■ | |
| 8 | 9 | ■ | 10 | 11 | | ■ | 12 | |
| ■ | 13 | | ■ | | ■ | 14 | | ■ |
| 15 | | ■ | 16 | | 17 | ■ | 18 | 19 |
| | ■ | 20 | | ■ | 21 | | ■ | |
| | ■ | ■ | 22 | | | ■ | ■ | |
| 23 | | | | ■ | 24 | | | |

# 열세 번째

## 가 로 열 쇠

1.「자기(自己) 논에 물 대기」 무슨 일을 자기에게 이롭게 되도록 생각하거나 행동(行動)함.

견강부회(牽强附會), 부회지설(附會之說)
천착지학(穿鑿之學), 추주어륙(推舟於陸)
지록위마(指鹿爲馬)
↔ 역지사지(易地思之)

3.「한 조각의 붉은 마음」 오직 한 가지에 변함없는 마음.

규경향일(葵傾向日), 규곽경양(葵藿傾陽)
규곽지지(葵藿之志), 조아지사(爪牙之士)

5. 문장(文章)의 표현(表現)을 더 분명(分明)하거나 아름답게 또는 효과적(效果的)으로 전달(傳達)할 수 있도록 꾸미는 말.

6. 어떤 좋지 않은 사회(社會) 현상(現想)이나 습관(習慣)을 몰아내어 없앰.

일정(一定)한 지역(地域)이나 조직(組織) 밖으로 쫓아냄.

7. 발효(醱酵)된 술에서 청주(淸酒)를 떠내지 않고 그대로 걸러서 만든 흐릿한 술. 막걸리, 탁료(濁醪)

8. 어떤 일이나 사람에 대해 가졌던 기대(企待)나 이상(理想), 꿈 등이 깨어질 때 느끼는 실망감(失望感)이나 허무감(虛無感).

10. 보고 즐기기 위해 가꾸는 나무.

12. 예전에 쓰인 작품(作品)으로, 시대(時代)를 뛰어넘어 변함없이 읽을 만한 가치(價値)를 지니는 것들.

13. 일이 바라는 대로 되지 않거나 기대(期待)에 어긋나서 마음이 상함.

14. 한 개인(個人)이 가지는 고유(固有)한 취향(趣向)이나 특성(特性).

15. 조선시대(朝鮮時代), 학식(學識)과 문벌(門閥)이 높은 사람에게 시키던 규장각(奎章閣), 홍문관(弘文館) 따위의 벼슬. 지위(地位)와 봉록(俸祿)은 높지 않으나 훗날에 높이 될 자리였음.

16. 고농(高農)도(度)의 황산(黃酸)과 질산(窒酸) 따위의 산성(酸性)을 강하게 포함(包含)하는 비.

18. 임금이나 왕후(王后)의 무덤.

선침(仙寢), 침원(寢園)

20. 혈통(血統), 정분(情分), 법률(法律) 따위로 맺어진 관계(關係).

21. 대강의 줄거리.

대충 줄거리만 추려서.

22. 길게 길러서 치렁치렁 늘어뜨린 수염(鬚髥)의 채.

23.「중국 황허강이 늘 흐려 맑을 때가 없음」 아무리 오랜 시간(時間)이 흘러도 이루어지기 어려움.

귀배괄모(龜背刮毛), 사어지천(射魚指天)
석계등천(釋階登天), 여양모육(與羊謨肉)
육지행선(陸地行船), 초망착호(草網着虎)

24.「눈을 비비고 상대방(相對方)을 봄」 남의 학식(學識)이나 재주가 놀랄 만큼

향상(向上)된 것을 이르는 말.

일진월보(日進月步), 일취월장(日就月將)

일진월보(日進月步)

일신우일신(日新又日新)

## 세 로 열 쇠

1. 여러 사람이 비참(悲慘)한 지경(地境)에 빠져 울부짖는 참상(慘狀)을 비유적(比喩的)으로 이르는 말.

아비지옥(阿鼻地獄)과 규환지옥(叫喚地獄)

2. 「팔짱을 끼고 보고만 있음」 나서야 할 일에 간여(干與)하지 않고 그대로 내버려둠.

오불관언(五不關焉), 마이동풍(馬耳東風)

대우탄금(對牛彈琴), 여풍과이(如風過耳)

우이독경(牛耳讀經), 우이송경(牛耳誦經)

3. 「한 마리의 고기가 물을 흐림」 한 사람의 잘못으로 여러 사람이 그 피해(被害)를 보게 됨.

'미꾸라지 한 마리가 온 물을 흐린다'

4. 「마음의 틀이 한 번 바뀜」 어떤 계기(契機)에 의하여 그 전까지의 마음을 완전(完全)히 뒤집듯이 바꿈.

의전심회(意轉心回), 혁도역려(革圖易慮)

회전심기(心機回轉)

9. 「잃어버린 고리」 생물(生物)의 진화(進化) 계통(系統)을 사슬의 고리로 볼 때, 그 빠져 있는 부분(部分)으로 상정(想定)되는 미발견(未發見)의 화석(化石) 생물. 미싱 링크(missing link)

11. 사물(事物)이 그 자체(自體)로 독립(獨立)하여 존재(存在)하지 않고, 다른 사물과 의존적(依存的)인 관계(關係)를 맺는 성질.

12. 매우 뛰어난 성질(性質)과 기능(技能).

15. 성품(性品)과 행실(行實)이 맑고 깨끗하여 아무런 허물이 없음.

청백리(淸白吏)

16. 「산은 높고 물은 맑음」 경치(景致)가 좋음을 이르는 말.

산명수청(山明水淸), 경개절승(景槪絶勝)

양신미경(良辰美景), 우기청호(雨奇晴好)

17. 억울(抑鬱)하고 딱한 사정(事情)을 하소연하면서 간절(懇切)히 청하여 빎.

만단애걸(萬端哀乞), 이두창지(以頭搶地)

혼야애걸(昏夜哀乞)

19. 「작은 바늘을 큰 몽둥이라고 함」 작은 일을 크게 부풀려서 떠벌림.

견문발검(見蚊拔劍), 노승발검(怒蠅拔劍)

우도할계(牛刀割鷄), 우정팽계(牛鼎烹鷄)

과대황장(過大皇張), 유지첨엽(有枝添葉)

호왈백만(號曰百萬)

# 열네 번째

## 가 로 열 쇠

1. 「천 가지의 매운 것과 만 가지 쓴 것」 온갖 어려운 고비를 다 겪으며 심하게 고생(苦生)함을 비유하는 말.

천고만난(千苦萬難), 간난신고(艱難辛苦)

3. 「청운(青雲)의 뜻」 높은 지위(地位)에 오르고자 하는 욕망(欲望).

능운지지(陵雲之志), 능소지지(凌霄之志)

5. 솜을 자아 만든 무명실로 짠 천.

6. 창작(創作)이나 논의(論議)의 중심(中心) 과제나 주된 내용(內容).

과제(課題), 논제(論題), 주제(主題)

7. 자본주의(資本主義)나 자본가(資本家) 계급(階級)을 상징(象徵)하는 빛깔.

· 여러 가지 특색(特色).

8. 가짜 편지(便紙).

· 가짜로 꾸민 문서(文書).

10. 어떤 행동(行動)이나 일 따위를 시작(始作)하는 날.

12. 이성(異性)에게 성적(性的)인 호감(好感)을 일으키는 매력(魅力).

13. 암벽등반(巖壁登攀)에서, 봉우리들을 잇는 산릉(山稜), 산등성, 암릉 등을 이르는 말.

14. 어떤 안(案)이나 의견(意見)을 내놓음.

· 죄나 허물이 있는 벼슬아치의 이름을 녹명안(錄名案)에서 빼어 버리던 일.

15. 머리털을 손에 잡히지 않을 정도(程度)로 짧게 깎음.

낙발(落髮), 참발(斬髮)

16. 물의 양(量)을 자유(自由)로이 조절(調節)할 수 있는, 움직이는 장치(裝置)를 갖춘 둑.

18. 일이나 사물(事物)이 시간(時間)이 흘러 지나감에 따라 변화(變化)하고 진행(進行)되어 가는 과정(過程).

20. 여럿으로 흩어져 있는 의견(意見)이나 사상(思想) 따위를 모아 하나로 정리(整理)하거나 받아들임.

· 돈이나 물건(物件) 따위를 모아서 거둠.

21. 일정(一定)한 범위(範圍) 안에서 쓰는 낱말의 수효(數爻).

· 국서(國書)에 쓰는 임금의 이름

22. 예수(Jesue)가 제자(弟子)들에게 모범(模範)으로 보인 기도(祈禱).

23. 승리(勝利)나 성공(成功)의 여세(餘勢)를 몰아 계속(繼續) 나아감.

세여파죽(勢如破竹), 요원지화(燎原之火)
탄탄대로(坦坦大路), 파죽지세(破竹之勢)

24. 「혼자서 칼을 휘두르며 적진(敵陣)으로 쳐들어감」 생각이나 분별(分別), 말에 거리낌 없이 진실(眞實)의 세계(世界)로 바로 들어감.

거두절미(去頭截尾), 단장취의(斷章取義)
대증하약(對症下藥), 일침견혈(一針見血)
↔ 격화소양(隔靴搔癢), 도비순설(徒費脣舌)

## 세 로 열 쇠

1. 「하늘이 정하고 땅이 받드는 길」 영원(永遠)히 변하지 않을 떳떳한 이치(理致)를 이름.

경천위지(經天緯地)

2. 입구(入口)가 비교적(比較的) 좁은 용기(用器)의 아가리나 구멍 따위를 끼워 막도록 고무로 만든 물건(物件).

3. 「맑게 갠 하늘에서 밝게 비치는 해」 혐의(嫌疑)나 원죄(冤罪)가 풀려 무죄(無罪)가 됨을 비유(比喩)함.

골의지요(滑疑之耀), 동해빙석(凍解氷釋)
백구무하(白垢無瑕), 운권천청(雲捲天晴)
빙석이순(氷釋理順), 적일백천(赤日白天)
환연빙석(渙然氷釋)

4. 적(敵)을 알고 나를 알아야 함.

지적지아(知敵知我)

OOOO 백전불태(OOOO 百戰不殆)

9. 겨울철의 땅속 수분(水分)이 얼어 성에처럼 되어 기둥 모양(模樣)으로 뻗어 있는 것.

11. 지구(地球)에서 관측(觀測)한 태양계(太陽系) 내의 천체(天體) 운동(運動).

12. 선입견(先入見)이나 감정(感情)에 치우친 관점(觀點)을 비유(比喩)하는 말.

라이방(Ray Ban),
선글라스(sunglasses)

15. 머리를 깎고 중(中)이 됨

신삭(新削), 낙발위승(落髮爲僧)
삭발입도(削髮入道), 자수삭발(自手削髮)
체발염의(剃髮染衣), 출가위승(出家爲僧)

16. 여러 명목(名目)의 세금(稅金)을 가혹(苛酷)하게 거둬들이고, 무리하게 재물(財物)을 빼앗음.

주구무이(誅求無已), 횡정가렴(橫征苛斂)
백골징포(白骨徵布), 준민고택(浚民膏澤)
가정맹어호(苛政猛於虎)

17. 「말(言)할 길이 끊어짐」 너무나 엄청나거나 기가 막혀서, 말로 나타낼 수가 없음.

말로 표현(表現)할 수 없는 오묘(奧妙)한 도리(道理) · 진리(眞理).

무공철추(無孔鐵鎚), 불립문자(不立文字)
온밀전진(穩密全眞), 의언진여(依言眞如)
이언진여(離言眞如), 언어동단(言語同斷)

19. 문(門) 앞을 지나면서도 들르지 않음.

알과(戛過), 토문불입(討門不入)

| 1 | | | 2 | ■ | 3 | | | 4 |
|---|---|---|---|---|---|---|---|---|
| | ■ | ■ | 5 | | | ■ | ■ | |
| | ■ | 6 | | ■ | 7 | | ■ | |
| 8 | 9 | ■ | 10 | 11 | | ■ | 12 | |
| ■ | 13 | | ■ | | ■ | 14 | | ■ |
| 15 | | ■ | 16 | | 17 | ■ | 18 | 19 |
| | ■ | 20 | | ■ | 21 | | ■ | |
| | ■ | ■ | 22 | | | ■ | ■ | |
| 23 | | | | ■ | 24 | | | |

# 열다섯 번째

## 가 로 열 쇠

1.「아침에 세 개, 저녁에 네 개」자기(自己) 이익(利益)을 위해 교활(狡猾)한 꾀를 써서 남을 속이고 놀리는 것.

감언밀어(甘言蜜語), 교언영색(巧言令色)
면종후언(面從後言), 미사여구(美辭麗句)
소리장도(笑裏藏刀), 포장화심(包藏禍心)
화언교어(花言巧語)
↔ 눌언민행(訥言敏行)

3. 하는 일이나 행동(行動)이 아주 공정(公正)하고 떳떳함.

광명정대(光明正大), 대공지평(大公至平)
선공후사(先公後私), 지공무사(至公無私)

5. 두 가지 사물(事物)이나 사건(事件)의 사이에서 서로 관계(關係)되는 성질(性質)이나 특성(特性).

6. 몸이나 옷 따위에 묻은 때나 얼룩 따위를 씻어 내거나 뺄 때 쓰는 물건(物件).

석감(石鹼)

7. 사람에게 길들지 않고 산이나 들에서 자연(自然) 그대로 자란 짐승.

8. 어떤 것에 대하여 깊이 헤아려 생각함.

• 죽은 사람처럼 창백(蒼白)한 얼굴빛.

10. 서로 이기거나 앞서기 위해 다투어 힘을 겨루는 싸움.

12. 남의 잘못된 점이나 흉이 될 만한 것을 찾아내어 말함.

험언(險言), 흠담(欠談), 흠구덕

13. 이루려고 하는 일이나 방향(方向).

행위(行爲)를 시작(始作)하기 전(前) 단계(段階)에서 그 실현(實現)을 예정(豫定)하는 의지(依支)나 긴장(緊張).

목표(目標)

14. 어떤 일이나 대상(對象)을 깊이 있게 조사(調査)하고 생각하여 이치(理致)나 진리(眞理)를 밝힘. 연공(硏攻)

15. 도장(圖章)을 대신(代身)해서 엄지손가락의 지문(指紋)으로 찍는 일.

지장(指章), 수장(手章), 손도장

16. 달걀 속의 맑은 부분(部分).

18. 무엇이 어떤 장소(場所)나 범위(範圍)에 꽉 차 있는 모양(模樣).

20. 어떤 일이나 상황(狀況)에 대하여 직접(直接) 하거나 부딪치기를 꺼리고 피함. 기피(忌避), 도피(逃避)

21. 남의 마음에 들려고 비위(脾胃)를 맞추면서 알랑거림.

아유(阿諛), 구용(苟容), 미첨(媚諂)

22. 학문(學問)을 중요시(重要視)하여 열심(熱心)히 파고드는 유형(類型)의 사람이나 그런 사람들의 집단(集團).

23. 조금만 건드려도 곧 폭발(爆發)할 것 같은 몹시 위험(危險)한 상태(狀態).

절체절명(絶體絶命), 누란지세(累卵之勢)
소미지급(燒眉之急), 풍전등촉(風前燈燭)
백척간두(百尺竿頭)

24. 「금옥(金玉)과 같은 법률(法律)」 소중(所重)히 여기고 지켜야 할 규칙(規則)이나 교훈(敎訓).

금석지전(金石之典)

## 세 로 열 쇠

1. 아침에 진리(眞理)를 들어 깨치면 저녁에 죽어도 여한(餘恨)이 없음.

조문도석사가의(朝聞道夕死可矣)

사무여한(死無餘恨)

2. 「모래 위에 세운 누각(樓閣)」 기초(基礎)가 튼튼하지 못하여 오래가지 못할 일이나 사물(事物).

공중누각(空中樓閣), 신기루(蜃氣樓)

해시신루(海市蜃樓)

3. 성(城)이나 요새(要塞)를 공격(攻擊)하며 들판에서 벌이는 전투(戰鬪).

4. 자기(自己) 주제(主題)에 맞지 않는 말을 잘난 체하며 지껄임.

장언대어(壯言大語), 호언장담(豪言壯談)

번간걸여(播間乞餘), 수상개화(樹上開花)

초요과시(招搖過市), 허장성세(虛張聲勢)

9. 중국 원(元)나라 때 터키, 이란, 아라비아, 중앙아시아 등 서역(西域)에서 온 외국인(外國人)을 통틀어 이르는 말.

벽안자염(碧眼紫髥), 자염녹안(紫髥綠眼)

11. 재물(財物)을 모아 쌓은 사람.

12. 남의 잘못되고 모자란 점을 꼬집어 말하거나 몹시 막된 말로 욕(辱)을 잘하는 사람.

15. 아무런 일이 없이 편안(便安)하고 한가(閑暇)함.

일을 쉽게 생각하고, 편안하게만 처리(處理)하려는 태도(態度).

무사태평(無事泰平), 만사태평(萬事太平)

보신주의(補身主義), 복지부동(伏地不動)

작문정치(作文政治), 탁상행정(卓上行政)

16. 「살갗은 닭의 가죽처럼 야위고 머리칼은 학의 털처럼 흼」 늙은 사람.

미랭시(未冷尸), 미려질태(眉黎耋鮐)

백발노인(白髮老人), 소소백발(昭昭白髮)

여발종종(余髮種種), 창안백발(蒼顔白髮)

호호백발(皤皤白髮), 계부학발(鷄膚鶴髮)

17. 「백아(伯牙)가 거문고의 줄을 끊어버림」 자기(自己)를 알아주는 절친(切親)한 벗. 지기지우의 죽음을 슬퍼함.

백아절현(伯牙絶絃), 고산유수(高山流水)

기이단금(基利斷金), 지기지우(知己之友)

사생지교(死生之交), 수어지교(水魚之交)

19. 하늘이 준 때는 지리상(地理上)의 이로움만 못하고, 지리상의 이로움은 사람들 사이의 화합(和合)만 못함.

# 열여섯 번째

## 가 로 열 쇠

1. 집안 살림에 쓰는 온갖 물건(物件).
   세간살이, 가장집물(家藏什物)
   가간집물(家間什物)

3. 숨이 끊어질 때의 마지막 고통(苦痛)과 같은 것.

5. 육체적(肉體的), 정신적(精神的)으로 성인(成人)이 되어 가는 시기(時期).
   춘기발동기(春機發動機)

6. 혹시(或是) 있을지도 모르는 뜻밖의 경우(境遇). 만약(萬若), 약혹(若或)
   · 만 가운데 하나 정도로 아주 적은 양.
   · 가득 차서 넘침.

7. 어떤 사람이나 집단(集團), 조직(組織), 사물(事物) 등을 자기의 뜻이나 규칙(規則)대로 복종(服從)시켜 다스림.
   외부(外部)의 요인(要因)이 사람의 생각이나 행동(行動).
   어떤 조직 따위를 규제(規制)하고 속박(束縛)함. 통치(統治), 영향(影響)

8. 사물(事物)의 동작(動作)이나 작용(作用)을 나타내는 품사(品詞).
   · 같은 회사(會社).
   · 얼어서 죽음.

10. 현장(現場)에서 일어나는 일을 따로 녹화(錄畫)나 편집(編輯)을 하지 않고 생생(生生)하게 그대로 방송(放送) 하는 것.

12. 어떤 일을 해낼 힘이나 기량(技倆).
   · 토목(土木), 건축공사(建築工事)를 할 때 쓰이는 식량(食糧).

13. 개인(個人)들이 사사(私私)로운 일에 쓰기 위해 지니는 돈. 용전(用錢)

14. 마음속에 지닌 앞날에 대한 훌륭한 계획(計劃/計畫)이나 희망(希望).
   야망(野望), 야심(野心)

15. 남 앞에서 자기의 아내를 이르는 말.
   · 국내(國內)에서 조달(調達)되는 자본(資本).

16. 다르게 바뀌기 전의 본디의 상태(狀態).

18. 죄인(罪人)의 발목에 채우던 쇠사슬.
   자유(自由)를 구속(拘束)하는 대상(對象).

20. 긴장(緊張)된 상태(狀態)나 긴박(緊迫)한 것을 느슨하게 함.
   완충(緩衝), 해이(解弛), 유화(宥和)
   병(病)의 증상(症狀)이 누그러지거나 약해짐.

21. 산봉우리가 선상(線狀)이나 대상(帶狀)으로 길게 연속(連續)된 지형(地形). 산줄기

22. 판소리 반주(伴奏)에 쓰는 북. 고장북

23. 좋은 일, 나쁜 일, 행복(幸福)한 일, 불행(不幸)한 일을 아울러 이르는 말.
   휴구(休咎), 세상만사(世上萬事)
   시비이해(是非利害), 앙경화복(殃慶禍福)
   천하만사(天下萬事)

24. 도회(都會)에서 멀리 떨어져 사람이

많이 살지 않는 변두리나 깊은 곳.

벽지(僻地), 산벽소(山僻所)

## 세 로 열 쇠

1. 가정(家庭)을 유지(維持)하고 살림을 꾸리기 위한 노동(勞動).

2. 「아홉 번 죽을 뻔하다 한 번 살아남」 죽을 고비를 여러 차례 넘기고 겨우 살아남.

고목발영(枯木發榮), 기사회생(起死回生)
만사일생(萬死一生), 십년감수(十年減壽)
천우신조(天佑神助), 혈유생령(孑遺生靈)
호구여생(虎口餘生), 십사일생(十死一生)
십생구사(十生九死), 백사일생(百死一生)

3. 학문(學問)을 닦다가 중도(中途)에 그만두면 아무런 쓸모가 없다는 말.

반도이폐(半途而廢), 반상낙하(半上落下)
반자불성(半字不城), 불구심해(不求甚解)
전공가석(前功可惜), 전공진기(前功盡棄)
중도이폐(中道而廢), 천상첩지(淺嘗輒止)
맹모단기지계(孟母斷機之戒)

4. 어떤 운송(運送) 수단(手段)의 짐칸에 실을 수 있는 짐의 정해진 양(量).

9. 어떤 목적(目的)으로 사람이나 사물(事物) 따위를 이용(利用)하여 쓰는 사람.

고용주(雇用主)

11. 품질(品質)이 중간(中間)쯤 되는 등급 중에서 가장 높은 등급(等級).

12. 힘이나 기량(技倆)이 미치지 못함.

15. 가파르게 기울어진 언덕에 난 길.

기운이나 기세(氣勢)가 약해지는 시기(時期).

16. 화(禍)를 물리치고 복(福)을 불러들임.

↔ 개문납적(開門納賊), 아박등예(蛾撲燈蕊)

17. 「태산(泰山)과 북두칠성(北斗七星)」 세상(世上) 사람으로부터 존경(尊敬)을 받거나 어느 방면(方面)에서 권위(權威)가 있는 사람.

산두(山斗), 태두(泰斗)

19. 「뼈를 가루로 만들고 몸을 부숨」 정성(精誠)을 다해 노력(勞力)함을 말함.

간뇌도지(肝腦塗地), 마정방종(摩頂放踵)
이신허국(以身許國), 분신미골(分身糜骨)
간뇌도지(肝腦塗地), 진충갈력(盡忠竭力)
한마공로(汗馬功勞), 분골쇄신(粉骨碎身)

# 열일곱 번째

## 가 로 열 쇠

1. 「나무에 올라 물고기를 구함」 불가능(不可能)한 일을 무리해서 굳이 하려 함.
허술한 계책(計策)으로 큰일을 도모(圖謀)함.
사어지천(射魚指天), 여호모피(與虎謨皮)
여양모육(與羊謀肉), 여호모피(與狐謀皮)
상산구어(上山求魚)

3. 「한 번 들어 둘을 얻음」 한 가지 일로 두 가지 이익(利益)을 얻음.
일거양용(一擧兩用), 일전쌍조(一箭雙鵰)
일석이조(一石二鳥)

5. 괴로움이나 어려움 등을 참고 견디어 내는 마음.

6. 정신(精神)이나 몸, 기술(技術) 따위가 도달(到達)한 일정(一定) 수준(水尊) 이상(以上)의 단계(段階)나 상태(狀態).

7. 남의 어려운 처지(處地)를 자기(自己) 일처럼 알아주거나 가엾게 여기는 마음.
알심, 연민(憐憫)

8. 사물(事物)을 느끼고 생각하며 판단(判斷)하는 능력(能力).

10. 운명(運命)이나 생활(生活), 목적(目的) 등을 같이하는 두 사람 이상의 조직체(組織體). 협동체(協同體)

12. 위험(危險)이 생기거나 사고(事故)가 날 염려(念慮)가 없이 편안(便安)하고 온전(穩全)한 상태(狀態). 십전(十全)

13. 어떤 일이나 생각을 정당화(正當化)하기 위한 핑계를 내세움. 핑계

14. 사람이나 사물이 사고나 실수(失手)로 높은 곳에서 떨어짐.
위신(威信)이나 가치(價値)가 전보다 떨어짐.

15. 다른 사람과 구별(區別)되는 사고(思考)와 태도(態度) 및 행동(行動)의 특성(特性).
개성(個性), 퍼스낼리티(personality)

16. 국가(國家) 사이에 합의(合議)한 내용(內容)을 적은 공문서(公文書)에 당사국(當事國)의 대표(代表)가 서명날인(署名捺印)하는 의식(儀式).

18. 사회적(社會的)으로 문제(問題)가 되거나 관심(關心)을 끌 만한 일.

20. 무력(武力)이나 조직(組織)된 힘을 동원(動員)하여 일정(一定)한 지역(地域)을 차지함. 점거(占據)

21. 인간(人間)의 사상(思想)이나 감정(感情)을 표현(表現)하고, 의사(意思)를 소통(疏通)하기 위한 소리나 문자(文字) 따위의 수단(手段). 말

22. 모가 지게 구부러지거나 꺾어져 돌아간 자리.

23. 햇보리가 나올 때까지의 넘기 힘든 고개라는 말로, 가장 어려운 시기(時機).
춘궁기(春窮期)

24. 「비익조(比翼鳥)와 연리지(連理枝)」 부

부(夫婦)의 사이가 매우 좋음.

금슬지락(琴瑟之樂), 원앙지계(鴛鴦之契)

## 세 로 열 쇠

1. 「어미 소가 송아지를 핥아 주는 정(情)」 자기(自己)의 자녀(子女)에 대한 사랑을 겸손(謙遜)하게 이르는 말.

지독지애(舐犢之愛), 노우지독(老牛之犢)

2. 황새와 조개가 다투는 틈을 타서 어부(漁夫)가 둘 다 잡았다는 고사(故事)에서, 두 사람이 다투고 있는 사이에 이 일과 아무 관계(關係)도 없는 제삼자(第三者)가 이익(利益)을 보게 됨을 이르는 말.

견토지쟁(犬兎之爭), 동귀어진(同歸於盡)

변장자호(卞莊刺虎), 어부지리(漁父之利)

양패구상(兩敗俱傷), 종중어리(從中漁利)

좌수어리(坐收漁利), 좌향기리(坐享其利)

3. 하나로 합친 마음과 같은 몸.

혼연일체(渾然一體), 물아일체(物我一體)

4. 「물고기를 잡으면 통발을 잊음」 바라던 바를 이루고 나면 이를 이루기 위하여 한 일들을 잊어버림.

감탄고토(甘呑苦吐), 득토망제(得兎忘蹄)

토사견기(兎死犬飢), 토사구팽(兎死狗烹)

9. 믿어서 근거(根據)나 증거(證據)로 삼을 수 있는 정도(程度)나 성질(性質).

11. 같은 취미(趣味)를 가지고 함께 정보(情報) 따위를 나누면서 즐기는 사람.

12. 생존(生存)할 가망(可望)이 없는 환자(患者)를 본인(本人) 또는 가족(家族)의 요구(要求)에 따라 고통(苦痛)이 적은 방법(方法)으로, 인공적(人工的)으로 죽음에 이르게 하는 일.

15. 선(善)을 행(行)하면 선의 결과(結果)가, 악(惡)을 행하면 악의 결과가 반드시 뒤따름.

자업자득(自業自得), 앙급자신(殃及自身)

앙천이타(仰天而唾), 양호유환(養虎遺患)

자작지얼(自作之孼), 종두득두(種豆得豆)

출이반이(出爾反爾)

16. 「아침에 명령(命令)을 내렸다가 저녁에 다시 고침」 계획(計劃)이나 결정(決定) 따위를 자꾸 바꾸어서 갈피를 잡기가 어려움을 말함.

조변석개(朝變夕改), 조개모변(朝改暮變)

고려공사삼일(高麗公事三日)

17. 「실속 없는 말루 살이 찜」 자기(自己)가 한 말이나 약속(約束)을 지키지 않고 헛소리만 자꾸 늘어놓음.

실언실인(失言失人)

19. 태극기(太極旗)에 쓰인 네 괘.

# 열여덟 번째

## 가 로 열 쇠

1. 종이나 헝겊 따위의 자질구레한 오라기.

· 어떤 부류(部類)의 사람이나 물건(物件)을 얕잡는 말.

3. 「바람 앞의 촛불」 사물(事物)이 오래 견디지 못하고 매우 위급(危急)한 자리에 놓여 있음.

인생(人生)의 덧없음을 비유(比喩)함.

풍전등화(風前燈火), 풍전지등(風前之燈)

위여누란(危如累卵), 위기일발(危機一髮)

5. 이 년이나 삼 년. 두세 해.

6. 일정(一定)한 작용(作用)을 가함으로써 상대편(相對便)이 지나치게 세력(勢力)을 펴거나 자유(自由)롭게 행동(行動)하지 못하게 누름. 견철(牽掣)

적(敵)의 공격(攻擊)이나 기동(機動)을 미리 막거나 억누르는 전술적 행동(戰術的 行動).

7. 주고받음. 사고팖. 무역(貿易)

· 친분(親分)을 위해 서로 오고 가거나 주고받음.

8. 복되고 운 좋은 일이 있을 조짐(兆朕)이 있는 날.

가신(佳辰), 길신(吉辰), 영일(迎日)

10. 감각(感覺)으로 획득(獲得)한 현상(現象)이 마음속에서 재생(再生)된 것.

심상(心象)

12. 「앞다리가 길고 뒷다리가 짧고, 앞다리가 짧고 뒷다리가 긴 두 짐승」 바라던 일이 실패(失敗)하거나 기대(企待)에 어긋나 딱함.

만사와해(萬事瓦解)

13. 타고난 성품(性品)이나 소질(素質). 본바탕

· 자기가 종사(從事)는 일에 대한 능력(能力)이나 실력(實力)의 정도(程度).

14. 정확(精確)한 수효(數爻)나 정도(程度)에 차지 못함. 미달(未達)

· (어떤 현상(現象)이 어느 곳에) 널리 가득 찬 상태(狀態)에 있음.

15. 올바른 이치(理致)나 도리(道理)에서 어그러짐. 패리(悖理), 배리(背理)

· 떨어져 흩어짐.

16. 출가(出家)하지 않고 불제자(佛弟子)가 된 남자. 우바새(優婆塞)

18. 「지쳐서 둔해진 말」 쓸모없는 둔재(鈍才)를 비유적으로 이르는 말.

20. 어떤 곳을 중심(中心)으로 하여 가까운 곳.

· 눈, 귀, 코, 혀 따위의 외형적(外形的) 감각기관(感覺器官).

· 원뿌리에서 갈라진 작은 뿌리.

21. 분단(分斷)된 대한민국(大韓民國)의 북쪽 지역(地域).

22. 분(憤)하고 노여운 마음을 강조(强調)하는 말.

23. 속세(俗世)와 달리 경치(景致)나 분위기(雰圍氣)가 아주 좋은 세상(世上).

무릉도원(武陵桃源), 유토피아(Utopia)

24. 조금만 건드려도 곧 폭발(爆發)할 것 같은 몹시 위험(危險)한 상태(狀態).

누란지세(累卵之勢), 백척간두(百尺竿頭)
섭우춘빙(涉于春氷), 약도호미(若蹈虎尾)
약섭대수(若涉大水), 약섭춘빙(若涉春氷)
약섭연수(若涉淵水), 위기일발(危機一髮)
임심리박(臨深履薄), 풍전등화(風前燈火)

## 세 로 열 쇠

1. 어느 한 곳에 정착(定着)하지 않고 이리저리 떠도는 길. 여행(旅行)하는 길.

객로(客路), 여로(旅路)

2. 「오랑캐로 오랑캐를 침」 적(敵)을 이용(利用)하여 다른 적을 제어(制御)함.

이이공이(以夷攻夷), 이독공독(以毒攻毒)
이독제독(以毒制毒), 이독치독(以毒治毒)
이약제약(以藥制藥), 이약치약(以藥治藥)
이열치열(以熱治熱), 이포역포(以暴易暴)
이한치한(以寒治寒)

3. 모든 사람이 다 이익(利益)을 보는데 자기 혼자만 빠져 이익을 보지 못하는 사람을 비유(比喩)함.

풍년화자(豊年花子), 풍걸(豊乞)

4. 가서 닥치는 곳마다 낭패를 당함.

낭패불감(狼狽不堪), 도처낭패(到處狼狽)
대략난감(大略難堪), 망지소조(罔知所措)
매염봉우(賣鹽逢雨), 수각황망(手脚慌忙)
십전구착(十顚九錯), 전도의상(顚倒衣裳)

9. 벌이가 되는 일을 하는 곳.

일한 흔적(痕迹).

11. 회화(繪畫), 조각(彫刻), 건축(建築), 공예(工藝) 등 미술(美術)의 변천(變遷)과 발달 과정(過程) 전반(全般)에 관한 역사(歷史).

12. 자유(自由)로운 공상(空想)의 세계를 동경(憧憬)하며 정서(情緖), 감정(感情), 개성(個性) 등을 중시(重視)하는 예술(藝術)을 신봉(信奉)하는 유파(流派).

15. 자신의 정보(情報)에 다른 사람이 접근(接近)할 수 없도록 미리 정해 두는 고유(固有)한 문자(文字) 배열(配列).

16. 어려움, 곤란(困難) 따위를 간신(艱辛)히 버티어 나감.

17. 남(南)과 북(北)으로 갈라진 우리나라가 다시 합쳐지는 일.

19. 몹시 화가 나 크게 성을 냄.

교아절치(咬牙切齒), 노기등등(怒氣騰騰)
노기충천(怒氣衝天), 노발대발(怒發大發)
노발충관(怒髮衝冠), 노발상충(怒髮上衝)
양비대담(攘臂大談)

| 1 | | | 2 | ■ | 3 | | | 4 |
|---|---|---|---|---|---|---|---|---|
| | ■ | ■ | 5 | | | ■ | ■ | |
| | ■ | 6 | | ■ | 7 | | ■ | |
| 8 | 9 | ■ | 10 | 11 | | ■ | 12 | |
| ■ | 13 | | ■ | | ■ | 14 | | ■ |
| 15 | | ■ | 16 | | 17 | ■ | 18 | 19 |
| | ■ | 20 | | ■ | 21 | | ■ | |
| | ■ | ■ | 22 | | | ■ | ■ | |
| 23 | | | | ■ | 24 | | | |

# 열아홉 번째

## 가 로 열 쇠

1. 「단단하기가 황금(黃金) 같고 아름답기가 난초(蘭草)의 향기(香氣)와 같은 사귐」 두 사람 간에 서로 마음이 맞고 교분(交分)이 두터워서 아무리 어려운 일이라도 해 나갈 만큼 우정(友情)이 깊은 사귐.

금란지계(金蘭之契), 금란지의(金蘭之誼)
금석지계(金石之契), 금석지교(金石之交)
기이단금(基利斷金), 단금지계(斷金之契)
단금지교(斷金之交), 담수지교(淡水之交)

3. 한 가지 약(藥)이 온갖 병(病)에 두루 효험(效驗)을 나타냄.

백병통치(百病通治)

5. 동물(動物)에게 갖가지 재주를 훈련(訓鍊/訓練)하는 사람.

6. 총명(聰明)한 기운(氣運)이 넘쳐 무언가를 잘하는 타고난 소질(素質)이나 재능(才能). 재간(才幹)

7. 안개가 걷히면서 흩어지듯이, 어떤 일이 성사(成事)되지 못하여 없었던 일처럼 됨.

결렬(決裂), 와해(瓦解), 분붕(分崩)

8. 뒤이어 오는 때나 자리. 이다음

10. 의심(疑心)하고 두려워하는 마음.

12. 마음속 깊이 스며드는 슬픔이나 시름.

페이소스(pathos)

13. 한 일에 대하여 돌아오는 좋은 결과(結果)나 그 일에 대한 만족감(滿足感).

효과(效果), 공용(功用), 긍지(矜持)
약간(若干) 드러나 보이는 표적(標的).
흔적(痕迹)

14. 흉년(凶年)에 가난하고 군색(窘塞)한 백성(百姓)을 불쌍히 여겨 도와줌.

진제(賑濟), 주진(賙賑), 섬휼(贍恤)

15. 일정(一定)한 분야(分野)에 대한 전문적(專門的)인 연구(硏究)로 해당(解黨) 학문(學問)의 발전(發展)에 이바지하는 사람.

16. 세상(世上)에 널리 알리는 글.

18. 돈의 위력(威力). 금전(金錢)과 권력(權力)을 아울러 하는 말.

20. 어떤 사실(事實)에 대하여 확신(確信)하여 자신(自信) 있게 말함.

대언장담(大言壯談)
장언(壯言), 대담(大談)

21. 남의 지배(支配)를 받거나, 행동(行動)에 있어 남의 간섭(干涉)에 매임.

윗사람에게 매여 있는 아랫사람.

22. 조선시대(朝鮮時代), 임금의 명(命)에 의해 죄인(罪人)을 다스리는 일을 맡아보던 관청(官廳).

23. 일정(一定)한 친족(親族) 간에 인정(認定)되는 생활(生活) 보장(保障)의 의무(義務).

24. 「즐거운 일이 다하면 슬픈 일이 옴」 세상일은 좋고 나쁜 일이 돌고 돈다는 것을 말함.

낙극생비(樂極生悲), 복과재생(福過災生)
새옹지마(塞翁之馬), 성쇠지리(盛衰之理)
태극비래(太極否來), 호몽부장(好夢不長)
호사다마(好事多魔)
천무삼일청(天無三日晴)
호사불여무(好事不如無)
화무십일홍(花無十日紅)
↔ 고진감래(苦盡甘來), 전화위복(轉禍爲福)

## 세 로 열 쇠

1. 「비단(緋緞)옷을 입고 고향(故鄕)에 돌아옴」 벼슬을 하거나 크게 성공(成功)하여 고향에 돌아옴.

금의주행(錦衣晝行), 의금지영(衣錦之榮)
↔ 금의야행(錦衣夜行), 야행피수(夜行被繡)

2. 원리(原理)나 원칙(原則)에만 얽매여 융통성(融通性)이 없는 대도(態度)나 그러한 사고방식(思考方式).

↔ 수정주의(修正主義)

3. 모든 일에 아무런 생각이나 감정(感情)이 없음.

근심이나 걱정으로 인하여 모든 일에 경황(驚惶)이 없음.

4. 산천(山川)을 잘 다스려서 가뭄과 홍수 따위의 재해(災害)를 미리 막는 일.

9. 어떤 직위(職位)에 오르려고 자격(資格)을 갖추어 나선 사람. 출마자(出馬者)

11. 높이가 비교적(比較的) 낮고 경사(傾斜)가 가파르지 않은 산으로 된 땅.

언덕땅

12. 남을 불쌍히 여겨 돕기 위하여 내는 돈.

15. 「마른 바퀴 자국 속의 붕어」 매우 곤궁(困窮)하고 절박(切迫)한 처지(處地)를 비유(比喩)함.

고어지사(枯魚之肆), 궤상지육(机上之肉)
부중지어(釜中之魚), 불면정조(不免鼎俎)
어유부중(魚遊釜中), 조상지어(俎上之魚)
조상지육(俎上之肉), 철부지급(轍鮒之急)

16. 두 사람 이상(以上)이 함께 지는 책임.

연대책임(連帶責任)

17. 14~16세기(世紀)에 이탈리아에서 시작(始作)되어 유럽의 여러 나라에 확산(擴散)한, 인간성(人間性) 해방(解放)을 위한 문화(文化) 혁신(革新) 운동(運動).

르네상스(Renaissance)

19. 「땅을 말아 일으킬 것 같은 기세(氣勢)로 다시 온다」 한 번 실패(失敗)에 굴하지 않고 몇 번이고 다시 일어섬.

사회부연(死灰復燃), 동산재기(東山再起)
재기동산(再起東山), 백폐구흥(百弊俱興)
↔ 일패도지(一敗塗地)

| 1 | | | 2 | ■ | 3 | | | 4 |
|---|---|---|---|---|---|---|---|---|
| | ■ | ■ | 5 | | | ■ | ■ | |
| | ■ | 6 | | ■ | 7 | | ■ | |
| 8 | 9 | ■ | 10 | 11 | | ■ | 12 | |
| ■ | 13 | | ■ | | ■ | 14 | | ■ |
| 15 | | ■ | 16 | | 17 | ■ | 18 | 19 |
| | ■ | 20 | | ■ | 21 | | ■ | |
| | ■ | ■ | 22 | | | ■ | ■ | |
| 23 | | | | ■ | 24 | | | |

# 스무 번째

## 가 로 열 쇠

1. 「하늘을 놀라게 하고 땅을 움직이게 함」 세상을 몹시 놀라게 하는 것.

경심동백(驚心動魄), 기절초풍(氣絶招風)
번천흔지(翻天掀地), 석파천경(石破天驚)
진천해지(震天駭地), 진천동지(震天動地)
흔천동지(掀天動地), 동천경지(動天驚地)

3. 사람이 반드시 겪는, 「나고 · 늙고 · 병들고 · 죽는」 네 가지의 큰 고통(苦痛).

5. 과일, 채소(菜蔬), 화훼(花卉) 등을 가꾸는 일을 하는 사람.

6. 상대편(相對便)에게 전하고 싶은 안부(安否), 소식(消息), 용무(用務) 따위를 적어 보냄.

간독(簡牘), 서신(書信), 서찰(書札), 서간(書簡), 찰한(札翰), 척간(尺簡), 편저(片楮), 이소(鯉素)

7. 현실(現實)에 실제(實際)로 있음. 또는 그런 대상(對象).

다른 사람의 시선(視線)을 끌 만한 두드러진 품위(品位)나 처지(處地). 또는 그런 대상.

8. 같은 시간(時間).
· 같게 봄.
· 같은 시기(時期).
· 똑같이 대우함.
· 같은 시대(時代).
· 얼어 죽은 송장.

10. 정보(情報) 전달(傳達) 및 교환(交換)을 위한 컴퓨터 통신체계(通信體系).

12. 서로 시끄럽게 다툼.

패(牌)로 갈라져서 싸움.

13. 듣는 이의 감정(感情)을 불편(不便)하게 하거나 자극(刺戟)하려는 뜻이 내포(內包)된 말이나 표현(表現)을 비유(比喩)하는 말. 극침(棘針)

식물(植物)의 바늘 모양(模樣)으로 뾰족하게 돋친 것.

물고기의 잔뼈.

14. 테두리가 정하여진 구역(區域).
· 어떤 힘이 미치는 한계(限界).

15. 앞날을 생각하는 원대(遠代)한 뜻.

16. 기쁜 일을 널리 알리기 위해 베푸는 잔치.

18. 생물(生物)의 살아 움직이는 힘.

눈에는 보이지 않으나 다른 감각(感覺)으로 느껴지는 현상(現想).
· 어떤 일이 벌어지려고 하는 분위기(雰圍氣).

20. 갈라진 바위틈에 끼워 중간(中間) 확보물(確保物)로 사용(使用)하는 금속(金屬) 못.

21. 맨 끄트머리.

조직(組織)에서 제일(第一) 아랫자리에 해당(該當)하는 부분(部分).

22. 윗부분은 희고 아래는 다양(多樣)한 빛깔의 연(鳶).

23. 돌, 벽돌을 쌓아 만든 사각뿔 모양(模

樣)의 거대(巨大)한 건축물(建築物).

24. 처음부터 끝까지 한결같이.

다반향초(茶半香初), 동조공관(同條共貫)
맥락관통(脈絡貫通), 수미상응(首尾相應)
수미일관(首尾一貫), 여출일구(如出一口)
유종지미(有終之美), 일맥상통(一脈相通)
일이관지(一以貫之), 철두철미(徹頭徹尾)
초지일관(初志一貫), 종시일관(終始一貫)

## 세 로 열 쇠

1. 「가볍고 망령(妄靈)되게 행동(行動)함」 도리(道理)나 사정(事情)을 생각하지 않고 경솔(輕率)하게 행동함.

과렴선치(寡廉鮮恥), 망자존대(妄自尊大)
면장우피(面張牛皮), 방약무인(傍若無人)
안하무인(眼下無人), 경거망행(輕擧妄行)

2. 지극히 억울(抑鬱)하여 가슴이 아픔.

비분강개(悲憤慷慨), 악권투조(握拳透爪)
오월비상(五月飛霜), 욕사무지(欲死無地)
지원극통(至冤極痛), 지통(至冤)

3. 살아 있음과 죽어 없어짐.

사생존망(死生存亡), 사생출몰(死生出沒)
생사존몰(生死存沒)

4. 조선시대(朝鮮時代), 사림(士林)들 사이에 권력(權力)을 잡기 위해 벌이던 정치적(政治的) 싸움으로, 노론(老論)·소론(少論)·남인(南人)·북인(北人)의 당파(黨派) 싸움.

9. 도시(都市)에서 주택(住宅)이나 상점(商店) 등이 번화(繁華)하게 늘어서 있는 지역(地域).

11. 새로 만든 길.

자동차(自動車)가 다닐 수 있게 넓게 새로 낸 길.

12. 지구(地球)를 둘러싸고 있는 기체(氣滯).

· 그 자리나 장면(場面)에서 느껴지는 기분(氣分).

· 주위(周圍)를 둘러싼 상황(狀況)이나 환경(環境).

· 어떤 사람이나 사물(事物)이 지니는 독특(獨特)한 느낌.

15. 볶은 커피 열매를 갈거나 빻은 가루를 끓인 물에 넣고 걸러내어 마시는 차(茶). 커피 열매를 갈거나 빻은 가루.

16. 식물(植物)이 병원균(病原菌), 해충(害蟲), 곰팡이 따위에 저항(抵抗)하려고 분비(分泌)하는 물질(物質).

17. 한 해의 마지막과 새해의 첫머리.

19. 모든 일이 운수(運數)에 딸려 있어 사람의 힘으로는 어찌할 수 없음.

기수소관(氣數所關), 막비명야(莫非命也)
↔ 선패유기(善敗由己)

# 스물한 번째

## 가 로 열 쇠

1. 「맨손으로 범을 때려잡고, 황허강을 걸어서 건넘」 용기(勇氣)는 있으나 지혜(知慧)가 없음을 말함.

당랑거철(螳螂拒轍), 반문농부(班門弄斧)
배수구거(杯水救車), 부자양력(不自量力)
불감포호(不敢暴虎), 약섭대수(若涉大水)
이란격석(以卵擊石), 한강투석(漢江投石)

3. 「이를 갈면서 속을 썩임」 매우 분(憤)하여 한(恨)을 품음.

와신상담(臥薪嘗膽), 원수치부(怨讎置簿)
절치액완(切齒扼腕), 좌신현담(坐薪懸膽)
칠신탄탄(漆身呑炭)
현담어좌와(懸膽於坐臥)

5. 인문과학(人文科學) 부문(部門)과 자연과학(自然科學) 부문에 속하는 여러 학과(學科)가 있는 단과(單科) 대학(大學).

6. 산불이 타들어 가고 있는 곳의 맞은편에 일부러 놓는 불.

7. 「눈살을 찌푸리고 얼굴을 찡그림」 다른 사람으로부터 받는 비난(非難)이나 미움.

8. 어떤 대상(對象)에 취한 듯 빠져들어 헤어나지 못함. 심취(心醉).

술이 거나하게 취함.

10. 조선시대(朝鮮時代), 죄인(罪人)의 볼기를 치던 곤장(棍杖)의 하나로, 가장 큰 것은 길이 5자 7치, 너비 5치 3푼, 두께 4푼이나 되며 주(主)로 절도범(竊盜犯) 등에게 쓰임.

12. 어떤 목적(目的)을 달성(達成)하기 위하여 사람이나 물건(物件), 수단(手段), 방법(方法) 등을 한꺼번에 집중(集中)시킴.

13. 사물(事物)의 가치(價値)나 등급(等級) 따위의 일정(一定)한 표준(標準)이나 정도(程度). 레벨(level)

14. 은혜(恩惠)에 대한 감사(感謝)의 뜻으로 전하는 물품(物品).

잘못에 대하여 사죄(謝罪)하는 마음.

15. 매만져 곱게 꾸미거나 모양을 냄.

16. 생생(生生)하고 깨끗한 고기.

18. 사물(事物)의 좋고 나쁨 또는 진위(眞僞)나 가치(價値)를 분별(分別)하는 능력(能力).

20. 이전(以前)에 없던 것을 처음으로 생각하여 이루어 내거나 만들어 냄.

21. 왕권(王權)을 꾀하거나 왕을 배반(背叛)하는 반역(叛逆)에 해당(該當)하는 범죄(犯罪).

· 책임(責任)이 큰 일.
나라의 큰 역사(役事).

22. 병영(兵營) 안에서 병사(兵士)들이 기거(起居)하는 방(房). 생활관(生活館)

23. 「맹자(孟子)의 어머니가 짜던 베를 자름」 학문(學問)을 중도(中途)에 그만두는 것을 훈계(訓戒)한 일을 이르는 말.

단기지계(斷機之戒), 단기지교(斷機之敎)

24. 자유(自由)로운 공상(空想)의 세계(世界)를 동경(憧憬)하며 정서(情緖), 감정(感情), 개성(個性) 등을 중요시(重要視)하는 예술(藝術) 사조(思潮).

## 세 로 열 쇠

1. 「배를 안고 넘어짐」 몹시 우스워서 배를 안고 몸을 가누지 못할 만큼 웃음.

가가대소(呵呵大笑), 간간대소(衎衎大笑)
만당홍소(滿堂哄笑), 무장대소(撫掌大笑)
박장대소(拍掌大笑), 아연대소(啞然大笑)
앙천대소(仰天大笑), 요절복통(腰折腹痛)
파안대소(破顔大笑), 파안미소(破顔微笑)
파안일소(破顔一笑), 홍연대소(哄然大笑)
봉복절도(捧腹絶倒)

2. 「아랫사람에게 묻는 것이 수치(羞恥)가 아님」 모르는 것은 누구에게든지 물어서 식견(識見)을 넓히라는 말.

공자천주(孔子穿珠), 불치하문(不恥下問)
경당문노(耕當問奴), 직당문비(織當問婢)

3. 대립(對立)하거나 비교(比較)될 만한 것이 없이 압도적(壓倒的)으로 가난하여 살기가 어려운 정도(程度).

4. 우열(優劣)이나 합격(合格) 여부(與否) 따위를 가리기 위해 자세(仔細)히 조사(調査)하고 살피는 일을 맡은 사람.

9. 강이나 저수지(貯水池) 등에서 끌어들인 물을 모아 두는 곳.

11. 폭약(爆藥)이 터지도록 불을 붙이는 심지.

사건(事件)이 일어나게 된 직접적(直接的)인 원인(原因).

12. 정부(政府)나 대통령(大統領)이 시행(施行)하려는 일에 대해 사전(事前) 국회(國會)에 인정(認定)을 구하는 안건(案件).

15. 「꿈틀거리는 벌레 떼와 같음」 어리석은 백성(百姓).

난화지맹(難化之氓), 난화지민(難化之民)
우부우맹(愚夫愚氓), 화외지맹(化外之氓)

16. 어떤 일에 나선 지 얼마 안 되어서 일이 서툰 사람.

17. 「주머니 같은 살덩이와 밥통」 하는 일 없이 먹고 놀기만 하는 사람을 조롱(嘲弄)하여 이르는 말.

반갱주낭(飯坑酒囊), 반낭주대(飯囊酒袋)
의가반낭(衣架飯囊), 주대반낭(酒袋飯囊)
주옹반낭(酒甕飯囊), 행시주육(行尸走肉)

19. 자연(自然)과 조화(造化)를 이루며 소박(素朴)한 전원생활(田園生活)을 하는 것을 이상적(理想的)으로 여기는 태도(態度)나 성향(性向).

무위자연(無爲自然), 빈이낙도(貧而樂道)
안빈낙도(安貧樂道), 안분지족(安分知足)

# 스물두 번째

## 가 로 열 쇠

1. 행동(行動) 따위가 자유자재(自由自在)로 거침이 없음.

독왕독래(獨往獨來), 동충서돌(東衝西突)
무궁자재(無窮自在), 자유자재(自由自在)
좌충우돌(左衝右突), 종횡무애(縱橫無礙)

3. 누워서 몸을 이리저리 뒤척이며 잠을 이루지 못함.

경경고침(耿耿孤枕), 경경불매(耿耿不寐)
고심참담(故心慘憺), 노심초사(勞心焦思)
불안침석(不安寢席), 식불감미(食不甘味)
여좌침석(如坐針席), 오매불망(寤寐不忘)
우우불매(憂鬱不寐), 전전긍긍(戰戰兢兢)
좌불안석(坐不安席), 침불안석(寢不安席)
침식불안(寢食不安)
침불안식불감(寢不安食不甘)

5. 감옥(監獄)이나 수용시설(收容施設) 따위의 특정(特定)한 장소(場所)에 갇혀 지내는 사람.

· 사물이나 사람을 구하여 쓰는 사람.

6. 여러 부분(部分)이나 요소(要素)들을 얽어 짜서 체계적(體系的)인 하나의 통일체(統一體)로 만듦. 짜임새

· 문학(文學) 작품(作品)에서, 여러 요소(要素)나 사건(事件)들을 통일감(統一感)이 들도록 유기적(有機的)으로 배열(配列)하는 일.

7. 서로 마주 대함.

· 서로 겨루거나 맞섬.

8. 곧고 빳빳하게 뻗어 있는 머리털.

10. 신성(神聖)한 대상(對象)을 칭송(稱頌)하여 부르는 노래.

12. 복잡(複雜)한 현상(現狀)을 다양(多樣)한 각도(角度)로 풀어서 논리적(論理的)으로 해명(解明)함. 해석(解釋)

· 동물(動物)의 배설물(排泄物)로 만들어진 화석(化石).

13. 대가(代價)를 치르고 특정(特定)한 서비스를 받는 일원(一員)이 됨.

· 단체(團體)나 조직(組織)의 구성원(構成員)이 됨.

14. 지구(地球) 위의 모든 나라.

· 인류(人類) 사회(社會) 전체(全體).

15. 잎사귀나 열매를 가지에 달려 있게 하는 짧은 줄기.

· 그릇 뚜껑의 손잡이.

16. 두려워할 만한 것이 없음.

18. 일정(一定)한 조직(組織)이나 집단(集團)의 구성원(構成員)이 그 대표자(代表者)나 임원(任員) 등을 투표(投票)하여 뽑는 행위(行爲).

· 배와 수레

20. 믿고 의지(依支)함.

· 매우 맹렬(猛烈)한 우레.

21. 이야기의 재료(材料).
이야기의 제목(題目).

22. 오줌 냄새와 비슷한 냄새.

23. 도시(都市)의 이곳저곳을 돌아다니는 부랑배(浮浪輩).

시정무뢰(市井無賴), 무뢰배(無賴輩)

24. 가난과 부유(富裕)함, 귀(貴)함과 천(賤)함을 아울러 이르는 말.

## 세 로 열 쇠

1. 왕실(王室)과 나라를 통틀어 이르는 말. 조선시대(朝鮮時代), 역대(歷代) 임금과 왕비(王妃)의 위패(位牌)를 모시던 왕실의 사당(祠堂)과 태사(太社)와 태직(太稷)을 말함. 종사(宗社)

2. 푸짐하게 잘 차린 맛있는 음식(飮食).

가찬(佳饌) 성찬(盛饌)

고량진미(膏粱珍味), 만반숙육(滿盤熟肉)
만반진수(滿盤珍羞), 백미음식(百味飮食)
비육대주(肥肉大酒), 산해진미(山海珍味)
살계백반(殺鷄白飯), 수륙진찬(水陸珍饌)
식전방장(食前方丈), 팔진성찬(八珍盛饌)
포봉팽룡(炮鳳烹龍)

3. 전자제품(電子製品)을 전문(專門)으로 취급(取扱)하는 상가(商街).

4. 빙하(氷下)의 가장자리를 따라 운반(運搬)되는 암석(巖石) 부스러기.

9. 목이나, 목숨을 비속(卑俗)하게 이르는 말로, 직장(職場)이나 직책(職責) 따위에서 쫓아내어 그만두게 함을 비유하는 말.

면직(免職), 파면(罷免)

11. 유선(有線)・무선(無線)・전신(電信)의 송신(送信)을 맡아보는 기관(機關).

12. 서로 나뉜 두 지역(地域)의 경계(境界)를 이루는 선(線).

군사(軍事) ○○○.

15. 남의 조종(操縱)에 따라 움직이는 사람이나 조직(組織).

허수아비, 바지저고리

16. 일정(一定)한 직업(職業)이 없이 나도는 불량(不良)한 사람.

뇌자(賴子), 부랑자(浮浪者)

17. 겉으로는 화려(華麗)하게 보이나 속으로는 빈곤(貧困)하고 부실(不實)함.

개두환면(改頭換面), 견지망월(見指忘月)
기려멱려(騎驢覓驢), 금옥패서(金玉敗絮)
내허외식(內虛外飾), 득어망전(得魚忘筌)
모피지부(毛皮之附), 문과기실(文過其實)
석근관지(釋根灌枝), 양탕지비(揚湯止沸)
외강중건(外强中乾), 우행순추(禹行舜趨)
절상생지(節上生枝), 허례허식(虛禮虛飾)
홍불감장(紅不甘醬), 화지누빙(畵脂鏤氷)
회두토면(灰頭土面)

19. 텅 빈 공중(空中).

요확(寥廓), 허공(虛空)

# 스물세 번째

## 가 로 열 쇠

1. 「머리는 용이나 꼬리는 뱀임」 처음 출발(出發)은 야단(惹端)스러운데, 끝장은 보잘것없이 흐지부지되는 것.

태산명동서일필(泰山鳴動鼠一匹)

유두무미(有頭無尾)

호두사미(虎頭蛇尾)

3. 「하늘을 바라보고 침을 뱉음」 남을 해치려다 도리어 자기가 해(害)를 입음.

앙급자신(殃及自身), 인과응보(因果應報)

자작자수(自作自受), 자작지얼(自作之孼)

5. 거의 모두. 대단히 많은 수.

6. 언행(言行)이나 상태(狀態)가 보통(普通)과 아주 다름.

언행이 두드러지게 남과 달라 예측(豫測)할 수 없음.

7. 신(神)이 인간(人間)을 매개자(媒介者)로 하여 그의 뜻을 나타내거나 인간의 물음에 대답(對答)하는 일.

8. 많은 티와 먼지.

• 혀의 상태(狀態)를 보아 병(病)을 진찰(診察)하는 일.

10. 어떤 단체(團體)나 행사(行事) 등에서 안내(案內)를 맡거나 남에게 봉사(奉仕)하는 일을 하는 사람.

12. 「빗장과 자물쇠」 어떤 일의 성패(成敗)나 추이(推移)를 가름하는 가장 중요(重要)한 부분(部分)이나 요인(要因).

13. 어떤 조직(組織)이나 사상(思想), 규범으로 부터 빠져 벗어남.

사회적(社會的)인 규범(規範)에서 벗어나는 일.

14. 몹시 요란(搖亂)하게 울리는 소리.

15. 비천(卑賤)하고 누추(陋醜)한 모양(模樣)새나 버릇.

• 한 나라의 운명(運命).

16. 보편적(普遍的)인 이치(理致)에 맞지 않거나 감당(堪當)하기 어려운 생각 또는 행동(行動)을 비유(比喩)하는 말.

18. 어떤 사람을 증인(證人)으로 그에게 질문(質問)함.

20. 곁에서 보호(保護)하여 지킴.

• 주위(周圍)를 둘러쌈.

21. 어떤 사물(事物)이나 상태(狀態)보다 먼저 존재(存在)하여 그것을 발생(發生)시키거나 변화(變化)시키는 일이나 사건(事件).

22. 노력(努力)의 대가(代價)나 사례(謝禮)의 뜻으로 금품(金品) 따위를 주지 않거나 받지 않는 것.

23. 실패(失敗)할 위험(危險)이 전혀 없는 안전(安全)한 계책(計策).

만전지계(萬全之計), 만전책(萬全策)

거안여위(居安如危), 안거위사(安居危思)

안불망위(安不忘危), 자전지계(自全之計)

토영삼굴(兔營三窟), 교토삼혈(狡兔三穴)

24. 「담비의 꼬리가 모자라 개 꼬리로 대신(代身)함」 훌륭한 것 뒤에 보잘것없

는 것이 뒤따름을 비유(比喩)함.

속초지기(續貂之譏), 속초(續貂)

초부족구미속(貂不足狗尾速)

## 세 로 열 쇠

1. 자주 사용(使用)하는 기관(器官)은 세대(世代)를 거듭함에 따라서 발달(發達)하고 사용하지 않는 기관은 쇠퇴(衰退)하여 없어지게 된다는 학설(學說).

라마르크설(Lamarck說)

사용불사용설(使用不使用說)

2. 「꼬리가 커서 흔들기가 어려움」 일의 마무리 단계(段階)에 일이 크게 벌어져서 처리(處理)하기에 어려움.

미대부도(尾大不掉)

3. 「미리를 들고 눈썹을 폄」 고고하여 굽히지 않음.

고자표치(高自標置), 수정불요(守正不撓)

용성난순(龍性難馴), 위무불굴(威武不屈)

위풍당당(威風堂堂), 정정당당(正正堂堂)

집의항언(執意抗言), 피집불굴(被執不屈)

4. 「다른 사람이 나의 얼굴에 침을 뱉으면 저절로 그 침이 마를 때까지 기다림」 처세(處世)에는 인내(忍耐)가 필요(必要)함을 이르는 말.

백인(百忍), 불식타(不拭唾)

9. 한 단계 더 앞서 발전(發展)해 나감.

11. 일정(一定)한 수나 수량(數量)을 다 채우고 남은 수나 수량.

12. 남의 알몸이나 성교(性交)하는 장면(場面)을 몰래 훔쳐봄으로써 성적(性的) 만족(滿足)을 얻는 증세(症勢).

15. 말이나 행동(行動)에 아무런 거짓이나 꾸밈이 없이 매우 순수(純粹)하고 참됨.

순진무구(純眞無垢), 적자지심(赤子之心)

천진면목(天眞面目)

16. 하는 일도 없고 취할 방도(方途)나 대책(對策)도 없음.

백계무책(百計無策), 임연선어(臨淵羨魚)

17. 「누구를 원망(怨望)하고 누구를 탓하겠냐?」 남을 원망하거나 탓할 것이 없음.

백인유아이사(伯仁由我而死)

19. 「거친 바람에도 부러지지 않는 억센 풀」 역경(逆境)을 겪어야 비로소 그 사람의 절개(節槪)나 진가(眞價)를 알 수 있음.

가빈사양처(家貧思良妻)

노요지마력(路遙知馬力)

세란식충신(世亂識忠臣)

세한연후지송백(歲寒然後知松栢)

| 1 |  |  | 2 | ■ | 3 |  |  | 4 |
|---|---|---|---|---|---|---|---|---|
|  | ■ | ■ | 5 |  |  | ■ | ■ |  |
|  | ■ | 6 |  | ■ | 7 |  | ■ |  |
| 8 | 9 | ■ | 10 | 11 |  | ■ | 12 |  |
| ■ | 13 |  | ■ |  | ■ | 14 |  | ■ |
| 15 |  | ■ | 16 |  | 17 | ■ | 18 | 19 |
|  | ■ | 20 |  | ■ | 21 |  | ■ |  |
|  | ■ | ■ | 22 |  |  | ■ | ■ |  |
| 23 |  |  |  | ■ | 24 |  |  |  |

# 스물네 번째

## 가 로 열 쇠

1. 몇 개의 교과(教科)를 통합(統合) 편성(編成)하여 가르치는 방법(方法).

3. 「뚫어진 창(窓)과 헐린 담벼락」 무너져 가는 가난한 집을 비유(比喩)함.

가도벽립(家徒壁立), 봉호옹유(蓬戶甕牖)
부중생어(釜中生魚), 불폐풍우(不蔽風雨)
옥여칠성(屋如七星), 옹유승추(甕牖繩樞)
의리폐천(衣履弊穿), 조제모염(朝虀暮鹽)
증진부어(甑塵釜魚), 필문규두(篳門圭竇)
호한제기(虎寒蹄饑)

5. 하천(河川)에 흐르는 물.

6. 남에게 자기(自己) 아버지를 높여 부르는 말.

가군(家君), 가부(家父), 가엄(家嚴)

7. 1995년생. 생일(生日)은 10월 13일.

방탄소년단(防彈少年團)의 멤버이며, 메인 댄서와 리드 보컬을 맡고 있다.

8. 자신(自身)의 세력(勢力)을 믿고 방자(放恣)하고 난폭(亂暴)하게 굶.

10. 알에서 막 깼거나 덜 자란 어린 닭.

계추(鷄雛)

12. 시골 마을. 향리(鄕里), 촌(村)

13. 주로 어린아이들이 재미로 하는 짓.

짓궂게 하는 못된 짓.

14. 어떤 정세(政勢)나 상황(狀況)의 가변적(可變的) 요인(要因).

· 나라의 경계(警戒)가 되는 변두리 지역(地域).

· 국경(國境)의 수비(守備).

15. 어떤 사실(事實)의 전말(顚末)

· 일이 되어 가는 모양(模樣).

16. 물이 스며들지 않도록 가공(加工) 처리(處理)된 천.

18. 병통과 폐단(弊端).

· 어떤 사물(事物)의 내부(內部)에 있는 옳지 못한 경향(傾向)이나 해로운 요소(要所).

20. 흉년(凶年)에 가난하고 군색(窘塞)한 백성(百姓)을 불쌍히 여겨 도움.

진제(賑濟), 섬휼(贍恤)

21. 계속(繼續)된 일이나 현상(現狀)의 맨 끝. 끝, 마지막, 최후(最後)

22. 전라남(全羅南)·북도(北道), 경상남도(慶尙南道)에 걸쳐 있는 산.

· 소설(小說) 《태백산맥(太白山脈)》의 배경(背景)이 되는 산.

23. 여러 사람이 공개(公開)된 과정(過程)에서 동일(同一) 조건(條件)으로 겨루는 일.

24. 「서른 살이 되어 자립(自立)함」 학문(學問)이나 견식(見識)이 일가(一家)를 이루어 도덕적(道德的)으로 흔들리지 않음.

약관(弱冠), 약년(若年), 약령(弱齡)
이립(而立), 이모지년(二毛之年)
불혹(不惑), 상수(桑壽), 지천명(知天命)
이순(耳順), 회갑(回甲), 환갑(還甲)
망칠(望七), 진갑(進甲), 고희(古稀)

## 세 로 열 쇠

1. 「소진(蘇秦)의 합종책(合從策)과 장의(掌醫)의 연횡책(連橫策)」 이해관계(利害關係)에 따라 뭉치고 흩어짐.

종횡지학(縱橫之學), 이합집산(離合集散)

2. 「자기(自己)에게 직접(直接) 딸린 병졸(兵卒)」 자기의 수족(手足)처럼 가까이 두고 쓰는 사람.

3. 산세(山勢) · 지세(地勢) · 수세(水勢) 따위를 판단(判斷)하여, 이것을 인간의 길흉화복(吉凶禍福)에 연결(連結)하여 설명(說明)하려는 이론(理論)이나 주장(主張).

4. 궁벽(窮僻)한 곳에 외따로 떨어져 있는 가난한 마을.

궁촌벽지(窮村僻地), 궁촌변지(窮村邊地)

9. 물건(物件)을 싸는 데 쓰는 종이.

11. 남을 속이는 짓. 또는 그런 술수.

· 한강(漢江)의 옛 명칭(名稱).

12. 타향(他鄕)에 있는 사람이 고향(故鄕)을 많이 그리는 것.

회향병(懷鄕病), 망향병(望鄕病)

15. 「반딧불과 눈빛으로 이룬 공(功)」 차윤(車胤)이 반딧불로 글을 읽고, 손강(孫康)은 눈에 반사(反射)된 달빛으로 글을 읽었다는 고사(故事).

고생(苦生) 속에서도 꾸준히 공부(工夫)하여 얻은 보람.

감택용서(闞澤傭書), 광형착벽(匡衡鑿壁)
낭형독서(囊螢讀書), 대경경서(帶經耕鋤)
발분망식(發憤忘食), 손강영설(孫康映雪)
여조삭비(如鳥數飛), 연낭성형(練囊盛螢)
영월독서(映月讀書), 우각괘서(牛角掛書)
원목경침(圓木警枕), 인추자자(引錐自刺)
자고독서(刺股讀書), 자고현량(刺股懸梁)
조송지근(照松之勤), 주경야독(晝耕夜讀)
차형손설(車螢孫雪), 청경우독(晴耕雨讀)
추고지면(錐股之勉), 행상대경(行常帶經)
현두자고(懸頭刺股), 형창설안(螢窓雪案)
호학불권(好學不倦), 횡경문난(橫經問難)

16. 「도요새와 조개가 다투다가 다 같이 어부(漁夫)에게 잡히고 말았음」 대립(對立)하는 두 세력(勢力)이 다투다가 결국(結局)은 구경하는 다른 사람에게 득을 주는 싸움을 비유적(比喩的)으로 이르는 말.

어부지리(漁父之利), 견토지쟁(犬免之爭)
전부지공(田夫之功), 어옹지리(漁翁之利)

17. 자연적(自然的)으로 깊은 산에 나는 산삼(山蔘).

19. 「해진 옷과 부서진 갓」 너절하고 구차(苟且)한 옷차림.

폐포파립(敝袍破笠), 폐의파관(敝衣破冠)

| | | | | | | | | |
|---|---|---|---|---|---|---|---|---|
| 1 | | | 2 | ■ | 3 | | | 4 |
| | ■ | ■ | 5 | | | ■ | ■ | |
| | ■ | 6 | | ■ | 7 | | ■ | |
| 8 | 9 | ■ | 10 | 11 | | ■ | 12 | |
| ■ | 13 | | ■ | | ■ | 14 | | ■ |
| 15 | | ■ | 16 | | 17 | ■ | 18 | 19 |
| | ■ | 20 | | ■ | 21 | | ■ | |
| | ■ | ■ | 22 | | | ■ | ■ | |
| 23 | | | | ■ | 24 | | | |

# 스물다섯 번째

## 가 로 열 쇠

1. 나라를 위하여 목숨을 바쳐 장렬(壯烈)히 싸운 사람.

순국선열(殉國先烈), 전몰장병(戰歿將兵)

3. 품고 있는 마음이나 뜻이 하늘을 찌를 듯 높음.

사기충천(士氣衝天), 의기양양(意氣揚揚) ↔ 의기소침(意氣銷沈)

5. 글씨를 쓰는 일을 직업(職業)으로 하는 사람.

필경생(筆耕生), 필경공(筆耕工)

6. 물건(物件)을 구하기 어려움. '달림'으로 순화(純化)됨.

7. 검찰(檢察) 등에서 어떤 사건(事件)의 혐의자(嫌疑者)나 참고인(參考人) 등을 조사(調査)하기 위하여 불러들임.

호출(呼出)

8. 뉘우치는 일이나 원통(怨痛)한 일에 대하여 한숨을 쉬며 탄식(歎息)함.

탄식(歎息), 통탄(痛嘆), 한(恨)

10. 특정(特定) 방면(方面)의 정보(情報)에 정통(精通)한 사람.

12. 전쟁(戰爭)터에서 함께 싸우거나 군대(軍隊) 생활(生活)을 함께한 동료(同僚).

군우(軍友)

13. 바람을 쐬거나 기분(氣分)을 전환(轉換)하기 위해 멀지 않은 곳을 이리저리 천천히 거닒.

산책(散策), 나들이

14. 백성(百姓)을 질긴 생명력(生命力)을 지닌 잡초(雜草)에 비유하여 이르는 말.

생치(生齒), 지민(地民), 창맹(蒼氓)

15. 「물 위에 뜬 개구리밥」 부평초(浮萍草)

이리저리 떠돌아다님을 비유하는 말.

16. 자식(子息)에 대한 아버지의 사랑.

18. 어떠한 말이 본래(本來)의 뜻과는 달리 잘못 전해져서 굳어짐.

유전(謬傳), 오전(誤傳)

· 전쟁(戰爭) 때문에 생기는 혼란(混亂).

20. 다른 사람의 작품(作品)을 작가(作家)의 승낙(承諾)을 얻지 않고 베끼거나 비슷하게 만듦. 모작(模作)

21. 보이지 않게 파묻거나 파묻힘.

22. 부모(父母)를 대신(代身)하여 아이들을 맡은 사회(社會) 복지(福祉) 기관(機關)에서 아이들을 돌보는 사람.

23. 도덕(道德)에 어긋나는 동기(動機)나 원인(原因)으로 인하여 성립(成立)하는 범죄(犯罪). 또는 그런 범인(犯人).

살인죄(殺人罪), 강간죄(强姦罪) 따위.

24. 분수(分數)에 맞지 않는 말을 큰소리로 자신(自身) 있게 말함.

대언장어(大言壯語), 대언장담(大言壯談)

장언대어(壯言大語)

대담(大談), 호담(豪談)

## 세 로 열 쇠

1. 「입술이 없으면 이가 시림」 가까운 사이의 하나가 망하면 다른 하나도 그 영향(影響)을 받아 온전(穩全)하기 어려움.

고장난명(孤掌難鳴), 보거상의(輔車相依)
조지양익(鳥之兩翼), 순치지국(脣齒之國)

2. 처음에는 시비곡직(是非曲直)을 가리지 못해 그릇되더라도 모든 일은 결국(結局)에는 반드시 정리(正理)로 돌아감.

사불범정(邪不犯正), 사불벌정(邪不伐正)
사불승정(邪不勝正)

3. 가지고 있는 생각이나 뜻이 서로 통함.

4. 「천 년 동안 겨우 한 번 만남」 좀처럼 만나기 어려운 좋은 기회(機會).

천세일시(千歲一時), 천재일시(千載一時)

9. 이산화탄소(二酸化炭素)의 포화(泡花) 수용액(水溶液).

11. 모든 것에 두루 통하거나 적용(適用)되는 성질(性質).

12. 본격적(本格的)인 전쟁(戰爭)이나 경기(競技) 따위가 시작(始作)되기 전에 치르는 작은 경쟁(競爭)이나 싸움.

15. 「바닥이 평평(平平)한 땅에 세찬 바람과 거센 물결이 인다」 평온(平穩)한 자리에서 생각하지 못한 다툼이 일어남을 비유적(比喩的)으로 이르는 말.

졸지풍파(猝地風波), 청천벽력(靑天霹靂)
평지낙상(平地落傷), 평지파란(平地波瀾)
무풍기란(無風起瀾), 일조지환(一朝之患)

16. 마땅히 하여야 할 일을 일부러 하지 않아서 성립(成立)하는 범죄(犯罪). 또는 그런 죄를 지은 사람. 불해산죄(不解散罪)나 불퇴거죄(不退去罪) 따위.

불행범(不行犯)
↔ 작위범(作爲犯), 적극적범죄(積極的犯罪)

17. 사물(事物)의 이치(理致)가 희미(稀微)하고 분명(分明)치 않음.

말이나 태도(態度) 따위가 흐리터분하고 분명하지 못함.

알쏭달쏭, 불투명(不透明)
↔ 분명(分明)

19. 「섶에 누워 자고 쓴 쓸개를 맛봄」 원수(怨讐)를 갚으려 온갖 괴로움을 참고 견딤.

절치부심(切齒腐心), 절치액완(切齒扼腕)
좌신현담(坐薪懸膽), 칠신위라(漆身爲癩)
칠신위려(漆身爲癘), 칠신탄탄(漆身呑炭)
회계지치(會稽之恥), 원수치부(怨讐置簿)
현담어좌와(懸膽於坐臥)

# 스물여섯 번째

## 가 로 열 쇠

1. 누구를 형이라 아우라 하기 어려움.

난형난제(難兄難弟), 난백난중(難伯難仲)
대동소이(大同小異), 막상막하(莫上莫下)
반근팔량(半斤八兩), 세균역적(勢均力適)
손방투지(孫龐鬪智), 양시쌍비(兩是雙非)
오룡쟁주(五龍爭珠), 오십소백(五十笑百)
용양호박(龍攘虎搏), 용호상박(龍虎相搏)
우열난분(優劣難分), 이석격석(以石擊石)
차상차하(差上差下), 차선차후(差先差後)
천편일률(千篇一律), 춘란추국(春蘭秋菊)
피차일반(彼此一般), 행동능우(行同能偶)
호각지세(互角之勢), 호척용나(虎擲龍拏)

3.「생명(生命)이 있는 것은 반드시 죽음」존재(存在)의 무상(無常)함을 이르는 말.

거자필반(去者必返), 낙엽귀근(落葉歸根)
성자필쇠(盛者必衰), 회자정리(會者定離)
↔ 거자필반(去者必返)

5. 잔손을 많이 들여 정교(精巧)하게 만든 것.

6. 호(號)를 거듭하여 정기적(定期的)으로 간행(刊行)되는 출판물(出版物). 휘보(彙報)

· 기전체(紀傳體)의 역사책(歷史冊)에서 여러 지(志)를 한데 모아서 차례(次例)로 기록(記錄)한 것.

7. 어떤 분야(分野)를 체계적(體系的)으로 배워서 익힘.

일정(一定)한 분야에서 어떤 이론(理論)을 토대(土臺)로 하여 체계화(體系化)한 지식(知識)의 영역(領域).

8. 생물(生物)이 생물로서 존재(存在)할 수 있는 까닭의 본원적(本源的) 속성으로써 감각(感覺), 운동(運動), 자람, 증식(增殖)과 같은 생활(生活) 현상(現想)으로부터 추상(抽象)의 일반개념(一般槪念).

10. 개인(個人)이나 조직(組織)의 경제상태(經濟狀態)나 경제활동(經濟活動)에 관한 것.

12. 사치(奢侈)스럽고 화려(華麗)함.

13. 해결(解決)하기 어렵거나 대응(對應)하기가 곤란(困難)한 일.

14. 미친 증세(症勢)나 그 기미(機微).

앞뒤 가리지 않고 함부로 날뛰는 기질(氣質)이나 경향(傾向).

15. 윗옷의 앞가슴 부분(部分)에 안으로 덧대어 목이나 가슴을 가리는 천.

· 어떤 사람의 성품(性品)의 됨됨이.

16. 마그마가 땅속에서 굳어진 암석(巖石)을 통칭(統稱)하는 말.

18. 깊은 우물.

· 깊은 정(情).

· 깊은 함정(陷穽).

· 사람의 내면(內面)으로부터 일어나는 감정(感情)이나 심리(心理).

20. 어떤 일이 자기(自己)에게 이해득실(利害得失)이 있는지 따짐.

· 수(數)를 헤아림.

21. 사람이 의지(意志)로 하는 짓.

인간의 모든 행동(行動)이나 동작(動作)을 말함.

22. 둘 이상(以上)을 서로 연결(連結) 또는 결합(結合)하는 공통(共通)의 느낌.

23. 음반(音盤)에 수록된 곡(曲) 중에서 대표(代表)라고 할 수 있는 곡.

리드 싱글(Lead single), 머리 곡

24. 서로 마음이 맞아 아주 친하게 지내는 관계(關係).

음양배합(陰陽配合), 부창부수(夫唱婦隨)

## 세 로 열 쇠

1. 「희고 고운 얼굴에 글만 읽는 사람」 세상(世上)일에 조금도 경험(經驗)이 없는 사람. 백면서랑(白面書郎)

동홍선생(冬烘先生), 일개서생(一介書生)

책상퇴물(冊床退物), 폐호선생(閉戶先生)

2. 여러 세대(世代)를 통하여 드물게 나타나는 인재.

간기인물(間氣人物), 봉모인각(鳳毛麟角)

일세지웅(一世之雄), 청운지사(靑雲之士)

촉중명장(蜀中名將)

약득일적국(若得一敵國)

3. 생물(生物)의 기능(技能)·구조(構造)·발달(發達)·분포(分布) 및 생명(生命) 현상(現象) 등을 연구(硏究)하는 학문(學問)에 근거(根據)한.

4. 한 집안이 다 죽임을 당하는 끔찍한 재앙(災殃).

계견불류(鷄犬不留), 회멸지구(灰滅之咎)

멸족지화(滅族之禍), 멸문지환(滅門之患)

9. 이름이 널리 알려진 대학(大學).

11. 변하지 않는 존재(存在)의 본질(本質)을 깨닫는 성질. 또는 그 성질(性質)을 가진 독립적(獨立的) 존재(存在).

아이덴티티(identity)

12. 새롭거나 신기(新奇)한 것에 끌리는 마음.

15. 전문적(專門的)으로 커피를 만드는 사람.

16. 깊은 산속의 으슥한 골짜기.

심산궁곡(深山窮谷)

17. 공무(公務)와 관련(關聯)하여 법률(法律)이나 도덕(道德), 윤리(倫理)에 어긋나는가를 몰래 살피고 감독(監督)하는 일.

19. 마음과 뜻이 서로 잘 맞아 합함.

· 남녀 사이에 어떤 관계(關係)가 이루어짐.

의기투합(意氣投合), 의기상투(意氣相投)

항해일기(沆瀣一氣), 궐종서부(厥宗噬膚)

웅창자화(雄唱雌和), 장두상련(腸肚相連)

# 스물일곱 번째

## 가 로 열 쇠

1. 신라시대(新羅時代), 화랑(花郞)의 계율(戒律)인 세속오계(世俗五戒)의 하나로, 벗을 사귐에 믿음으로써 함.

사군이충(事君以忠), 사친이효(事親以孝)

임전무퇴(臨戰無退), 살생유택(殺生有擇)

3. 마음에 부족(不足)하나마 겨우. '오로지'를 예스럽게 이르는 말.

5. 생활수준(生活水準)이 낮고 문명(文明)이 발달(發達)하지 못한 땅.

6. 지식(知識), 정서(情緖), 도덕(道德) 등을 바탕으로 길러진 고상(高尙)하고 원만(圓滿)한 품성(品性).

품격(品格), 품위(品位), 뱀뱀이

가르쳐 기름.

7. 여러 사람의 생각, 의논(議論) 또는 의견(意見).

종파(宗派)의 우열(優劣)이나 그 진위(眞僞)를 결정(決定)짓는 논문(論文).

8. 어떤 것을 뒤져서 찾아내거나 필요(必要)한 정보(情報)를 밝힘.

10. 지세(地勢)가 작전(作戰)하기에 유리(有利)하게 되어 군사적(軍事的)으로 아주 중요(重要)한 장소(場所).

요해지(要害地), 형승(形勝)

12. 좋은 조건(條件)이나 말로 꾀거나 설득(說得)하여 사람이나 돈 따위를 끌어옴.

• 수준(水尊)이 낮거나 세련(洗鍊/洗練)되지 못함.

13. 최고(最高)에 달한 상태(狀態)나 경지(境地). 정점(頂點), 맨마루

문학작품(文學作品)에서, 사건(事件)의 발전(發展)이나 갈등(葛藤)이 최고조(最高潮)에 이른 단계(段階).

클라이맥스(climax)

14. 한 덩어리로 서로 굳게 뭉침.

두 사람 이상(以上)이 어떤 행위(行爲)를 하면서 공동(共同)으로 책임(責任)짐.

15. 「흰 눈썹」 여럿 중 가장 뛰어난 사람이나 사물(事物).

16. 좌우(左右)나 극단(極端)으로 치우치지 않은 온건(穩健)한 무리 또는 당파(黨派).

18. 감격(感激)하여 목메어 울.

감체(感涕), 읍감(泣感)

20. 일이 되어 나가는 형편(形便)이나 상황(狀況). 귀취(歸趣)

21. 불사(佛事)를 할 때 손바닥에 쳐 소리를 내어 일의 시작(始作)과 끝을 알리는 데 쓰는 도구(道具).

22. 볏과의 한해살이풀. 밭에서 자라며 강아지풀과 외형(外形)이 비슷함.

23. 송도(松都)의 세 가지 유명(有明)한 것.

서경덕(徐敬德), 황진이(黃眞伊), 박연폭포(朴淵瀑布)를 이름.

김만중(金萬重)의 〈서포만필(西浦漫筆)〉에서는 차천로(車天輅-시詩), 한호(韓濩-글씨), 최립(崔岦-문장)을 꼽는다.

24. 해마다 일정(一定)한 시기(時機)에 되풀이하여 행해 온 고유(固有)의 풍속(風俗).

세시놀이. 세시의례(歲時儀禮)

## 세 로 열 쇠

1. 남의 환심(歡心)을 사기 위해 교묘(巧妙)히 꾸며서 하는 말과 아첨(阿諂)하는 얼굴빛.

감언밀어(甘言蜜語), 구밀복검(口蜜腹劍)
면종배훼(面從背毁), 소중유검(笑中有劍)
양두구육(羊頭狗肉), 표리부동(表裏不同)
화언교어(花言巧語)
↔ 강의목눌(剛毅木訥), 표리일체(表裏一體)

2. 조선(朝鮮) 고종(高宗) 8년(1871년)에 미국(美國) 군함(軍艦)이 강화도(江華島) 해협(海峽)에 침입(侵入)하여 발발(勃發)한 사건(事件).

3. 매우 사랑하고 소중(所重)히 여기는 모양(模樣)을 나타내는 말.

경지옥엽(瓊枝玉葉), 금지옥엽(金枝玉葉)
애지석지(愛之惜之), 옥수경지(玉樹瓊枝)

4. 지방(地方)의 행정(行政)을 지방 주민(住民)이 선출(選出)한 기관(機關)을 통하여 처리(處理)하는 제도(制度).

9. 찹쌀을 쪄서 떡메로 치거나 절구에 찧은 후 네모진 꼴로 적당(適當)히 모나게 썰어 고물을 묻힌 떡.

11. 어떤 대상(對象)에 대한 호감(好感)으로 그 대상에 정성(精誠)을 바치는 정도(程度).

12. 둘 이상(以上)을 서로 연결(連結) 또는 결합(結合)하는 공통(共通)된 느낌.

동질감(同質感), 연대감(連帶感)

15. 「흰모래와 푸른 소나무」 바닷가의 아름다운 경치(景致)를 비유하는 말.

16. 「가을이 한창때의 좋은 날」 '추석(秋夕)'을 달리 이르는 말.

가배(嘉俳), 한가위, 가윗날

17. 「대를 쪼개는 기세(氣勢)」 세력(勢力)이 강대(强大)하여 적(敵)을 거침없이 물리치고 쳐들어가는 기세.

단할지세(斷割之勢), 도천지세(滔天之勢)
분왕매진(奮往邁進), 세여파죽(勢如破竹)
신호지세(晨虎之勢), 일비충천(一飛沖天)

19. 「눈물을 머금고 마속(馬謖)의 목을 벰」 사랑하는 신하(臣下)를 법(法)대로 처단(處斷)하여 질서(秩序)를 바로잡음.

일벌백계(一罰百戒), 징일여백(懲一勵百)
누참마속(淚斬馬謖)
휘루참마속(揮淚斬馬謖)

# 스물여덟 번째

## 가 로 열 쇠

1. 어떤 부류(部類)나 사물(事物)이 상황(狀況)이나 때에 따라 가지각색으로 다르고 차이(差異)가 심함.

각인각색(各人各色), 각인각설(各人各說)
십인십색(十人十色), 천차만별(千差萬別)
침우기마(寢牛起馬), 천상만태(千狀萬態)
천태만상(千態萬象), 천양지차(天壤之差)

3. 「사실(事實)을 얻는 것을 힘쓰고 항상(恒常) 참 옳음을 구함」 사실에 토대(土臺)를 두어 진리(眞理)를 탐구(探究)하는 일.

경세치용(經世致用), 실천궁행(實踐躬行)
무실역행(務實力行), 이용후생(利用厚生)
정구훈고(精求訓詁)

5. 먹을 수 있거나 유용(有用)한 열매가 열리는 나무.

과수(果樹), 실과(實果)나무.

6. 어떤 일을 하는 데 바탕이 되는 돈이나 물건(物件), 재주, 기술(技術) 따위를 이르는 말.

7. 적당(適當)히 해 넘기는 잔꾀.

· 일하는 데 꼭 필요한 묘한 이치(理致). 쉽게 대강 어물거리어 넘기는 잔꾀.

8. 보호자(保護者)가 돌보지 못하는 동안에 대신(代身) 어린아이를 잠깐 맡아보는 일.

10. 특정(特定) 집단(集團)이나 사회(社會)를 앞장서 거느리고 이끄는 사람.

영도자(領導者), 리더(leader)

12. 일찍이 돌아가거나 돌아옴.

13. 새로운 것이나 변화(變化)를 적극적(積極的)으로 받아들이기보다는 전통적(傳統的)인 것을 옹호(擁護)하며 유지(維持)하려는 정치적(政治的)인 성향(性向).

· 새의 날개.

14. 장터나 길거리를 돌아다니면서 동냥하는 사람.

15. 본래(本來) 타고난 성격(性格)이나 성품(性品). 천질(天疾)

· 하늘이 이루어 놓음.

16. 군대(軍隊) 등에서 끼니로 먹을 것을 만드는 부서(部署).

18. 어떤 문제(問題)와 관련(關聯)된 일이나 사람에 대하여 잘잘못을 가려 결정(決定)을 내리는 일.

20. 가늘고 보드라운 티끌. 미세○○

21. 어떤 일의 상대(相對), 목표(目標)나 목적(目的)이 되는 것.

22. 계급(階級)이 없는.

23. 「단번(單番)에 천금(千金)을 움켜쥠」 힘들이지 않고 단번(單番)에 많은 재물(財物)을 얻음.

24. 자본주의(資本主義)에서, 생산(生産) 수단(手段)을 소유(所有)하고 노동자(勞動者)를 고용(雇用)하여 기업(企業)을 경영(經營)하는 사람.

## 세 로 열 쇠

1. 「요란(搖亂)한 소리에 하늘이 무너지고 땅이 터져 나갈 듯이 흔들려 움직임」 제왕(帝王)의 죽음, 큰 재앙(災殃) 등 중대(重大)한 사변(事變)을 이르는 말.

궁거안가(宮車晏駕), 궁천지통(窮天之痛)
백운지어(白雲之馭), 창오지망(蒼梧之望)
천붕지괴(天崩之壞), 천붕지탑(天崩之搨)
천붕지통(天崩之痛)

2. 「속계(俗界)를 떠난 특별(特別)한 경지(境地)」 특별히 경치(景致)가 좋거나 분위기(雰圍氣)가 좋은 곳.

무릉도원(武陵桃源), 호중천지(壺中天地)
별건곤(別乾坤), 유토피아(Utopia)

3. 실제(實題)로 필요(必要)해서 사거나 얻고자 하는 사람.

↔ 가수요자(假需要者)

4. 「죽음을 고향(故鄕)으로 돌아가는 것 같이 여김」 죽는 것을 조금도 두려워하지 않음을 이름.

단두장군(斷頭將軍), 마혁과시(馬革裹屍)
만사불사(萬死不辭), 배성일전(背城一戰)
배수일진(背水一陣), 병사지야(兵死地也)
분주파부(焚舟破釜), 사생결단(死生決斷)
사차불피(死且不避), 수사불패(雖死不敗)
시사여생(視死如生), 이사위한(以死爲限)
인자지용(仁者之勇), 저사위한(抵死爲限)
제하분주(濟河焚舟), 지사불굴(至死不屈)
충불피위(忠不避危), 파부침주(破釜沈舟)

9. 떠들썩하게 기세(氣勢)를 올려 지르는 소리.

· 아픔이나 어려움을 과장(誇張)하고 엄살을 부리는 일을 구어적(口語的)으로 이르는 말.

11. 돈이나 재물(財物)을 걸고 화투(花鬪), 트럼프, 마작(麻雀) 따위로 내기를 일처럼 하는 사람.

12. 조마조마하여 마음을 졸이는 마음.

15. 세상에 견줄 것이 없이 최고(最高)임.

천하무쌍(天下無雙), 유아독존(唯我獨尊)

16. 임자 없는 물건(物件)을 마음껏 가져도 말리는 이가 없음.

17. 어떤 일에 대응(對應)하는 이익(利益)이나 대가(代價).

어떤 급부(給付)에 대하여 교환(交換) 관계(關係)에 서는 급부.

19. 형식(形式)의 구애(拘礙)를 받지 않고 악상(樂想)의 자유(自由)로운 전개(展開)로 작곡(作曲)된 낭만적(浪漫的)인 악곡(樂曲). 환상곡(幻想曲)

| 1 |  |  | 2 | ■ | 3 |  |  | 4 |
|---|---|---|---|---|---|---|---|---|
|  | ■ | ■ | 5 |  |  | ■ | ■ |  |
|  | ■ | 6 |  | ■ | 7 |  | ■ |  |
| 8 | 9 | ■ | 10 | 11 |  | ■ | 12 |  |
| ■ | 13 |  | ■ |  | ■ | 14 |  | ■ |
| 15 |  | ■ | 16 |  | 17 | ■ | 18 | 19 |
|  | ■ | 20 |  | ■ | 21 |  | ■ |  |
|  | ■ | ■ | 22 |  |  | ■ | ■ |  |
| 23 |  |  |  | ■ | 24 |  |  |  |

# 스물아홉 번째

## 가 로 열 쇠

1. 「진흙이나 숯불에 떨어진 것 같은 고통」 가혹(苛酷)한 정치(政治)로 말미암아 백성(百姓)이 심한 고통(苦痛)을 받는 것.
가정맹어호(苛政猛於虎)
주구무이(誅求無已), 횡정가렴(橫征苛斂)
가렴주구(苛斂誅求), 할박지정(割剝之政)

3. 어느 회사(會社)의 계통(系統)을 이어받기는 하였으나 자회사(子會社)보다 밀접(密接)하지 않고 지배권(支配權)도 비교적(比較的) 덜 미치는 회사.

5. 앞으로 크게 성공(成功)하거나 잘될 만한 가능성(可能性).

6. 일을 얼른 처리(處理)하지 못하고 어물쩍 미루기만 함.

7. 사물(事物)이 서로 같은 모습으로 마주 보며 짝을 이루고 있는 상태(狀態).
데칼코마니(decalcomanie)

8. 정의(正義)를 위하여 개인(個人)이나 집단(集團)이 의로운 일을 도모(圖謀)함.
· 어떤 사실(事實)에 근거(根據)함.

10. 깊은 생각에 잠기는 듯한 기분(氣分)을 자아내는 기악(器樂) 소곡(小曲).

12. 어떤 일이나 문제(問題)를 처리(處理)해 나가는 방식(方式)이나 수단(手段).
도리(道理), 방법(方法), 방안(方案), 길
· 나라의 보물(寶物)을 훔치는 도둑.

13. 예전에, 부농(富農)이나 지주(地主)에게 고용(雇傭)되어 그 집의 농사(農事)일이나 잡(雜)일을 해 주고 품삯을 받는 사내.

14. 매우 높고 센 파도(波濤). 격파(激波)
어렵고 모진 세월(歲月)을 비유(比喩)하는 말.

15. 인간(人間)이 어느 입장(立場)에서 마땅히 행하여야 할 바른길.
민이(民彝), 상경(常經), 정도(正道)

16. 서로 우호적(友好的)인 관계(關係)를 맺고 있는 나라.

18. 땅을 갈아 쓸모 있게 만듦.
개간(開墾)

20. 국민(國民)이 권력(權力)을 가짐과 동시(同時)에 스스로 권리(權利)를 행사(行事)하는 정치(政治) 형태(形態).

21. 마땅히 놀라거나 두려워해야 할 상황(狀況)에서 태도(態度)나 기색(氣色)이 편안(便安)하여 아무렇지도 않은 듯이 예사(例事)로움. 혼연(渾然)

22. 가축(家畜)이 먹을 만한 물과 풀밭을 찾아 주기적(週期的)으로 떠돌아다니며 사는 민족. 목축민족(牧畜民族)

23. 함께 살며 함께 번영(繁榮)함.
공생공영(共生共榮), 상리공생(相利共生)
↔ 약육강식(弱肉强食), 적자생존(適者生存)

24. 남이 잠잘 때 요란(搖亂)스럽게 굴어서 잠을 못 자게 함.

## 세 로 열 쇠

1. 「도원(桃園)에서 의형제(義兄弟)를 맺음」 서로 다른 사람들이 사욕(私慾)을 버리고 목적(目的)을 향해 합심(合心)할 것을 결의(決意)함.

결의형제(結義兄弟), 의기투합(意氣投合)
지기상합(志氣相合)

2. 「한쪽 손뼉은 울리지 못함」 혼자서는 일을 이루기가 어려운 것.

상대(相對) 없이는 싸움이 일어나지 않음.

거지양륜(車之兩輪), 공위순치(共爲脣齒)
보거상의(輔車相依), 순망치한(脣亡齒寒)
순치보거(脣齒輔車), 조지양익(鳥之兩翼)

3. 큰 소리로 몹시 슬프게 곡(哭)함.

대성통곡(大聲痛哭), 방성통곡(放聲痛哭)

4. 남의 물건(物件)을 허락(許諾) 없이 일시적(一時的)으로 사용(使用)하는 행위(行爲).

9. 착 달라붙은 상태(狀態)가 매우 끈덕진 것.

착취(搾取)하는 상태가 매우 모질고 끈덕진 사람을 비유적(比喩的)으로 이르는 말.

11. 서로 맞서거나 마주하고 있는 맞은편의 사람.

12. 한곳에 머물지 못하고 정처(定處) 없이 이리저리 떠돌아다니기를 좋아하는 버릇.

15. 헛되이 수고만 하고 아무 보람이 없음.

노이무공(勞而無功), 도로무익(徒勞無益)

16. 우주(宇宙) 비행사(飛行士)가 실험(實驗), 탐사(探査) 따위를 위해 우주비행 중에 우주선(宇宙船) 밖으로 나와 우주공간(空間)을 이동(移動)하는 일.

17. 나라가 태평(泰平)하고 백성(百姓)의 생활(生活)이 평안(平安)함.

국토안온(國土安穩), 태평성대(太平聖代)
해불양파(海不揚波), 획지위뢰(劃地爲牢)

19. 「흙이 무너지고 기와가 깨짐」 어떤 조직(組織)이나 사물(事物)이 손을 쓸 수 없을 정도(程度)로 무너져 버림.

와해토붕(瓦解土崩), 빙소와해(氷消瓦解)
어궤조산(魚潰鳥散), 운니홍조(雲泥鴻爪)
운산조몰(雲散鳥沒), 풍류운산(風流雲散)

| 1 | | | 2 | ■ | 3 | | | 4 |
|---|---|---|---|---|---|---|---|---|
| | ■ | ■ | 5 | | | ■ | ■ | |
| | ■ | 6 | | ■ | 7 | | ■ | |
| 8 | 9 | ■ | 10 | 11 | | ■ | 12 | |
| ■ | 13 | | ■ | | ■ | 14 | | ■ |
| 15 | | ■ | 16 | | 17 | ■ | 18 | 19 |
| | ■ | 20 | | ■ | 21 | | ■ | |
| | ■ | ■ | 22 | | | ■ | ■ | |
| 23 | | | | ■ | 24 | | | |

# 서른 번째

## 가 로 열 쇠

1. 울긋불긋하게 만발한 꽃의 온갖 색깔.
만자천홍(萬紫千紅), 백화난만(百花爛漫)
백화만발(百花滿發), 백화제방(百花齊放)

3. 여러 사람이 둘러싸고 봄.
중인환시(衆人環視)

5. 눈에 생기는 병(病).

6. 겁(怯)을 주며 압력(壓力)을 가하여 남에게 억지로 어떤 일을 하도록 함.
강요(强要), 위박(威迫)

7. 일정(一定)한 신분(身分)이나 지위(地位)를 가지거나 일정한 일을 하는 데 필요한 조건(條件)이나 능력(能力).
· 무기(武器) 따위로 찌르고 공격(攻擊)함.
· 자극(刺戟)을 받아 급하고 세차게 움직임.

8. 뜻밖의 변(變)이나 망신(亡身)스러운 일. 봉욕(逢辱), 견욕(見辱)

10. 누에고치에서 뽑은 실.
깁실, 비단실, 견사(絹絲), 명사(明絲), 잠사(蠶絲), 진사(眞絲)

12. 일정(一定)한 시기(時期)나 때.
· 세상의 형편(形便).
· 규칙적(規則的)으로 되풀이되는 자연현상(自然現象)에 따라서 일 년을 구분(區分)한 것.

13. 중추신경(中樞神經) 계통(系統) 가운데 머리뼈 안에 있는 부분(部分).
사물(事物)을 판단(判斷)하는 슬기.

14. 수량(數量)이나 정도(程度)에 제한(制限)이나 한계(限界)가 없음.
· 집합(集合)의 원소(元素)를 다 헤아릴 수 없음.

15. 어떤 면에서 타당(妥當)하다고 생각되는 이치(理致).
· 한 가지의 이익(利益)이나 이로움.

16. 정상(正常)과 다른 모습으로 태어난 아이.

18. 어떤 대상(對象)을 중심(中心)으로 그 곳과 가까운 곳.
· 원뿌리에서 갈라져 나온 바위의 뿌리.

20. 자료(資料)를 살펴 도움이 될 만한 것으로 삼음.
· 끔찍하고 비참(悲慘)한 고통(苦痛).

21. 어떤 물체(物體) 꼭대기의 앞이 되는 부분(部分).
· 아궁이 입구의 위에 가로 걸쳐 놓은 돌.

22. 행동(行動)이 굼뜨고 일이 진행(進行) 속도(速度)가 느린 것. (중국어)

23. 「굽이굽이 서린 창자」 깊고 깊은 마음속을 비유하여 이르는 말.
기구험로(崎嶇險路), 조로서도(鳥路鼠道)
구절양장(九折羊腸), 구곡간장(九曲肝腸)

24. 얼추 마음속으로 헤아려 보다.

구반문촉(毆槃文燭), 군맹무상(群盲撫象)
맹완단청(盲玩丹靑), 암중모색(暗中摸索)
촌촌전진(寸寸前進)
남대문입납(南大門入納)

## 세 로 열 쇠

1. 「선녀(仙女)의 옷은 바늘 자국이 없음」 시문(詩文) 등이 꾸민 데 없이 자연(自然)스럽고 아름다우면서 완전무결(完全無缺)하여 흠(欠)잡을 데가 없음.

필요(必要)한 것이 모두 갖추어져 부족(不足)한 것이나 흠(欠)이 없음.

세상일에 때 묻지 않은 어린아이와 같음.

금구무결(金甌無缺), 백옥무하(白玉無瑕)
십전십미(十全十美)

2. 「얼굴에 복숭앗빛을 띤 예쁜 여자는 팔자(八字)가 사나움」

가인박명(佳人薄命), 미인박명(美人薄命)

3. 병세(病勢)나 상처(傷處)의 정도(程度)가 매우 심한 사람을 치료(治療)하고 돌볼 수 있도록 마련한 방.

4. 그 당시(當時)의 사정(事情)이나 요구(要求)에 아주 알맞음.

정당기시(正當其時), 시기적절(時期適切)

9. 어떠한 지역(地域)의 가장자리.

· 본질적(本質的)이고 중심적(中心的)인 측면(側面)이 아닌, 부차적(副次的)이며 지엽적(枝葉的)인 측면을 비유하는 말.

11. 어떤 일을 이끌거나 지도(指導)하는 중심(中心) 유형(類型)이나 형식(形式).

12. 어떤 일에 대해 일정한 시간(時間)의 한계(限界)를 둠. ↔ 기한부(期限附)

15. 「한마디의 말과 한 구(句)의 반(半)」 아주 짧은 말이나 글.

일언반사(一言半辭), 편언척자(片言隻字)

16. 「기운(氣運)이 만장(萬丈)이나 뻗침」 펄펄 뛸 만큼 성이 많이 남. 또는 일이 뜻대로 되어 나가 씩씩한 기운이 대단하게 뻗침.

기세등등(氣勢騰騰), 기염만장(氣焰萬丈)
득의만면(得意滿面), 득의망형(得意忘形)
만면희색(滿面喜色), 심만의족(心滿意足)
안어양양(晏御揚揚), 의기양양(意氣揚揚)
지고기양(趾高氣揚), 호기만장(豪氣萬丈)

17. 어떤 일에 대한 착상(着想)이나 구상(構想). 고안(考案), 생각, 착상(着想)

19. 부지런하고 검소(儉素)하며 노력(努力)을 기울여 일함.

극근극검(克勤克儉), 근검상무(勤儉尙武)
근검역행(勤儉力行), 검존사실(儉存奢失)
검소질박(儉素跌撲), 불치불검(不侈不儉)
유사입검(由奢入儉), 근검절약(勤儉節)

# 서른한 번째

## 가 로 열 쇠

1. 「풀뿌리와 나무껍질」 양식(糧食)이 부족(不足)할 때 먹었던 험한 음식(飮食)이나, 청빈(淸貧)한 삶.

갈건야복(葛巾野服), 구의폐대(垢衣弊帶)
단표누항(簞瓢陋巷), 두실와옥(斗室蝸屋)
박주산채(薄酒山菜), 불감기우(不堪其憂)
폐의파관(敝衣破冠), 현순백결(懸鶉百結)

3. 여럿 가운데서 쓸 것은 골라 쓰고 버릴 것은 버림.

체리 피킹(cherry picklng),
게이트 키핑(gate keeping)

5. 종아리 뒤쪽의 살이 불룩한 부분(部分).

6. 어떤 일이 끝난 뒤에 남아 미치는 영향(影響).

큰 물결이 지나간 뒤에 일어나는 잔물결.

7. 당혹(當惑)스럽거나 쑥스럽고 부끄러워 낯을 바로 들기가 어려움.

무색(無色)

8. 어떤 것에 마음이 끌려 신경(神經)을 쓰거나 주의(注意)를 기울임.

호기심(好奇心)

10. 경제적(經濟的)으로 어렵거나 학업(學業)이나 연구(硏究) 성과(成果)가 뛰어난 사람에게, 배움을 장려(奬勵)하는 목적(目的)으로 지급(支給)되는 돈.

12. 청빈(淸貧), 정결(淨潔), 순종(順從)을 서약(誓約)하고 독신(獨身)으로 수도(修道)하는 여자(女子).

13. 한번 들어가면 빠져나오기 힘든 곳.

미로(迷路)

14. 정신적(精神的) 아픔과 괴로움에 시달림.

15. 웃어른에게 안부(安否)를 여쭘.

문후(問候), 배후(拜候)

예전에, 궁중에서 '병환'을 이르던 말.

16. 악기(樂器)를 연주(演奏)할 때 손가락을 쓰는 방법(方法).

18. 금전적(金錢的)인 면(面)에서 지게 되는 책임(責任).

어떤 일이나 의무(義務), 책임 따위를 떠맡음.

20. 상태(狀態)나 형편(形便).

사람의 됨됨이나 자격(資格).

21. 다른 여러 명제(命題)가 도출(導出)되는 기본(基本) 명제.

22. 어떤 물건(物件)을 자기(自己)의 것으로 가지는 권리(權利).

물건을 자유(自由)로이 사용(使用), 수익(收益), 처분(處分)할 수 있는 물권(物權)을 말함.

23. 일 따위를 처음부터 끝까지 한결같이 함.

수미일관(首尾一貫), 종시여일(終始如一)
↔ 용두사미(龍頭蛇尾), 유두무미(有頭無尾)

24. 부지런하고 검소(儉素)하게 살며 재물(財物)을 아낌.

근검노작(勤儉勞作), 근검역행(勤儉力行)

검소질박(儉素跌撲)

↔ 외구화식(外具華飾)

## 세 로 열 쇠

1. 처음에 세운 뜻을 끝까지 밀고 나감.

처음 품은 뜻을 한결같이 꿰뚫음.

수미일관(首尾一貫), 수미상접(首尾相接)

시종여일(始終如一), 일이관지(一以貫之)

2. 서로 낫고 못함이 없음.

상대편(相對便)과 같은 행동(行動)을 하여 서로 같은 처지(處地)나 경우(境遇)가 되게 함.

차상차하(差上差下), 춘란추국(春蘭秋菊)

피차일반(彼此一般), 마찬가지

3. 임자 없는 물건(物件)을 마음껏 가져도 말리는 이가 없음.

4. 택배(宅配)를 받는 남자와 여자라는 뜻으로, 전화(電話)나 인터넷 따위의 통신(通信) 판매(販賣)를 이용(利用)하여 물건(物件)을 사는 사람들을 이르는 말.

9. 아름다움을 살필 수 있는 안목(眼目).

11. 학문(學問)이나 예술(藝術) 따위에 관한 전문적(專門的)인 글을 싣는 잡지(雜誌).

12. 어떤 조직(組織)이나 단체(團體), 기관(機關) 등에서 가장 중요(重要)한 자리에 있는 사람들. '지도부(指導部)'로 순화(純化)됨.

15. 「문 앞에 저자를 이룸」 찾아오는 사람이 많음을 비유적(比喩的) 하는 말.

문전약시(門前若市), 문정여시(門庭如市)

호한위천(戶限爲穿)

↔ 문외가설작라(門外可設雀羅)

16. 모든 일이 운수(運數)에 달려 있어 사람의 힘으로는 어찌할 수 없음.

기수소관(氣數所關), 막비명야(莫非命也)

↔ 선패유기(善敗由己)

17. 「법은 멀고 주먹은 가까움」 일이 매우 급할 때는 이치(理致)보다 완력(腕力)을 쓰기가 쉬움.

자력구제(自力救濟), 자구행위(自救行爲)

19. 걱정이 있거나 놀라운 일이 있어도 보통 때와 같이 웃고 떠들며 평소(平素)의 태도(態度)를 잃지 않음.

부동성색(不動聲色), 안연자약(晏然自若)

언소자약(言笑自若), 태연무심(泰然無心)

태연자약(泰然自若)

↔ 면여토색(面如土色)

# 서른두 번째

## 가 로 열 쇠

1. 입사(入社)해서 정년퇴직(停年退職)할 때까지 근무(勤務)하는 직장(職場).

3. 「우레에 맞춰 함께함」 줏대 없이 남의 의견(意見)에 따라 움직임.

강심상종(降心相從), 난만동귀(爛漫同歸)
맹종맹동(盲從盲動), 수중축대(隨衆逐隊)
수후누수(隨後婁藪), 아부영합(阿附迎合)
여진여퇴(旅進旅退), 인운역운(人云亦云)
추우강남(追友江南), 뇌동부화(雷同附和)

5. 목축(牧畜)을 업으로 삼은 사람들이 물과 풀밭을 찾아 옮겨 다니며 사는 땅.

6. 동물(動物) 털의 케라틴으로 이루어진 단백질 실.

7. 요구(要求)나 제안(提案) 따위를 받아들이지 않고 물리침.

사절(使節) ↔ 용납(容納)

· 부자(富者) 가운데에서도 특히 큰 부자.

8. 맹렬(猛烈)한 기세(氣勢)로 일어나는 어떤 사회적(社會的) 운동(運動)이나 현상(現狀)을 비유(比喩)하는 말.

바다에서 발생(發生)하는 풍랑(風浪)이나 여울.

10. 동물(動物)이 보금자리를 만들어 사는 곳.

12. 외부(外部)의 자극(刺戟)이 피부(皮膚) 감각(感覺)을 통하여 전해지는 느낌.

창촉(振觸), 촉감(觸感)

13. 짜증을 내고 불평(不平)하거나 잔소리를 하는 일.

14. 전혀 다른 것이 섞임이 없음.

· 사사로운 못된 생각이 없음.

15. 사업(事業)을 경영(經營)하고 운영(運營)하는 데 필요(必要)한 비용(費用).

· 도난(盜難)이나 재난(災難) 등의 사태(事態)가 발생(發生)할 것을 염려(念慮)하여 미리 살피고 지킴. 경계(警戒)

16. 두 겹의 천을 포개어 안팎을 만들고, 사이에 솜을 넣어 죽죽 줄이 지게 박아 만든 천.

18. 예수가 입었던 옷.

· 정성(精誠)스러운 뜻.

20. 뒤죽박죽이 되어 어지럽고 질서(秩序)가 없음.

21. 사람을 다른 동물과 구별(區別)하여 이르는 말.

22. 땅이나 굴을 팔 때, 흙이 무너지지 않도록 임시(臨時)로 설치(設置)하는 가설(假說) 구조물(構造物).

23. 어떤 사물(事物)의 가장 중요(重要)한 부분(部分)을 비유(比喩)적으로 이르는 말.

알의 흰자위에 둘러싸인 둥근 노란 부분.

24. 노동조건(勞動條件)의 개선(改善)과 사회적(社會的), 경제적(經濟的)인 지위 향상(地位向上)을 위하여 노동자가 조직(組織)한 단체(團體).

## 세 로 열 쇠

1. 「고요한 땅에 바람과 물결을 일으킴」 공연(空然)한 일을 만들어서 뜻밖에 분쟁(紛爭)을 일으키거나 사태(事態)를 어렵고 시끄럽게 만드는 경우(境遇).

낙미지액(落眉之厄), 무망지화(毋望之禍)
일조지환(一朝之患), 졸지풍파(猝地風波)
지어지앙(池魚之殃), 청천벽력(靑天霹靂)
홀지풍파(忽地風波), 횡래지액(橫來之厄)
평지돌풍(平地突風), 평지파란(平地波瀾)

2. 오륜(五倫)의 하나로, 어른과 어린이, 또는 윗사람과 아랫사람 사이에는 지켜야 할 차례(次例)와 질서(秩序)가 있음.

장유지서(長幼之序)

3. 간 곳을 알지 못함.

거처불명(去處不明), 부지하락(不知下落)
종적부지(蹤跡不知), 행방불명(行方不明)

4. 「신부(新婦)의 방에 촛불이 아름답게 비침」 혼례(婚禮)를 치르고 나서 첫날밤을 신랑(新郞)이 신부 방(房)에서 잠을 자는 의식(儀式).

취례(娶禮), 근례(巹禮),
화촉지전(華燭之典)

9. 동물(動物)이나 사람의 형상(形象)을 한 귀신(鬼神)의 하나.

· 주책없이 망나니짓을 하는 사람.

11. 「주식비(酒食費)로 지급(支給)함」 어부(漁夫)의 임금(賃金)을 이르는 말.

12. 자극(刺戟)을 받아들여 느끼는 성질(性質)이나 성향(性向).

15. 「농사(農事)는 의당(宜當) 머슴에게 물어보아야 함」 일은 항상(恒常) 그 부문(部門)의 전문가(專門家)와 상의(相議)하여 행해야 한다는 말.

공자천주(孔子穿珠), 불치하문(不恥下問)
직당문비(織當問婢), 호문즉유(好問則裕)

16. 「층층이 쌓아 놓은 알의 위태(危殆)로움」 몹시 아슬아슬한 위기를 이르는 말.

간두지세(竿頭之勢), 낙미지액(落眉之厄)
명재경각(命在頃刻), 발인천균(髮引千鈞)
백척간두(百尺竿頭), 부절여발(不絶如髮)
사생관두(死生關頭), 위여일발(危如一髮)
누란지세(累卵之勢), 위여누란(危如累卵)

17. 「하늘과 사람이 함께 분노함」 누구나 분노(憤怒)할 만큼 증오(憎惡)하거나 도저히 용납(容納)할 수 없음.

신인공노(神人共怒), 신인공분(神人公憤)

19. 마음이나 뜻이 서로 잘 맞음.

의기상투(意氣相投), 의기상합(意氣相合)
장두상련(腸肚相連), 궐종서부(厥宗噬膚)

| | | | | | | | | |
|---|---|---|---|---|---|---|---|---|
| 1 | | | 2 | ■ | 3 | | | 4 |
| | ■ | ■ | 5 | | | ■ | ■ | |
| | ■ | 6 | | ■ | 7 | | ■ | |
| 8 | 9 | ■ | 10 | 11 | | ■ | 12 | |
| ■ | 13 | | ■ | | ■ | 14 | | ■ |
| 15 | | ■ | 16 | | 17 | ■ | 18 | 19 |
| | ■ | 20 | | ■ | 21 | | ■ | |
| | ■ | ■ | 22 | | | ■ | ■ | |
| 23 | | | | ■ | 24 | | | |

# 서른세 번째

## 가 로 열 쇠

1.「입에서 아직 젖내가 남」말이나 행동(行動)이 매우 유치(幼稚)함.

황구유취(黃口乳臭), 황구소아(黃口小兒)

3. 작은 것이나 적은 것도 쌓이면 크게 되거나 많아짐.

적토성산(積土成山), 적진성산(積塵成山)
수적성천(水積成川), 점적천석(點滴穿石)

5. 쓰레기 따위의 폐기물(廢棄物)이 썩어 지하(地下)에 고였다가 흘러나오는 물.

6. 어떤 일이나 현상(現狀)이 이루어지는 바로 그때.

지극(至極)히 짧은 시간(時間)으로 75분의 1초.

7. 어떤 일이나 사건(事件) 따위를 풀어낼 수 있는 실마리.

8. 어떤 의견(意見)이나 그 내용(內容)을 찬찬히 살피거나 잘 따져 봄.

10. 얼굴의 길이가 키의 팔분의 일에 해당(解黨)하는 몸으로, 균형(均衡) 잡힌 아름다운 몸매의 표준(標準)이 됨.

12. 임금(賃金)이나 가격(價格), 요금(料金), 정원(定員) 따위의 변화(變化)를 어떤 수준(水尊)에서 안정(安定)시킴.

13. 악독(惡毒)하고 흉악(凶惡)한 것으로 널리 알려진 이름이나 소문(所聞).

14. 자신(自身)의 의견(意見)이나 견해(見解)를 굳게 내세움.

어떤 일을 책임(責任)지고 맡아서 처리(處理)함.

15. 재료(材料)가 가지는 성질(性質).

・재주와 기질(氣質).

16. 격식(格式)을 갖추지 않고 간편하게 입는 옷.

18. 많은 꽃. 군영(群英)

20. 어떤 현상(現象)이나 세력(勢力)이 두드러지게 나타나거나 일어남.

21. 어떤 단체(團體)나 조직(組織), 사회(社會)에서 차지하는 직위(職位)나 위치(位置).

지보(地步), 위(位)

22. 어떤 집단(集團)을 일정(一定)한 목적(目的)이나 방향(方向)으로 가르쳐 이끄는 일을 맡아 하는 부서(部署).

23.「층층이 쌓아 놓은 알의 형세」몹시 위태(危殆)로운 형세(形勢).

간두지세(竿頭之勢), 약섭대수(若涉大水)
약섭춘빙(若涉春氷), 초미지급(焦眉之急)
위기일발(危機一髮), 일촉즉발(一觸卽發)

24. 중국에서 만주(滿洲) 지방(地方)의 지리(地理), 역사(歷史), 민족문제(民族問題) 따위를 연구(硏究)하는 국가적(國家的)인 연구 활동(活動)으로, 현재(現在)의 중국 영토(領土)에서 전개(展開)된 모든 역사를 중국의 역사로 만들기 위하여 2002년부터 추진(推進)함.

## 세 로 열 쇠

1. 「입에는 꿀이 있고 배 속에는 칼이 있음」 말로는 친한 듯하나 속으로는 해칠 생각이 있음을 이르는 말.

구유밀복유검(口有密復有劍)

강중유외(剛中流外), 교언영색(巧言令色)

면리장침(綿裏藏針), 면종배훼(面從背毁)

미사여구(美辭麗句), 소리장도(笑裏藏刀)

소면야차(笑面夜叉), 소중유도(笑中有刀)

2. 병사(兵舍)나 기숙사(寄宿舍) 따위에서 밤에 잠자리에 들라는 신호(信號)로 부는 나팔.

3. 「맨손과 홑몸」 재산(財産)도 없고 의지(依支)할 데도 없는 외로운 몸.

혈혈단신(孑孑單身), 고립무의(孤立無依)

사고무탁(四顧無托), 천애고아(天涯孤兒)

형단영고(形單影孤)

4. 많은 사람이나 여러 집단(集團)이 하나의 공동(共同) 목표(目標)를 위하여 크게 하나로 뭉침.

9. 남으로부터 부당(不當)하게 빼앗거나 받은 재물(財物)을 도로 내놓음을 비유(比喩)하는 말.

먹은 음식을 게워 내는 일.

구역질(嘔逆-)

11. 의자(倚子)에 앉을 때 등이 닿는 부분(部分).

12. '겨울 장군(將軍)'이라는 뜻으로, 겨울철의 매서운 추위를 비유적(比喩的)으로 이르는 말.

15. 폐식용유(廢食用油)에 수산화나트륨을 붓고 저어서 만든 재활용(再活用) 비누.

16. 「대막대기 끝에 선 형세(形勢)」 어려움이 극도(極度)에 달하여 꼼짝할 수 없음.

누란지위(累卵之危), 풍전등화(風前燈火)

초미지액(焦眉之厄), 백척간두(百尺竿頭)

17. 「땅에 엎드려 움직이지 않음」 일이나 업무(業務) 등 주어진 상황(狀況)에서 몸을 사리는 것을 비유적(比喩的)으로 나타내는 말.

복지안동(伏地眼動), 보신주의(補身主義)

무사안일(無事安逸), 작문정치(作文政治)

님트 현상(NIMT 現象)

19. 「장승요(張僧繇)가 벽(壁)에 그린 용(龍)의 눈을 그려 넣은 즉시(卽時) 용이 하늘로 올라갔음」 가장 요긴(要緊)한 부분(部分)을 마쳐 완성(完成)함.

파벽비거(破壁飛去), 시안(詩眼)

# 서른네 번째

## 가 로 열 쇠

1. 서로 옳으니 그르니 하며 다툼. 또는 그런 행위(行爲).
승강이, 언쟁(言爭), 설왕설래(說往說來)

3. 좋은 말과 훌륭한 수레.
금안백마(金鞍白馬), 금안준마(金鞍駿馬)
녹이상제(騄耳霜蹄), 선거노마(鮮車怒馬)

5. 예전에, 흉년(凶年)이 들었을 때 백성(百姓)을 구제(救濟)하기 위하여 내리던 돈.

6. 자로 쓰는 대막대기나 나무 막대기 따위.
· 어떤 현상(現象)이나 문제(問題)를 판단(判斷)하는 기준(基準).

7. 사람의 힘을 더하지 않은 저절로 된 그대로의 현상(現象)이나 상태(狀態).

8. 어떤 지역(地域)의 기후(氣候)와 토지(土地)의 상태(狀態).
· 어떤 일의 바탕이 되는 제도(制度)나 조건(條件).

10. 한 지방(地方)에서만 쓰는 표준어(標準語)가 아닌 말.

12. 사리(事理)에 꼭 맞아 인생(人生)의 교훈(敎訓)이 될 만한 짧은 말.
금언(金言), 잠언(箴言), 경구(警句)

13. 어떤 사물(事物)이나 사실(事實)을 실제(實際)와 다르게 지각(知覺)하거나 생각함. 오인(誤認), 오착(誤錯), 오판(誤判)

14. 도와주거나 보살펴 주려고 마음을 씀.
고념(顧念), 배의(配意)
· 맞지 않고 어그러짐.

15. 속이 타도록 몹시 고민(苦悶)함.
· 몹시 민망(憫惘)함.

16. 무선(無線), 레이더, 적외선(赤外線) 따위의 유도(誘導)에 따라 목표물(目標物)에 닿아서 폭발(爆發)하는 폭탄(爆彈).
유도탄(誘導彈)

18. 서면상(書面上)의 시험(試驗)이나 설문(設問) 등에서 하나하나의 문제(問題).

20. 얼굴의 생김새.
· 남을 대할 만한 체면(體面).

21. 비정상적(非正常的)이고 괴이(怪異)한 일이나 사물(事物)에 흥미(興味)를 느끼고 찾아다님.

22. 물건(物件)이나 사람을 실어 나르는 데에 이용(利用)되는 교통수단(交通手段).

23. 「유비(劉備)가 제갈량(諸葛亮)의 초옥(草屋)에 세 번 찾아감」 인재(人材/人才)를 모시기 위해 참을성 있게 노력(努力)함을 이르는 말.
곤산편옥(崑山片玉), 불소지신(不召之臣)
양궁난장(良弓難張), 우모인각(牛毛麟角)
일궤십기(一饋十起), 일반토포(一飯吐哺)
천금매골(千金買骨), 토포악발(吐哺握髮)
삼고지례(三顧之禮), 초려삼고(草廬三顧)

24. 주주(株主)에 의하여 구성(構成)되는 주식회사(株式會社) 최고(最高)의 의사 의결 기관(意思 議決 機關).

## 세 로 열 쇠

1. 살빛이 희고 고결(高潔)하여 신선(神仙)과 같은 풍채(風采).

망한색정(芒寒色正), 봉자옥골(鳳姿玉骨)
빙기옥골(氷肌玉骨), 선자옥질(仙姿玉質)
선풍도골(仙風道骨), 옥안영풍(玉顔英風)
용장봉자(龍章鳳姿), 옥골풍채(玉骨風采)

2. 생물체(生物體)가 몸 밖으로부터 섭취(攝取)한 영양물질(營養物質)을 몸 안에서 분해(分解)하고, 합성(合成)하여 생체(生體) 성분(成分)이나 생명(生命) 활동(活動)에 쓰는 물질(物質)이나 에너지를 생성(生成)하고 필요(必要)하지 않은 물질을 몸 밖으로 내보내는 작용(作用).

이화작용(異化作用), 물질대사(物質代謝)
물질교대(物質交代), 물질교환(物質交換)

· 묵은 것이 없어지고 새것이 생기거나 들어섬.

3. 새가 깃들이는 둥지.

· 살기에 편안(便安)하고 아늑한 곳.

4. 갈수록 더욱 심함.

격화일로(激化一路)거거익심(去去益甚)
유왕유심(愈往愈甚), 거익심조(去益深造)
유왕유독(兪往兪篤)

↔ 점입가경(漸入佳境)

9. 대대(代代)로 그 지방(地方)에서 사는 백성(百姓).

11. 어떤 대상(對象)을 이기거나 극복(克服)하기 위한 싸움의 역사(歷史).

12. 용기(勇氣)나 의욕(意欲)이 솟아나도록 북돋워 주기 위하여 쓴 글.

15. 「첫 번에 실패(失敗)한 것이 세 번째에는 성공함」 꾸준히 하면 성공(成功)할 수 있음을 말함.

노마십가(駑馬十駕), 인일기백(人一己百)
공재불사(功在不舍), 십벌지목(十伐之木)

16. 「눈썹과 눈이 빼어나게 아름다움」 얼굴이 빼어나게 아름다움을 이르는 말.

미목여화(眉目如畵), 면여관옥(面如冠玉)
요요작작(夭夭灼灼), 화여도리(花如桃李)

17. 한 조각의 작은 배.

일엽소선(一葉小船)

19. 「하늘에 오른 용(龍)은 뉘우침이 있음」 하늘 끝까지 오른 용이 더 올라갈 데가 없어 다시 내려올 수밖에 없듯이, 지위(地位)나 부귀(富貴)가 극(極)에 이르면 몰락(沒落)할 위험(危險)이 있음을 경계(警戒)해 이르는 말.

세고익위(勢高益危), 위불기교(位不期驕)
지만지도(持滿之道), 천문등팔(天門登八)

# 서른다섯 번째

## 가 로 열 쇠

1. 어떤 일에 꼭 맞는 때가 지났음을 안타까워하는 탄식(歎息).

만시지탄(晩時之歎), 십일지국(十日之菊)
우자다회(愚者多悔), 우후송산(雨後送傘)
임경굴정(臨耕掘井), 자원자예(自怨自乂)
조지약차(早知若此)

3. 「칼을 한 번 쳐서 대번에 두 도막을 냄」 어떤 일을 머뭇거리지 않고 선뜻 결정(決定)함을 비유(比喩)함.

난자수참(亂者須斬), 쾌도난마(快刀亂麻)
일도할단(一刀割斷)

5. 높은 수준(水尊)의 지식(知識)과 폭넓은 교양(敎養)을 갖춘 사람.

6. 좋은 건강(健康), 윤택(潤澤)한 생활(生活), 안락(安樂)한 환경(環境)들이 어우러져 행복(幸福)을 누릴 수 있는 상태(狀態).

7. 서로 가까이에 인접(隣接)하여 사는 집. 또는 그곳에 사는 사람.

비린(比隣), 인우(鄰右)

8. 국가(國家)와 사회(社會)의 안녕(安寧)과 질서(秩序)를 유지(維持)하고 보전(保全)함.

나라를 편안(便安)하게 잘 다스림.

10. 역무원(驛務員)이 배치(配置)되지 않고 기차(汽車)가 정차(停車)만 하는 역.

12. 이미 짜인 어떤 모임이나 조직(組織) 따위에 중간(中間) 혹은 나중에 들어감.

얽거나 짜 넣음.

13. 인간(人間)이 지켜야 할 도리(道理)나 바람직한 행동(行動) 규범(規範).

윤리(倫理), 윤상(倫常),
모럴(moral), 인륜(人倫)
노자(老子)의 가르침.

14. 잘못되거나 낡은 관습(慣習)이나 제도(制度) 따위를 깨뜨려 버림.

15. 어떤 일 따위를 맡아서 능히 해내지 못함.

16. 어떤 개인(個人)이나 단체(團體)의 주장(主張)이나 사상(思想), 정책(政策) 따위에 찬성(贊成)하여 뒷받침하는 정도(程度).

18. 성곽(城廓)과 촌락(村落).

마을을 이룸.

20. 사회(社會)에서 예전부터 해 오던 대로 함. 또는 관례(冠禮)에 따라서 하는 일.

21. 과(過)하거나 부족(不足)함이 없이 떳떳하며 한쪽으로 치우침이 없는 상태(狀態)나 정도(程度).

22. 온 천하에 두루 통함.

통천하(通天下)

23. 보고 들은 바가 서로 똑같음.

24. 「남의 칼을 빌려 사람을 죽임」 명분(名分)과 실리(實利)를 모두 취하는 계책(計策)임.

부자출력(不自出力), 어부지리(漁父之利)
인우살적(引友殺敵), 인인성사(因人成事)

좌향기리(坐享其利), 차수행주(借水行舟)
↔ 독행독보(獨行獨步), 불인인열(不因人熱)
자립자영(自立自營), 자수삭발(自手削髮)

## 세 로 열 쇠

1. 「얼굴이 두껍고 부끄러움이 없음」 뻔뻔스러워 부끄러움을 모름.
전안(靦顔), 면피후(面皮厚)
강안여자(强顔女子), 과렴선치(寡廉鮮恥)
면장우피(面張牛皮), 방약무인(傍若無人)
안하무인(眼下無人), 파렴치(破廉恥)

2. 「손가락을 튕길 사이」 아주 짧은 동안. 탄지경(彈指頃), 일탄지(一彈指),
일수유(一須臾)

3. 한 사람이 혼자서 두 사람의 역할(役割)을 함. 일신양역(一身兩役), 한몸두일

4. 「혼자서 칼을 휘두르고 거침없이 적진(敵陣)으로 쳐들어감」 문장(文章)이나 언론(言論)의 너절한 허두(虛頭)를 빼고 바로 요점(要點)으로 풀이하여 들어감.
거두절미(去頭截尾), 단도부회(單刀赴會)
단장취의(斷章取義), 대증하약(對症下藥)
일침견혈(一針見血)
↔ 격화소양(隔靴搔癢), 도비순설(徒費脣舌)

9. 불안(不安)한 마음이 가시고 걱정 없이 편안(便安)한 느낌. 안심감(安心感)

11. 이러한 정도(程度)로까지.
이리도, 그리도, 요리도.

12. 어느 한쪽으로 치우쳐 공평(公平)하지 못한 성질(性質).

15. 제 눈으로 한 번 보는 것만 못한 것을 이르는 말.
백문(百聞)○○○○,
이문(耳聞)○○○○

16. 지식(知識)과 행동(行動)이 한결같이 서로 같음.
지행합일(知行合一), 각행일치(覺行一致)
언행일치(言行一致), 표리일체(表裏一體)
↔ 표리부동(表裏不同), 면종복배(面從腹背)

17. 목적지(目的地)에 닿기 전에 차(車)에서 내림.
시작(始作)한 일을 끝내지 않고 그만둠.

19. 한 치밖에 안 되는 쇠붙이로 사람을 죽임.
간단(間斷)한 경구(警句)나 단어(單語)로 사람을 감동(感動)하게 함.
사물(事物)의 급소(急所)를 찌름.
정문일침(頂門一鍼), 정상일침(頂上一鍼)
양약고구(良藥苦口), 약석지언(藥石之言)
충언역이(忠言逆耳)

# 서른여섯 번째

## 가 로 열 쇠

1. 갑작스럽게 된 부자(富者).
   졸부(猝富), 폭부(暴富)

3. 부부(夫婦)를 정답게 또는 귀엽게 부르는 말. 가시밧

5. 시가지(市街地) 도로(道路)를 따라서 줄지어 심은 나무.

6. 어떤 범위(範圍)나 조건(條件) 따위에 바로 들어맞거나 속함.
   · 당(黨)을 해롭게 함.
   · 당을 해산(解散)함.
   · 당분(糖分)을 분해(分解)함.

7. 남의 힘을 빌리거나 사물(事物)을 사용(使用) · 소비(消費) · 관람(觀覽)한 대가(代價)로 치르는 돈.
   · 옥(玉)으로 꾸민 거문고.

8. 국가(國家) 사회(社會)의 안녕(安寧)과 질서(秩序)를 유지(維持) · 보전(保全)함.
   · 나라를 편안(便安)하게 잘 다스림.

10. 유선(有線) 또는 무선(無線) 통신(通信)을 받는 사람.

12. 중요(重要)한 직위(職位)나 직책(職責).
   · 중요한 직업(職業).

13. 어떤 수준(水尊).
   · 일정(一定)한 분수(分數)나 한도(限度).
   · 사람이 행해야 할 바른 도리(道理)나 바른 규칙(規則).
   · 나라의 도읍(都邑)을 정함.

14. 코로 맡을 수 있는 온갖 기운(氣運).
   · 어떤 일을 알아차릴 수 있는 낌새나 어떤 일이 일어날 조짐(兆朕)을 비유(比喩)하는 말.

15. 일정 기간(期間) 특정(特定)한 사람에게만 빌려줌.
   · 전대(前代)
   · 전년(前年)

16. 연대(年代)를 따라 벌여 놓은 순서(順序).

18. 무엇을 가지고 감. 지참(持參)

20. 어떤 현상(現象), 행동(行動)이 끊이지 않고 잇따라.
   · 남을 강제(强制)로 얽어매어 자유(自由)를 빼앗음.

21. 원래(原來)의 상태(狀態)로 돌이키거나, 원래의 상태를 되찾음.
   복상(復常), 원상복귀(原狀復歸)

22. 전문적(專門的)으로 연구(硏究)하는 분야(分野) 외에 부수적(附隨的)으로 연구하는 분야.

23. 「공자(孔子)가 주역(周易)을 즐겨 읽어 책의 가죽끈이 세 번이나 끊어짐」 한 권(卷)의 책(冊)을 몇십 번이나 되풀이해서 열심(熱心)히 읽음을 비유하는 말.
   과골삼천(踝骨三穿), 대경경서(帶經耕鋤)
   수불석권(手不釋卷), 우각괘서(牛角掛書)
   자강불식(自强不息), 행상대경(行常帶經)
   현량자고(縣梁刺股), 호학불권(好學不倦)

24. 근속 연수(勤續年數)나 나이가 늘어감에 따라 지위(地位)가 올라가는 일. 또는 그런 체계(體系).

## 세 로 열 쇠

1. 예전에, 관청(官廳)에 나가 나랏일을 맡아보는 사람.

관원(官員), 관헌(官憲), 재관(宰官)

2. 한 사람의 말이나 행동(行動)이 앞뒤가 서로 맞지 않고 모순이 됨.

도문담불(屠門談佛), 모순당착(矛盾撞着)

이율배반(二律背反), 자기모순(自己矛盾)

자상모순(自相矛盾), 창가책례(娼家責禮)

3. 가격(價格)이 인상(引上)되거나 물자(物資)가 부족(不足)하게 될 것을 예상(豫想)하여, 당장(當場) 필요(必要)하지 않은데도 재화(財貨) 따위를 사려고 하는 사람. ↔ 실수요자(實需要者)

4. 「옳고 그르고, 굽고 곧음」 옳고 그름, 또는 잘함과 잘못함을 이르는 말.

비리곡직(非理曲直), 시비선악(是非善惡)

시비곡절(是非曲折)

9. 바뀌거나 흔들리지 않고 평안(平安)한 상태(狀態)를 유지(維持)하는 시세(時勢).

11. 과거(過去)부터 내려오던 생각과 행동(行動)의 틀에서 벗어난 새로운 가치관(價値觀)과 행동양식(行動樣式)을 지향(志向)하는 세대(世代).

12. 지세(地勢)가 군사적(軍事的)으로 아주 중요(重要)한 곳. 요충지(要衝地)

15. 나무 가지치기를 할 때 쓰는 가위.

16. 계속(繼續) 이어져서 끊어지지 않음.

강속부절(繈屬不絶), 계속부절(繼續不絶)

낙역부절(絡繹不絶), 연락부절(連絡不絶)

17. 여러 곳을 돌아다니면서 하는 공연(公演).

19. 병(病)을 앓을 때 한기(寒氣)와 열기(熱氣)가 번갈아 일어남.

| 1 |  |  | 2 | ■ | 3 |  |  | 4 |
|---|---|---|---|---|---|---|---|---|
|  | ■ | ■ | 5 |  |  | ■ | ■ |  |
|  | ■ | 6 |  | ■ | 7 |  | ■ |  |
| 8 | 9 | ■ | 10 | 11 |  | ■ | 12 |  |
| ■ | 13 |  | ■ |  | ■ | 14 |  | ■ |
| 15 |  | ■ | 16 |  | 17 | ■ | 18 | 19 |
|  | ■ | 20 |  | ■ | 21 |  | ■ |  |
|  | ■ | ■ | 22 |  |  | ■ | ■ |  |
| 23 |  |  |  | ■ | 24 |  |  |  |

# 서른일곱 번째

## 가 로 열 쇠

1. 작은 것을 탐(貪)하다 도리어 큰 것을 잃음.

근모실모(僅毛失貌), 기대취소(棄大就小)
석지실장(惜指失掌), 수주탄작(隋珠彈雀)
원별실귀(援鼈失龜), 이욕상생(以欲傷生)
탐자순재(貪者殉財)
↔ 망양득우(亡羊得牛), 사소취대(捨小取大)
소실대득(小失大得), 소왕대래(小往大來)

3. 「풀밭에 엎드려 있는 범」 영웅(英雄)은 일시적(一時的)으로는 숨어 있지만 때가 되면 반드시 세상(世上)에 드러난다는 말.

불비불명(不飛不鳴), 와룡봉추(臥龍鳳雛)
복룡봉추(伏龍鳳雛), 용구봉추(龍駒鳳雛)
일명경인(一鳴驚人), 잠룡불용(潛龍不用)

5. 사람을 잔인(殘忍)하고 끔찍하게 죽인 사람.

6. 어떤 사실(事實) 또는 사물(事物)의 내용(內容) 따위를 명확(明確)하게 알기 위하여 자세(仔細)히 살펴보거나 밝힘.

7. 입법부(立法府), 사법부(司法府)와 구분(區分)되어 나라의 일반(一般) 행정(行政)을 맡아보는 국가 기관(國家機關).

행정부(行政府)

8. 돈이나 물건(物件), 자원(資源) 따위를 낭비(浪費)하지 않고 아껴 씀.

과약(寡約), 절감(節減), 절생(節省)

10. 임금에게 올리는 글.

봉사(封事), 주소(奏疏)

12. 어떤 대상(對象)이나 가치(價値) 따위를 침범(侵犯)이나 침해(侵害)로부터 지키고 보호(保護)함.

13. 과거(過去), 현재(現在), 미래(未來)로 이어져 머무름이 없이 일정(一定)한 빠르기로 무한(無限)히 연속(連續)되는 흐름.

14. 습관(習慣)이나 규정(規定)에 어그러짐이 있을 때 그것을 금지(禁止)하고 나무람.

15. 매우 귀(貴)하고 중요(重要)함.

소중(所重), 진중(珍重)

16. 강력(强力)한 기관(機關)을 갖추고 다른 배를 끌고 가는 배.

18. 민중(民衆)들 사이에서 저절로 생겨나 전해지는 노래를 통틀어 이르는 말.

20. 언어(言語), 복장(服裝), 취미(趣味), 따위의 생활양식(生活樣式)이나 행동(行動)양식이 사회(社會) 구성원(構成員)들에게 일시적(一時的)으로 널리 퍼짐.

21. 경쟁(競爭) 대상(對象)이나 감시(監視) 대상이 지나치게 세력(勢力)을 가지거나 자유롭게 행동(行動)하지 못하도록 억누름.

22. 혈연(血緣)이나 지연(地緣), 정분(情分) 또는 법률상(法律上)의 관계(關係)가 있는 어떤 장소(場所). 출생지(出生地), 성장지(成長地), 거주지(居住地) 따위가 있다.

23. 남들이 관심(關心)을 가지고 보는 상태(狀態)나 여론(與論) 따위를 좋게 처리(處理)함.

24. 「맑은 거울과 고요한 물」 잡념(雜念)과 허욕(虛慾)이 전혀 없는 깨끗한 마음.

고절청심(孤節淸心), 담박무욕(淡泊無慾)

운심월성(雲心月性), 평이담백(平易淡白)

## 세 로 열 쇠

1. 「웃음 속에 칼이 들어 있음」 겉으로는 웃으면서 속에는 해칠 마음을 품고 있음.

소리장도(笑裏藏刀), 소중유도(笑中有刀)

감언이설(甘言利說), 구밀복검(口蜜腹劍)

양부음억(陽扶陰抑), 외첨내소(外諂內疎)

2. 조선(朝鮮) 말기(末期), 17세기(世紀) 후반(後半)부터 19세기 전반(全般)에 걸쳐 성리학(性理學)의 공리공론(空理空論)에 반대(反對)하여 새로운 방향(方向)을 모색(摸索)한 사상(思想).

3. 「시각장애인(視覺障礙人)이 문을 바로 찾음」 우매(愚昧)한 사람이 우연(偶然)히 이치(理致)에 맞는 일을 함.

맹자직문(盲者直門), 맹인직문(盲人直門)

4. 「썩은 새끼로 엮은 망으로 범을 잡으려고 함」 되지도 않을 일을 허황(虛荒)하게 꾀함을 이르는 말.

계영포풍(繫影捕風), 고빙구화(叩氷求火)

귀배괄모(龜背刮毛), 사어지천(射魚指天)

석계등천(釋階登天), 여양모육(與羊謨肉)

육지행선(陸地行船), 포풍착영(捕風捉影)

9. 병(病)을 앓고 있는 사람의 옆에서 약(藥)에 대한 수발을 듦.

11. 남의 땅을 빌려 소작료(小作料)를 내고 농사(農事)를 짓는 사람.

작자(作者), 전호(田戶), 작인(作人)

12. 홍수(洪水)로 인해 재해(災害)를 당한 사람.

15. 죄인(罪人)이 형벌(刑罰)을 받고 정해진 유배지(流配地)에서 부자유(不自由)스럽게 지내는 생활(生活).

가극안치(加棘安置), 위리안치(圍籬安置)

위리천극(圍籬栫棘), 천극안치(栫棘安置)

16. 어떤 행사(行事)를 하기에 앞서, 그와 똑같은 순서(順序)로 미리 해 보는 종합적(綜合的)인 연습(演習).

리허설(Rehearsal), 총연습(總演習)

17. 「앞을 내다보는 안목(眼目)」 장래(將來)를 예측(豫測)하는 날카로운 견식(見識)을 두고 이르는 말.

정문안(頂門眼), 천리안(千里眼)

심모원려(深謀遠慮), 전감소연(前鑑昭然)

↔ 갈택이어(竭澤而漁), 일엽장목(一葉障目)

19. 산을 좋아하고 물을 좋아함.

인자요산 지자요수(仁者樂山 知者樂水)

| 1 |  |  | 2 | ■ | 3 |  |  | 4 |
|---|---|---|---|---|---|---|---|---|
|  | ■ | ■ | 5 |  |  | ■ | ■ |  |
|  | ■ | 6 |  | ■ | 7 |  | ■ |  |
| 8 | 9 | ■ | 10 | 11 |  | ■ | 12 |  |
| ■ | 13 |  | ■ |  | ■ | 14 |  | ■ |
| 15 |  | ■ | 16 |  | 17 | ■ | 18 | 19 |
|  | ■ | 20 |  | ■ | 21 |  | ■ |  |
|  | ■ | ■ | 22 |  |  | ■ | ■ |  |
| 23 |  |  |  | ■ | 24 |  |  |  |

# 서른여덟 번째

## 가 로 열 쇠

1. 「자신(自身)을 스스로 해치고 버림」 절망(絶望) 상태(狀態)에 빠져 몸가짐이나 행동(行動)을 되는대로 취함.

자기(自棄), 자포(自暴), 포기(暴棄)

자신방매(自身放賣)

↔ 자중자애(自重自愛)

3. 「엎드린 용(龍)과 봉황(鳳凰)의 새끼」 아직 드러나지 않은 특출(特出)한 인물(人物)과 장래(將來)가 촉망(屬望)되는 젊은이를 이르는 말.

도광양회(韜光養晦), 마권찰장(摩拳擦掌)

불비불명(不飛不鳴), 비지중물(非池中物)

용구봉추(龍駒鳳雛), 와룡봉추(臥龍鳳雛)

용반봉일(龍蟠鳳逸), 유위지재(有爲之才)

잠룡물용(潛龍勿用), 장기대시(藏器待時)

집린잠익(戢鱗潛翼), 침과대단(枕戈待旦)

쾌독파거(快犢破車)

5. 물건(物件)이나 상품(商品)을 진열(陳列)해 두는 장소(場所).

6. 기운이나 목숨이 유지(維持)되는 근본(根本).

어떤 일의 지속(持續)에 필요(必要)한 최소한(最小限)의 중요(重要)한 부분(部分).

7. 액체(液體)가 기체(氣體)를 머금고 부풀어서 생긴, 속이 빈 방울.

기포(氣泡), 포말(布襪)

현상(現象) 따위가 일시적(一時的)으로 생겨 겉데기만 있고 실질적(實質的)인 내용(內容)이 없는 상태(狀態).

8. 어떤 대상(對象)의 아름다움을 기리어 칭송(稱頌)함.

찬송(讚頌), 찬양(讚揚)

10. 몸에 차가운 것이 닿거나 무서움을 느낄 때, 또는 오줌을 눈 뒤에 몸이 부르르 떨리는 현상(現狀).

· 몹시 싫증이 나거나 귀찮아서 떨쳐 지는 몸짓.

12. 해가 뉘엿뉘엿하여 어두워질 무렵.

세력(勢力)이나 나이 따위가 한창때를 지나 쇠퇴(衰退)하여 종말(終末)에 가까운 때를 비유(比喩)함.

늘그막, 석양(夕陽), 염혼(殮昏), 말년(末年)

13. 끝까지 싸우려는 굳센 마음.

14. 어지럽게 춤을 춤.

· 주로 옳지 않은 것들이 나타나 마구 퍼짐.

15. 추리(推理)하는 사람의 부주의(不注意)에서 생기는 추리(推理)의 오류(誤謬).

16. 못 쓰는 종이나 물건(物件) 따위를 버리는 통. 쓰레기통

18. 일정(一定)한 목적(目的) 때문에 특별(特別)히 지정(指定)된 지역(地域).

· 인류(人類)가 사는 천체(天體).

20. 보통(普通)과는 특별(特別)히 다른.

· 평균적(平均的)인 것을 뛰어넘음.

21. 「새롭게 뜯어고침」 합법적(合法的) 절차(節次)를 밟아 정치상(政治上), 사회상(社會上)의 묵은 체제(體制)를 고침.

22. 나이가 어린 승려(僧侶).

23. 조선시대(朝鮮時代), 1437년에 만든 해시계(-時計).

앙부일영(仰釜日影), 시계가마

24. 남의 글이나 저술(著述)을 베껴 마치 자기가 지은 것처럼 하는 사람.

생탄활박(生呑活剝), 슬갑도적(膝甲盜賊)
습인아혜(拾人牙慧), 의양호로(依樣葫蘆)
초재진용(楚材晉用), 탈태환체(奪胎換體)
택선종지(擇善從之)

## 세 로 열 쇠

1. 「자기(自己)가 그린 그림을 자기 스스로 칭찬함」 자기의 한 일이나 업적(業績)을 스스로 칭찬(稱讚)함.

모수자천(毛遂自薦), 자과자존(自誇自尊)
자아도취(自我陶醉), 자족자시(自足自是)
자칭천자(自稱天子)

2. 스스로 몸을 가누지 못할 정도(程度)로 기력(氣力)이나 기운(氣運)이 다함.

앙비식(仰鼻息), 거허박영(擄虛搏影)
계궁역진(計窮力盡), 계무소출(計無所出)
궁절시진(弓折矢盡), 기관산진(機關算盡)
낭패불감(狼狽不堪), 도절시진(刀折矢盡)
백약무효(百藥無效), 산진수궁(山盡水窮)
세궁역진(勢窮力盡), 속수무책(束手無策)
기진역진(氣盡力盡)

3. 마음이 쓰리고 아프도록 걱정스럽거나 성가신 일.

4. 구슬프게 우는 원통(冤痛)한 넋.

어복고혼(魚腹孤魂)

9. 삼이나 노 따위로 짚신처럼 삼은 신.

11. 물을 막거나, 수로(水路) 등으로 물을 끌어들여 만든 인공(人工) 연못.

12. 사람이 손을 대지 아니하고 그냥 내버려 둔 거칠고 쓸모없는 땅. 불모지(不毛地)

15. 남에게 재앙을 입히려다가 도리어 자신(自身)이 재앙(災殃)을 받음.

16. 「손을 잡고 같이 감」 서로 행동(行動)을 같이함을 이르는 말.

수항이입(隨行而入)

17. 「겹겹이 닫힌 문(門)을 활짝 열어 놓음」 출입(出入)이 금지(禁止)된 곳을 개방(開放)함을 이르는 말.

19. 자질구레한 물건(物件)만 훔치는 도적(盜賊).

서적(鼠賊), 좀도둑, 구절(狗竊), 구도(狗盜), 소도(小盜), 초적(草賊), 초절(草竊)

# 서른아홉 번째

## 가 로 열 쇠

1. 「내 코가 석 자」라는 속담(俗談)으로, 곤경(困境)에 처해 자기(自己) 일도 해결(解決)하기 어려운 판국에 '어찌 남을 도울 여지(餘地)가 있겠는가?'라는 말. 오비체수삼척(吾鼻涕垂三尺)의 준말.

3. 「머리를 숙이고 몸을 엎드림」 몹시 황송(惶悚)해하는 모습을 이르는 말.

평신저두(平身低頭), 궐각계수(厥角稽首)
돈수재배(頓首再拜), 면관돈수(免冠頓首)
백배사은(百拜謝恩), 백배사죄(百拜謝罪)
백배치사(百拜致謝), 슬행돈수(膝行頓首)
저두경수(低頭傾首), 함토고두(含土叩頭)
오배삼고두(五拜三叩頭)

5. 공산주의(共産主義) 국가(國家)에서, 지역당(地域黨) 위원회(委員會)의 책임자(責任者). 당의 직위(職位)가 국가의 직위보다 높기에 지역 서기(書記)는 그 지역의 최고(最高) 책임자이다.

6. 밥 따위를 짓기 위해서가 아니라 온돌방을 따듯하게 데우기 위하여 때는 불. 가윗불

7. 예술작품(藝術作品)이나 공연물(公演物) 또는 어떤 대상(對象) 중에서 가장 뛰어난 것.

8. 주장(主張)하여 어떤 일이나 음모(陰謀)를 꾸밈.

10. 인간(人間)이 태어날 때부터 가지고 있는 기본적(基本的)인 권리(權利).

천부인권(天賦人權), 자연권(自然權)

12. 잘못이나 죄상(罪狀) 따위를 들추어 내어 엄격(嚴格)하게 따지고 비난(非難)함.

성토(聲討)

13. 어떤 일이 진행(進行)되거나 성립(成立)되는 데 갖추어야만 할 상태(狀態)나 요소(要素).

어떤 일을 자기 뜻에 맞도록 내놓는 요구(要求)나 의견(意見).

14. 마음을 늦추지 않고 정신(精神)을 바짝 차림.

양자(兩者) 간의 관계(關係)가 악화(惡化)하여 싸움이 일어날 듯한 상태(狀態)나 분위기(雰圍氣).

15. 전쟁(戰爭)이나 폭동(暴動), 재해(災害) 등으로 세상이 몹시 어지럽고 무질서(無秩序)하게 된 상태(狀態).

16. 어떤 조건(條件)이나 정도(程度)에 알맞게 들어맞지 않음.

18. 어떤 잘못이나 사실(事實) 등을 깨달아 앎.

정신을 차리고 주의 깊게 살피어 경계(警戒)하는 태도(態度).

20. 물건(物件)의 갈라진 곳.

엄지손가락과 다른 네 손가락의 사이.

21. 한때 매우 왕성(旺盛)하던 일이나 현상(現狀)이 끝나 멎거나 없어짐.

22. 연극(演劇)이나 음악회(音樂會) 등을 다시 무대(舞臺)에서 공연(公演)함.

23. 맹자(孟子)의 어머니가 아들을 제대로 교육(敎育)하기 위하여 집을 세 번이나 옮김.

단기지교(斷機之敎), 삼천지교(三遷之敎)

24. 조리(條理)가 없이 이것저것 되는대로 지껄임.

횡수설거(橫竪說去), 횡수설화(橫竪說話)

## 세 로 열 쇠

1. 「오나라와 월나라 사람이 같은 배에 탐」 어려운 상황(狀況)에서는 원수(怨讐)도 협력(協力)하게 됨.

동감공고(同甘共苦), 동병상련(同病相憐)
동주상구(同舟相救), 동주제강(同舟濟江)
풍우동주(風雨同舟), 환난여공(患難與共)

2. 기개(氣槪)가 있고 뜻이 커서 남에게 눌려 지내지 않음. 뇌뢰낙락(磊磊落落)

약불계지주(若不繫之舟)

3. 동일(同一)한 고도(高度)의 영역(領域)에서 주위(周圍)와 비교(比較)해 기압(氣壓)이 상대적(相對的)으로 낮은 지역(地域)의 범위(範圍).

4. 일신상(一身上)에 관련(關聯)된 처지(處地)나 형편(形便)을 한숨을 쉬며 탄식(歎息)함.

9. 하나도 남김없이 모두.

다, 모두, 몽땅, 죄다, 온통, 깡그리

11. 일의 진행(進行) 상태(狀態)가 제 궤도(軌度)에 올라 매우 활발(活潑)한 것.

12. 조선(朝鮮) 말기(末期), 정조(正祖) 원년(元年)인 1776년 설치(設置)하여 역대(歷代) 임금의 글, 글씨, 보감(寶鑑) 등을 보관(保管)하고 관리(管理)하던 기관(機關).

15. 잘 타일러 올바르게 이끌기 어려운 백성(百姓).

난화지민(難化之民), 난화지물(難化之物)
우부우맹(愚夫愚氓), 치준지맹(蚩蠢之氓)
화외지맹(化外之氓), 화외지민(化外之民)

16. 재산(財産)이 많고 지위(地位)가 높은 것은 하늘에 달렸으므로 사람의 힘으로는 어쩔 수 없음.

인명재천(人命在天)

17. 중국 전국시대(戰國時代)에 행해졌던 외교(外交) 방식(方式)으로 합종책(合從策)과 연횡책(連橫策)을 말함.

19. 조선 영조(英祖) 때, 실학자(實學者) 이익(李瀷)의 글을 모아 엮은 책(冊). 견문(見聞)이 넓고 고증(考證)이 명확(明確)하기로 정평(定評)이 나 있음.

| | | | | | | | | |
|---|---|---|---|---|---|---|---|---|
| 1 | | | 2 | ■ | 3 | | | 4 |
| | ■ | ■ | 5 | | | ■ | ■ | |
| | ■ | 6 | | ■ | 7 | | ■ | |
| 8 | 9 | ■ | 10 | 11 | | ■ | 12 | |
| ■ | 13 | | ■ | | ■ | 14 | | ■ |
| 15 | | ■ | 16 | | 17 | ■ | 18 | 19 |
| | ■ | 20 | | ■ | 21 | | ■ | |
| | ■ | ■ | 22 | | | ■ | ■ | |
| 23 | | | | ■ | 24 | | | |

# 마흔 번째

## 가 로 열 쇠

1. 「속은 양(羊)이고 거죽은 호랑이임」 본바탕은 아름답지 않고 겉모양만 꾸밈.
 소면호(笑面虎), 양두구육(羊頭狗肉)
 양봉음위(陽奉陰違), 표리부동(表裏不同)
↔ 강의목눌(剛毅木訥), 표리일체(表裏一體)

3. 「같은 배를 탄 사람이 배가 전복(顚覆)될 때 서로 힘을 모아 구조(救助)함」 利害關係가 같은 사람은 알거나 모르거나 간에 서로 돕게 됨.
 동주제강(同舟濟江), 동병상련(同病相憐)
 양과분비(兩寡分悲), 오월동주(吳越同舟)
 오작통소(烏鵲通巢), 풍우동주(風雨同舟)
 환난여공(患難與共)
↔ 각행기사(各行其事), 반목성수(反目成讐)

5. 어떤 증상(症狀)이나 동작(動作) 따위가 세차게 일어나는 성질(性質).

6. 공경(恭敬)의 뜻을 나타내기 위해 웃어른를 모시던 자리에서 일어남.
 피석(避席)

7. 동전(銅錢)에서 나는 냄새.

8. 오는 사람을 기쁜 마음으로 반갑게 맞음.

10. 원본(原本)을 옆에 놓고 그대로 옮겨 쓴 책.

12. 동물(動物)의 젖이나 초목(草木)의 즙(汁)을 억지로 누르거나 비틀어서 짜냄.
 계급 사회(階級社會)에서, 생산 수단(生産手段)의 소유자(所有者)가 생산 수단을 갖지 않은 직접(直接) 생산자로부터 그 노동(勞動)의 성과(成果)를 무상(無償)으로 취득(取得)하는 일.

13. 「눈살을 찌푸리고 얼굴을 찡그림」 다른 사람으로부터 받는 비난(非難)이나 미움.

14. 일정(一定)한 기준(基準)이나 한도(限度)를 넘어서 함부로 씀.
 과용(過用), 오용(誤用), 남발(濫發)

15. 큰곰자리에서 국자 모양(模樣)을 이루며 가장 뚜렷하게 보이는 일곱 개의 별.
 • 육조(六曹) 중에 으뜸이라는 뜻으로 '이조 판서(吏曹判書)'

16. 타일러서 잘못이 없도록 주의(注意)를 하는 듯한 말투.

18. 크게 느끼어 마음이 움직임.
 감복(感服), 감명(感銘)

20. 희미(稀微)하게 밝음.
 • 그럴듯하게 내세우는 허울 좋은 이름.

21. 빽빽하게 둘러싸고 보호(保護)함.

22. 종아리의 살이 불룩한 부분(部分).
 어복(魚腹), 비장(腓腸)

23. 우주(宇宙)에 있는 온갖 사물(事物)과 현상(現象).
 삼라만상(森羅萬象), 우주만물(宇宙萬物)

24. 적혈구(赤血球) 속에 들어있는 단백질

(蛋白質)이 섞여 나와서 검붉게 된 오줌.

## 세 로 열 쇠

1. 「범을 길러 화근(禍根)을 남김」 화근이 될 것을 길러서 후환(後患)을 당함.

양호후환(養護後患), 개문납적(開門納賊)
무병자구(無病自灸), 방호자위(放虎自衛)
자작자수(自作自受), 춘치자명(春雉自鳴)
포벽유죄(抱璧有罪), 해의포화(解衣抱火)

2. 「머리를 풀고 옷깃을 왼쪽으로 여밈」 미개(未開)한 나라의 풍속(風俗).

단석나정(袒裼裸裎), 불치인류(不齒人類)
빈불여언(擯不與言), 시교수축(豕交獸畜)
인종지말(人種之末), 조제흑치(雕題黑齒)
종신불치(終身不齒), 찬발문신(劗髮文身)
체두변발(剃頭辮髮), 행여구체(行如狗彘)
흑치조제(黑齒雕題)

3. 성(姓)과 본관(本館)이 모두 같음.

4. 「입에서 아직 젖내가 남」 말이나 하는 짓이 유치(幼稚)함을 일컬음.

황구유취(黃口乳臭), 황구유아(黃口幼兒)
황구소작(黃口小雀)

9. 귀(貴)한 손님을 맞이하기 위하여 따로 잘 지은 큰 집.

11. 시대(時代)의 사조(思潮)를 표방(標榜)하는 사상(思想) 활동(活動)이 이루어지는 분야(分野).

• 1953년 장준하(張俊河)의 주재(主宰)로 창간(創刊)된 월간(月刊) 잡지(雜誌).

12. 입거나, 쓰거나, 신거나 할 때 느끼는 느낌.

15. 말이나 행동(行動)에 아무런 꾸밈이 없이 그대로 나타날 만큼 순진(純眞)하고 순박(淳朴)함.

빙청옥결(氷淸玉潔), 순결무구(純潔無垢)
순진무구(純眞無垢), 적자지심(赤子之心)
천진면목(天眞面目), 천진무구(天眞無垢)

16. 큰 공명(功名)을 이루어 이름을 빛낸 장수(將帥)와 재상(宰相).

17. 「새 발의 피」 매우 적은 분량(分量).

구우일모(九牛一毛), **대해일속**(大海一粟)
대해일적(大海一滴), **수량분촌**(銖兩分寸)
우지일모(牛之一毛), **창해일속**(滄海一粟)
태창제미(太倉稊米),

19. 「언 발에 오줌 누기」 잠시(暫時)만 효력(效力)이 있을 뿐 바로 사라지고 더 나쁘게 될 일을 함.

고식인순(姑息因循), 목전지계(目前之計)
미봉만환(彌縫漫漶), 분림이렵(焚林而獵)
살계취란(殺鷄取卵), 음짐지갈(飮鴆止渴)
할고담복(割股啖腹), 홀륜탄조(囫圇呑棗)

# 마흔한 번째

## 가 로 열 쇠

1. 「마음에서 마음으로 전함」 말로 설명(說明)할 수 없는 심오(深奧)한 뜻은 마음으로 깨닫는 수밖에 없다는 말.

감이수통(感而遂通), 교외별전(敎外別傳)
기맥상통(氣脈相通), 성기상통(聲氣相通)
심심상인(心心相印), 염화미소(拈華微笑)
염화시중(拈花示衆), 지기지심(知己知心)
천리신교(千里神交), 은근무례(慇懃無禮)

3. 「모든 사물(事物)이 정도(程度)를 지나치면 미치지 못한 것과 같음」 중용(中庸)의 중요(重要)함을 가리키는 말.

과공비례(過恭非禮), 교각살우(矯角殺牛)
교왕과정(矯枉過正), 교왕과직(矯枉過直)
벽용과례(擗踊過禮), 소탐대실(小貪大失)

5. 「마귀가 숨어 있는 전당(殿堂)」 음모(陰謀)가 그칠 새 없는 악(惡)의 근거지(根據地).

6. 인간 사회(社會)의 타락상(墮落相)이나 추악(醜惡)한 측면(側面).

눈에 안 보일 정도(程度)로 작고 가벼운 티끌.

7. 어떤 일이나 행동(行動) 따위를 잘못했다고 비난(非難)함.

8. 자기(自己) 언행(言行)에 대해, 잘못이나 부족(不足)함이 없는지 돌이켜 봄.

10. 일정(一定)한 수나 수량(數量)을 다 채우고 남은 수나 수량.

물건값을 셈하고 남아 되돌려 주는 돈.

12. 남에게 도움을 주고자 하거나 좋은 목적(目的)을 가진 착한 마음.

가의(佳意), 선심(善心), 성의(誠意)

13. 남에게 즐거운 마음으로 자기의 재물(財物)을 내놓음. 기부(寄附), 보시(布施)

14. 어떤 대상(對象)에 깊이 파고들거나 빠짐. 몰두(沒頭), 열중(熱中)

15. 석유등(石油燈)의 석유를 담는 그릇.

16. 다음 시기(時期)에 참여(參與)할 작품(作品).

18. 「개와 원숭이」 사이가 나쁜 두 사람을 비유(比喩)함.

20. 과거(過去)의 생활양식(生活樣式)이나 사고방식(思考方式)의 찌꺼기. 자국

21. 어떤 일이나 사람에게 마음을 빼앗겨 깊이 빠짐. 도취(陶醉), 매료(魅了)

22. 부녀자(婦女子)들이 두레로 삼베를 짜는 일.

23. 자기(自己) 스스로가 옳다고 믿는 바에 따라서 일을 결단(決斷)함.

독왕독래(獨往獨來), 자유자재(自由自在)
무궁자재(無窮自在), 종횡무애(縱橫無礙)

24. 특정(特定)한 일을 마치거나 목적(目的)을 이루는 데 결정적(決定的)인 공훈(功勳)을 세운 사람. 으뜸공신(--功臣)

## 세 로 열 쇠

1. 「두 가지 규율(規律)이 서로 반대(反對)됨」 동일(同一) 법전(法典)에 포함(包含)되는 개개(箇箇)의 법문(法文) 간의 모순.

자가당착(自家撞着), 자기모순(自己矛盾)
안티노미(Antinomy)
패러독스(Paradox)

2. 마음을 터놓고 지내는 아주 친한 벗.

심복지인(心腹之人), 복심지우(腹心之友)
가신지인(可信之人), 간담상조(肝膽相照)

3. 「오이밭에서는 신을 고쳐 신지 않음」 의심(疑心)받을 짓은 처음부터 하지 말라는 말. 과리지혐(瓜李之嫌)

과전이하(瓜田李下), 오비이락(烏飛梨落)
과전불납리(瓜田不納履)
이하부정관(李下不整冠)

4. 현존(現存)하는 정치(政治), 사회(社會) 등의 체제(體制)를 격렬(激烈)히 비판(批判)하고, 급진적(急進的)인 변혁(變革)을 주장(主將)하는 주의(主意).

↔ 점진주의(漸進主義)

9. 상대방(相對方)의 뜻에 어긋나게, 성(性)과 관계(關係)되는 말이나 행동(行動)으로 불쾌(不快)하고 굴욕적(屈辱的)인 느낌을 주는 행위(行爲).

11. 방송(放送)된 영상(映像) 전파(電波)를 받아 화상(畫像)으로 변환(變換)시키는 장치(裝置).

12. 어떤 사람이나 사물 또는 주의(主義)나 주장(主張)에 대하여, 직접(直接) 경험(經驗)하지 않은 상태(狀態)에서 미리 마음속에 굳어진 견해(見解).

색안경(色眼鏡), 선입관(先入觀)

15. 「호랑이 아비에 개의 새끼」 훌륭한 아버지에 못난 아들.

↔ 견부호자(犬父虎子)

16. 「수레에 싣고 말로 될 수 있을 정도(程度)」 인재(人材)나 물건(物件)이 아주 많음을 비유(比喩)하는 말.

거재두량(車載斗量), 금옥만당(金玉滿堂)
다사제제(多士濟濟), 십보방초(十步芳草)

↔ 환고일세(環顧一世)

17. 「마음먹은 지 삼 일이 못 감」 결심(決心)이 얼마 안 되어 흐지부지됨.

조령모개(朝令暮改), 조변석개(朝變夕改)
고려공사삼일(高麗公事三日)

19. 이전(以前)에, 나이가 많고 덕망(德望)이 높은 벼슬아치를 이르는 말.

전사옹(田舍翁)

# 마흔두 번째

## 가 로 열 쇠

1. 혼인(婚姻) 날짜를 정하여 상대방(相對方)에게 적어 보내는 쪽지.
사주단자(四柱單子)

3. 부지런히 힘써서 일함.
쉬려(淬礪), 면려(勉勵), 쉬면(淬勉)
근검역행(勤儉力行), 급급영영(急急營營)
길거민면(拮据黽勉), 숙흥야매(夙興夜寐)

5. 손으로 베껴 써 옛날부터 전해 오는 책(冊).

6. 물건(物件)을 사용(使用)하거나, 소재(素材)나 대상(對象)으로 삼음.
· 사람이나 사물(事物)을 다른 어떤 실체(實體)나 그와 유사(類似)한 것으로 여기는 일.

7. 조그만 돌 따위를 손에 쥐고 멀리 내던지는 일. 또는 그런 물건(物件). 돌OO

8. 생물(生物)이 자기와 닮은 개체(個體)를 만들어 종족(種族)을 유지(維持)함.
· 음식물(飮食物)을 익히지 않고 날로 먹음.

10. '金'자 모양(模樣)의 탑으로 피라미드를 말함.
· 후세(後世)에 오래 남을 위대(偉大)한 업적(業績).

12. 금(禁)하거나 경계(警戒)하던 것을 풀고 자유(自由)롭게 드나들거나 교류(交流)하게 함. ↔ 폐쇄(閉鎖)
· 교도소(矯導所)에서 아침에 일을 시키기 위하여 죄수(罪囚)를 감방(監房)에서 모두 내보내는 일.

13. 「쌓으면 들보까지 참」 장서(藏書)가 많음을 비유(比喩)함. 한우OO
· 반성(反省)이나 억제(抑制) 없이 발작적(發作的)으로 행동(行動)하려는 마음의 움직임.

14. 인상(人相)이나 이미지가 새롭고 산뜻함.
과일, 생선(生鮮) 따위가 생기(生氣)가 있어 싱싱함.

15. 먼 지방(地方)의 오랑캐.
· 임금에게 복종(服從)하지 않는 사나운 오랑캐.

16. 가톨릭의, 교황(敎皇) 다음의 성직자(聖職者).

18. 맡아서 해야 할 임무(任務)나 의무(義務). 사명(使命), 의무(義務), 임무(任務)

20. 「수레가 지나간 바퀴 자국이 난 길」 일이 발전(發展)하는 본격적(本格的)인 방향(方向)과 단계(段階).

21. 남자(男子) 무당(巫堂).
· 환영(歡迎)의 뜻으로 손뼉을 침.

22. 집단(集團)을 일정(一定)한 방향(方向)으로 가르쳐 이끄는 일을 맡아서 하는 부서(部署).

23. 본디부터 그 나라와 고장에서 써 온 말. 토착어(土着語), 고유어(固有語)

24. 끝없이 넓은 텅 빈 들판.

## 세 로 열 쇠

1. 은혜(恩惠)로운 덕(德)과 혜택(惠澤)이 모든 백성(百姓)에게 미침.

성택유혜(聖澤流兮), 택급삼족(澤及三族)
패연지은(霈然之恩), 하해지택(河海之澤)
해활지택(海闊之澤)
근자열원자래(近者說遠者來)

2. 예로부터 지금(只今)에 이르기까지.

고왕금래(古往今來), 자고이래(自古以來)

3. 석가모니(釋迦牟尼)의 사리(舍利)를, 8대 국왕(國王)의 여덟 나라에 나누어 각기(各其) 조성(造成)한 탑(塔).

4. 「길가에 집짓기」 어떤 일을 여러 사람의 의견(意見)이 서로 달라서 얼른 결정(決定)하지 못함.

도모시용(道謀是用), 축실도모(築室道謀)

9. 밥만 먹고 하는 일 없이 지내는 사람을 비난조(非難調)로 하는 말.

먹석이, 먹보

11. 사람의 손을 빌리지 않고 상품(商品)을 자동(自動)으로 파는 장치(裝置).

12. 더 좋게 고치는 방법(方法).

개량책(改良策)

15. 하늘의 신(神)과 땅의 신.

천신지기(天神地祇), 천지신기(天地神祇)
호천상제(昊天上帝)

16. 「뾰족한 칼의 끝」 아주 작은 사물(事物)이나 얼마 안 되는 이익(利益)을 비유하는 말.

승영구구(蠅營狗苟), 입화습률(入火拾栗)
척촌지리(尺寸之利), 호말지리(毫末之利)
추도지리(錐刀之利), 일개공(一漑功)

17. 마음이 침착(沈着)하지 못하고 행동(行動)이 진중(鎭重)하지 못함.

경거망동(輕擧妄動), 경조부박(輕佻浮薄)
경조부허(輕佻浮虛)

19. 갑자기 당한 일을 임시(臨時)로 처리(處理)함.

고육지책(苦肉之策), 권의지계(權宜之計)
당의즉묘(當意卽妙), 동족방뇨(凍足放尿)
목전지계(目前之計), 미봉만환(彌縫漫漶)
봉장작희(逢場作戲), 비원사안(鼻元思案)
수기응변(隨機應變), 지갈지계(止渴之計)
하석상대(下石上臺), 할고담복(割股啖腹)
임시방편(臨時方便), 임시변통(臨時變通)
임시처변(臨時處變), 미봉책(彌縫策)
임시방패(臨時防牌), 임시배포(臨時排布)

# 마흔세 번째

## 가 로 열 쇠

1. 인자(仁慈)하고 어진 어머니이자 착하고 현명(賢明)한 아내.

열녀효부(烈女孝婦), 양처현모(良妻賢母)

3. 직책(職責)이나 직업상(職業上) 맡은 사무(事務)를 책임(責任)지지 않고 내 버려둠.

5. 특허(特許), 실용신안(實用新案), 의장(意匠)이나 상표(商標) 따위에 관한 사무를 대리 또는 감정(鑑定)하는 사람.

6. 대중(大衆)에게 나아갈 길을 밝혀 주는 선봉적(先鋒的)이며 선동적(煽動的)인 것을 비유적(比喩的)으로 이르는 말.

어둠을 밝히기 위해 홰에 붙인 불.

7. 공공(公共)의 목적(目的)을 위하여 여러 갈래의 길이 모일 수 있도록 넓게 만들어 놓은 마당.

많은 사람이 모일 수 있는 자리.

8. 드러나지 않은 사실(事實)의 속 내용(內容)이나 잘못을 글로 적어 상부(上部) 기관(機關)에 몰래 보냄.

청원(請願), 탄원(歎願), 고자질

10. 적의 침입(侵入)이나 탈주(脫走) 또는 불상사(不祥事)의 발생(發生)을 막기 위해 임의(任意)로 설정(設定)해 놓은 선(線).

· 어떤 분야(分野)나 인식(認識)의 정도(程度)를 구별(區別)하는 기준(基準).

12. 발전(發展)이나 진보(進步)의 정도(程度)가 다른 것보다 앞섬.

어떤 분야에서 나이, 지위(地位), 기량(伎倆) 등이 앞섬.

13. 바라던 일이 실패(失敗)로 돌아가거나 기대(企待)에 어긋나 딱하게 됨.

14. 무력(武力)이나 조직(組織)된 힘을 동원(動員)하여 일정한 지역(地域)을 차지함.

어떤 장소를 차지하여 자리를 잡음.

15. 어떤 일이 진행(進行)되는 장소(場所)나 자리, 또는 기회(機會).

집 둘레에 반반하게 닦아 놓은 땅.

16. 전쟁(戰爭)이나 갈등(葛藤)이 없이 평온(平穩)하고 화목(和睦)하도록 수습(收拾)하여 내놓은 안건(案件).

18. 어려움이나 위험(危險)에 빠진 사람을 돕거나 구하여 줌.

고통(苦痛)받는 사람을 제도(濟度)함.

20. 사회(社會)의 고약한 폐단(弊端)이나 죄(罪), 정신(精神)의 타락(墮落) 따위를 깨끗하게 함.

비속(卑俗)한 상태(狀態)를 신성(神聖)한 상태(狀態)로 바꿈.

21. 신념(信念)이나 사상(思想) 따위를 다른 것으로 바꿈.

어떤 일의 하던 방향(方向)을 다른 데로 돌림.

22. 연방(聯邦)국을 구성(構成)하는 행정구역(行政區域)의 행정 업무(業務)를 총괄(總括)하여 담당(擔當)하는 우두머리.

23. 타인(他人)의 행복(幸福)과 이익(利

益)을 도덕적(道德的) 행위(行爲)의 목적(目的)으로 하는 생각이나 이론(理論).

무아주의(無我主義), 타애주의(他愛主義)

↔ 이기주의(利己主義), 주아주의(主我主義)

자애주의(自愛主意), 에고이즘(egoism)

24. 술에 취하여 거리에서 큰소리를 지르거나 노래를 불러서 주변(周邊)을 시끄럽게 하는 짓.

고성규조(高聲叫噪), 훤화지성(喧譁之聲)

## 세 로 열 쇠

1. 적진(敵陣)으로 깊이 들어가서 후방(後方)의 본진(本陣)과 연락(連絡)도 없고 후원군(後援軍)도 없이 외롭게 싸움.

고군분투(孤軍奮鬪), 과부적중(寡不敵衆)

중과부적(衆寡不敵), 악전고투(惡戰苦鬪)

↔ 개수일촉(鎧袖一觸)

2. 「처지(處地)가 변해도 놀라지 않음」 어떤 상황(狀況)이 닥쳐도 놀라지 않고 침착(沈着)하게 일을 잘 처리(處理)함.

종용유상(從容有常)

3. 정면(正面)으로 곧게 비치는 빛의 줄기.

4. 스스로 몸을 가누지 못할 정도(程度)로 기력(氣力)이나 기운이 다함.

기진역진(氣盡力盡), 계궁역진(計窮力盡)

계무소출(計無所出), 궁절시진(弓折矢盡)

기관산진(機關算盡), 낭패불감(狼狽不堪)

도절시진(刀折矢盡), 백약무효(百藥無效)

산궁수진(山窮水盡), 산진수궁(山盡水窮)

세궁역진(勢窮力盡), 속수무책(束手無策)

9. 토지(土地)와 마을을 지켜준다는 신(神)을 모시고 제사(祭祀)를 지내는 곳.

11. 어떤 현상(現象)의 특성(特性)이나 경향(傾向) 따위를 간접적(間接的)으로 헤아려 객관적(客觀的)인 수량으로 나타냄.

12. 국회(國會)나 지방(地方) 의원(議員), 자치단체장(自治團體長) 등을 선출(選出)하는 단위(單位)로써 전국(全國)을 지역적(地域的)으로 구분(區分)한 구역(區域).

15. 앞뒤를 헤아리지 않고 분별(分別)없이 하는 행동(行動).

16. 전쟁(戰爭)이나 갈등(葛藤) 없이 평온(平穩)함을 최고(最高)의 이상(理想)으로 하는 主張이나 思想 또는 운동(運動).

17. 공장(工場)이나 공사장(工事場) 같은 곳에서 위험(危險) 등을 미리 경고(警告)하는 교육(教育)의 미비(未備) 등으로 갑자기 일어나는 좋지 않은 일.

19. 중국 춘추시대(春秋時代) 말기(末期)부터 전국시대(戰國時代)에 걸친 여러 학자(學者) 및 여러 학파(學派)를 통틀어 이르는 말.

# 마흔네 번째

## 가 로 열 쇠

1. 오래도록 살고 죽지 않음.

교송지수(喬松之壽), 귀학지수(龜鶴之壽)
만수무강(萬壽無疆), 무병장수(無病長壽)
불로불사(不老不死), 성수만세(聖壽萬歲)
성수무강(聖壽無彊), 수고무강(壽考無疆)
수명장수(壽命長壽), 수복강녕(壽福康寧)
수산복해(壽山福海), 장명부귀(長命富貴)
향복무강(享福無疆), 불로장생(不老長生)

3. 자기(自己)가 저지른 죄로 자기가 그 악과(惡果)를 받음.

양호유환(養虎遺患), 앙급자신(殃及自身)
앙천이타(仰天而唾), 인과응보(因果應報)
자승자박(自繩自縛), 자업자득(自業自得)
자작지얼(自作之孼), 종과득과(種瓜得瓜)
종두득두(種豆得豆), 출이반이(出爾反爾)
화복무문(禍福無門), 자작지얼(自作之孼)
자업자득(自業自得), 자업자박(自業自縛)

5. 쳐들어오는 적(敵)을 도리어 크게 되받아침.

6. 동일(同一)한 성질(性質)을 가진 부류(部類)나 범위(範圍).

· 돛에 바람을 받아 물 위를 항해(航海)함.

7. 일 따위가 더디게 진행(進行)되거나 늦어짐.

· 출신 지역(出身地域)에 따라 연결(連結)된 인연(因緣).

8. 어이가 없어 자기도 모르게 나오는 웃음.

10. 믿지 못하고 두려워하는 마음.

의심(疑心)

12. 대중(大衆)의 애호(愛好)에 힘입어 영리(營利)를 꾀함.

· 영리를 목적(目的)으로 연극(演劇), 영화(映畵), 서커스 따위의 요금(料金)을 받고 대중에게 보여 줄 목적(目的)으로 기획(企劃)하여서 벌이는 영업(營業).

13. 두려워하며 공경(恭敬)함.

· 정경(正經)에 속하지 않는 구약(舊約)의 제2 경전(經典).

14. 일이 아무렇게나 마구 되는 판국.

15. 당사자(當事者)와 동일(同一) 여부(與否)를 확인(確認)하기 위해 관청(官廳), 은행(銀行) 등에 제출(提出)해 두는 도장(圖章)의 인영(印影).

16. 손가락을 한 번 퉁기는 정도(程度)의 짧은 시간(時間).

일탄지(一彈指), 찰나(刹那), 순간(瞬間)

18. 먼저 처리(處理)해야 할 중요(重要)한 일.

20. 일이 생긴 그 자리.

사물(事物)이 지금 있는 곳.

21. 좋은 건강(健康), 윤택(潤澤)한 생활(生活), 안락(安樂)한 환경(環境)들이 어우러져 행복(幸福)을 누릴 수 있는 상태(狀態). 복리(福利), 이복(利福)

22. 한 달에 한 번씩 발행(發行)하는 잡지(雜誌).

23. 「동에서 구하고 서에서 빌림」 여러 곳에 빚을 짐.

부채여산(負債如山), 여위부과(如蝟負瓜)
채대고축(債臺高築), 동대서걸(東貸西乞)
동추서대(東推西貸)

24. 친딸. 자신(自身)이 나은 딸.

## 세 로 열 쇠

1. 「과거(科擧)를 보는 자리에서의 득(得)과 실(失)」 과장(科場)에서는 잘하는 사람도 낙방(落榜)할 때가 있고, 못하는 사람도 급제(及第)할 때가 있듯이, 일이 생각하는 바와 같이 이루어지지 않음을 이르는 말.

강철지추(强鐵之秋)

2. 작고 약한 나라가 크고 강한 나라를 섬기고 그에 의지(意志)하여 자기 나라의 존립(存立)을 유지(維持)하려는 입장(立場)이나 태도(態度).

↔ 배외주의(排外主義), 쇄국론(鎖國論)

3. 자기(自己)가 한 일에 대하여 스스로 미흡(未洽)하게 여기는 마음.

열등감(劣等感), 미소망상(微小妄想)
↔ 자아존중감(自我尊重感)

4. 잠이 완전(完全)히 깨지 않은 상태(狀態)로 이리저리 돌아다니면서 여러 가지 행동(行動)을 함. 깬 뒤에는 이를 기억(記憶)하지 못함.

몽유병(夢遊病), 몽중유행증(夢中遊行症)

9. 주위(周圍)에서 꺼리며 따돌림을 당하는 듯한 느낌.

11. 남에게 시비(是非)하거나 헐뜯는 말을 들을 운수(運數). 구설복(口舌福).

12. 조선(朝鮮) 세종(世宗) 때에, 쓰시마섬(對馬島) 도주(島主)의 청원(請願)으로 삼포(三浦)를 개항(開港)하고 내왕(來往)을 허락(許諾)한 무역선(貿易船).

세견선(歲遣船), 흥리선(興利船)

15. 노동력(勞動力)의 효율적(效率的)인 운용(運用)을 위하여 지위(地位)나 근무(勤務) 부서(部署)를 바꾸는 일.

16. 날로달로 발전(發展)하거나 성장(成長)함. 장취(將就), 일취(日就)

괄목상대(刮目相對), 괄목상간(刮目相看)
생생발전(生發發展), 일개월화(日改月化)
일승월항(日升月恒), 일신월성(日新月盛)
일신월화(日新月化), 장족진보(長足進步)
일진월보(日進月步)

17. 상복(喪服)을 입어야 하는 가까운 친척(親戚).

복친(服親), 유복(有服), 오복친(五服親)

19. 아들이 없는 집안의 외동딸.

무매독신(無媒獨身), 무매독자(無媒獨子)

# 마흔다섯 번째

## 가 로 열 쇠

1. 분(憤)한 마음이 하늘을 찌를 듯이 격렬(激烈)하게 솟구쳐 오름.

분기등등(憤氣騰騰), 분기등천(憤氣騰天)
분기탱천(憤氣撑天), 가벽문천(呵壁問天)
강개무량(慷慨無量), 비분강개(悲憤慷慨)
음아질타(喑啞叱咤), 적분재중(積忿在中)
통입골수(痛入骨髓), 풍소지사(風騷之士)

3. 조선말기(朝鮮末期)인 1896년 2월 11일부터 다음 해 2월 25일까지 고종(高宗) 황제(皇帝)와 세자(世子)가 러시아 공사관(公使館)으로 옮겨서 거처(居處)한 사건(事件). 아관파천(俄館播遷)을 달리 부르자는 주장(主張).

5. 일정(一定)한 대가(代價)를 주고 다른 사람을 부리는 사람.

6. 「손으로 어루만짐」 분쟁(紛爭)이나 사건 등을 어루만져서 달래거나 어물어물 덮어 버림.

타이르고 얼러서 마음을 달램.

7. 포도과(葡萄科)에 속한 덩굴 식물(植物). 산포도(山葡萄)

8. 선조(先祖)가 남긴 가치 있는 물질적(物質的), 정신적(精神的) 전통(傳統).

죽은 사람이 남기고 간 재물(財物).

10. 출가(出家)하여 승려(僧侶)가 지켜야 할 348가지 구족계(具足戒)를 받은 여자 승려. 이승(尼僧), 이고(尼姑)

12. 지위(地位)나 신분(身分)에 따른 위엄(威嚴)과 신망(信望).

13. 사람을 대신(代身)하여 사용(使用)되는 기구(器具)나 인형(人形).

· 많은 물건(物件)이 한데 모여 쌓인 큰 덩어리.

14. 어떤 현상(現想)이 한 단계 더 높은 영역(領域)으로 발전(發展)함.

고체(固體)가 액체(液體) 상태(狀態)를 거치지 않고 곧바로 기체(氣體)로 변함.

15. 씀바귀나 소태 따위의 맛과 같이 쓴 맛.

· 그해에 난 것이 아닌 오래된 쌀.

16. 치료(治療)를 받기 위하여 일정(一定) 기간(其間) 병원(病院)에 머무는 데 드는 비용(費用).

18. 마음속 깊이 느껴 뭉클한 감정(感情)이 일어남.

20. 다른 사람의 좋고 훌륭한 점을 들어 추어주거나 높이 평가(評價)함.

21. 추상적(抽象的)인 사실(事實)이나 생각, 느낌 따위의 대표성(代表性)을 띤 기호(記號)나 구체적(具體的)인 사물(事物)로 나타내는 일.

22. 地域이 좁고 人口가 적은 都市.

23. 새가 깃들이는 둥지.

살기에 편안(便安)하고 아늑한 곳을 비유적(比喩的)으로 이르는 말. 둥지, 집

24. 대통령(大統領)을 보좌(補佐)하고, 대통령의 명을 받아 행정(行政) 각부(各府)

를 통할(統轄)하는 공무원(公務員). 국회(國會)의 동의(同意)를 얻어 대통령이 임명(任命)한다.

## 세 로 열 쇠

1. 중국의 진시황(秦始皇)이 학자(學者)들의 정치적(政治的) 비판(批判)을 막기 위하여 의약(醫藥), 점복(占卜), 농업(農業)에 관한 것을 제외(除外)한 민간(民間)의 모든 서적(書籍)을 불태우고, 이듬해 유생(儒生)들을 생매장(生埋葬)한 일.

조룡지학(祖龍之虐)

진화(秦火), 분서(焚書)

2. 「하늘이 높고 말이 살찜」 하늘이 맑고 모든 것이 풍성(豊盛)한 가을을 나타낼 때 흔히 쓰는 말이나, 원래(元來)의 뜻은 옛날 중국에서 흉노족(匈奴族)의 침입(侵入)을 경계(警戒)하라는 뜻으로 쓰임. 추고새마비(秋高塞馬肥)

3. 남남끼리, 결혼(結婚)한 여자(女子)를 높여 정답게 가리키거나 부르는 말.

부모(父母)와 같은 항렬(行列)의 여자를 가리키거나 부르는 말.

4. 총명(聰明)하고 사리(事理)에 밝아서 일을 잘 처리(處理)하여 일신(一身)을 잘 보전(保全)함.

내청외탁(內淸外濁), 일룡일사(一龍一蛇)

9. 어떤 사물(事物)이 매우 많이 쌓여 있음을 비유적(比喩的)으로 이르는 말.

11. 어떤 조직(組織)이나 단체(團體)를 이루고 있는 사람.

12. 서로 조화(造化)롭게 어울리지 못하는 어색한 느낌.

15. 예와 지금(只今)을 통하여 견주거나 따를 사람이 없을 만큼 아주 뛰어남.

고금무쌍(古今無雙), 고금무비(古今無比)

고금일인(古今一人), 당금무배(當今無輩)

무출기우(無出其右), 천리절적(千里絶迹)

16. 자기(自己)의 지위(地位)나 능력(能力)을 믿고 지나치게 확신(確信)하고 자신(自信) 있게 말함. 입바른 소리, 입찬말

17. 전쟁(戰爭), 사변(事變), 재해(災害) 등으로 국가(國家)가 중대(重大)한 위기(危機)를 맞이한 시국(時局).

19. 강을 사이에 둔 것같이 가까운 거리에 있으면서도 왕래가 드물어 천 리나 떨어져 있는 것같이 멀게 느껴짐.

봉래약수(蓬萊弱水), 산장수원(山長水遠)

수륙만리(水陸萬里), 지각천애(地角天涯)

↔ 격장지린(隔墻之隣), 천리비린(千里比隣)

| 1 | | | 2 | ■ | 3 | | | 4 |
|---|---|---|---|---|---|---|---|---|
| | ■ | ■ | 5 | | | ■ | ■ | |
| | ■ | 6 | | ■ | 7 | | ■ | |
| 8 | 9 | ■ | 10 | 11 | | ■ | 12 | |
| ■ | 13 | | ■ | | ■ | 14 | | ■ |
| 15 | | ■ | 16 | | 17 | ■ | 18 | 19 |
| | ■ | 20 | | ■ | 21 | | ■ | |
| | ■ | ■ | 22 | | | ■ | ■ | |
| 23 | | | | ■ | 24 | | | |

# 마흔여섯 번째

## 가 로 열 쇠

1. 불쌍하게 여겨 은혜(恩惠)를 베풂.
애휼(愛恤), 연휼(憐恤), 긍휼(矜恤)
측은지심(惻隱之心), 대자대비(大慈大悲)

3. 마음을 한곳에 머물게 하는 선정(禪定)과 현상(現狀) 및 본체를 관조(觀照)하는 지혜(智慧)를 함께 닦는 일.

5. 치아(齒牙)가 빠진 자리에 넣기 위하여 사기(沙器)나 합성수지(合成樹脂) 따위로 만든 이.

6. 특별(特別)히 하는 일 없이 행패(行悖)와 난봉을 부리고 다니는 사람.
하는 일 없이 빈둥빈둥 놀거나 게으름을 부리는 짓. 또는 그런 사람.

7. 남에게 어떤 일을 권함. 장려(奬勵)
· 관리(管理) 생활(生活)에 싫증이 남.

8. 상대편(相對便)보다 세력(勢力) 따위가 앞서거나 나음.
· 남에게서 놀림이나 비웃음을 받음.

10. 사물(事物)의 이치(理致)를 궁리(窮理)하여 깨닫는 능력(能力).

12. 부름이나 호소(呼訴) 등에 대답(對答)하거나 응(應)함.

13. 방탄소년단(防彈少年團)의 막내이며, 솔로곡 '유포리아'가 있고, 프로듀서로 참여(參與)한 '매직숍'이 1억 스트리밍을 기록(記錄)했다.
· 어지럽고 혼란(混亂)한 나라를 태평(泰平)하게 함.

14. 불기운이 방고래를 통해 퍼져, 방을 덥히는 난방장치(煖房裝置).
방고래, 방구들, 온돌

15. 동물(動物)의 가죽을 벗기고 그 안에 솜이나 대팻밥 등을 넣어 살아 있는 모양(模樣) 그대로 만든 표본(標本).

16. 배우지 못한 사람.

18. 군함(軍艦)과 같은 큰 배 위에 나무나 철판(鐵板)으로 깔아 놓은 넓고 평평(平平)한 바닥.

20. 죽은 사람의 넋.
생김새나 몰골이 몹시 사나운 사람.

21. 물체(物體)가 깨지거나 상함.
병(病)이 들거나 다침.
품질(品質)이 변하여 나빠짐.

22. 어떤 병(病)이나 상처(傷處), 고통(苦痛) 등에도 죽지 않고 견디어 내는 몸.
어떠한 곤란(困難)을 당해도 기력(氣力)을 잃거나 낙담(落膽)하지 않는 사람.

23. 남의 보호(保護)나 간섭(干涉)을 받지 않고 정치적(政治的)으로 자주권(自主權)을 가짐.

24. 자신(自身)의 불우(不遇)한 처지(處地)를 한탄(恨歎)하며 늘어놓음.
신세한탄(身世恨歎)

## 세 로 열 쇠

1. 「좌(左)로 피하고 우(右)로 피함」 서로 사랑하여 양보(讓步)하고 피함.

2. 덕(德)이 높고 이치(理致)에 밝아 사물(事物)에 얽매이지 않는 사람.

대인군자(大人君子), 대현군자(大賢君子)
도덕군자(道德君子), 목계양도(木鷄養到)
성덕군자(成德君子), 유지군자(有志君子)
청운지사(青雲之士), 후덕군자(厚德君子)
지인잠행부질(至人潛行不窒)

3. 사회(社會)의 여러 기능(技能) 가운데, 특히 정치적(政治的) 기능(技能)을 수행(修行)하기 위한 권력(權力).

4. 「머리와 꼬리, 처음과 끝이 서로 통함」 뜻이 잘 맞아 일이 잘 되어 감을 이르는 말.

수미상관(首尾相關), 수미쌍관(首尾雙關)
수미일관(首尾一貫), 시종일관(始終一貫)
시종여일(始終如一), 일이관지(一以貫之)

9. 물에 풀어서 고체의 표면(表面)에 붙은 이물질(異物質)을 씻어 내는 데 쓰는 물질. 흔히 비누 따위.

11. 유적(遺跡)과 유물(遺物)을 통하여 옛 인류(人類)의 生活과 文化를 연구(研究)하는 학문(學文).

12. 경망(輕妄)스럽고 야단(惹端)스러운 말이나 행동(行動).

15. 「온갖 사물(事物)을 두루 아는 군자(君子)」 온갖 사물에 정통(精通)한 사람.

경사사(經史笥), 행비서(行祕書)
굉재탁식(宏才卓識), 다문박식(多聞博識)
복사편편(腹笥便便), 유각서주(有脚書廚)
↔ 천학비재(淺學菲才)

16. 「믿음이 없으면 살아갈 수 없음」 정치(政治)나 개인(個人)의 관계(關係)에서 믿음과 의리(義理)의 중요성(重要性)을 강조(强調)하는 말.

17. 자손(子孫)이 매우 많음.

백자천손(百子千孫), 종사선선(螽斯詵詵)

19. 「감영(監營)이나 우수영(右水營)에 딸린 사령(使令)」 아내의 말을 잘 따르는 남자(男子)를 놀리는 말.

엄처시하(嚴妻侍下)

# 마흔일곱 번째

## 가 로 열 쇠

1. 「번개가 치거나 부싯돌이 부딪칠 때의 번쩍이는 빛」 매우 짧은 시간(時間)이나 매우 재빠른 동작(動作).

기경유봉(機警有鋒), 벽력섬전(霹靂閃電)
창졸지간(倉卒之間), 탈토지세(脫兎之勢)

3. 「발을 내리고 정사(政事)를 들음」 나이 어린 임금이 즉위(卽位)했을 때 왕대비(王大妃)나 대왕대비가 그를 도와 국사(國事)를 돌보는 일.

대리청정(代理聽政), 섭정(攝政)

5. 어떤 물건(物件)의 만들어진 형태(形態)에서 느껴지는 아름다움.

6. 돌발적(突發的)으로 생겨 세상(世上)을 뒤흔드는 기세(氣勢).

7. 일반적(一般的)인 사람이 다 가지고 있거나 가지고 있어야 할 지식(知識)이나 판단력(判斷力). 보통지식(普通知識)

· 일정한 법률(法律)이나 격식(格式).

8. 뜻하지 않게 일어난 일.

우이(偶爾) ↔ 필연(必然)

어떤 사물이 인과율(因果律)에 근거(根據)하지 아니하는 성질(性質).

10. 고대(古代) 그리스에서, 월계수(月桂樹) 잎으로 만들어 경기(競技) 우승자(優勝者)에게 씌워 주던 관.

12. 앞으로 일을 처리(處理)해 나갈 방향(方向)이나 계획(計劃).

· 방위(方位)를 가리키는 자석(磁石)의 바늘.

13. 일정한 논리(論理)나 기준(基準)에 따라 사물(事物)의 가치(價値)와 관계(關係)를 결정(決定)함.

14. 어려운 문구(文句)나 문장(文章)의 뜻을 풀어서 읽음.

· 몸 안에 들어간 독성(毒性) 물질(物質)의 작용(作用)을 없앰.

15. 무력(武力)으로 싸움이 벌어지는 곳.

· 어떤 대상(對象)의 전체(全體) 길이.

16. 대한제국기(大韓帝國期), 경찰(警察)과 감옥(監獄)에 관한 일을 맡아보던 관청(官廳). 경무청(警務廳)

18. 얼굴만 알고 지내는 사이인 친구(親舊).

20. 자기의 말과 행동을 신중(愼重)하게 함.

자기 자신을 소중히 여김.

21. 어떤 일을 꾸미거나 이루어 내는 곳.

· 아이를 낳는 방. 해산방(解産房)

22. 지금(只今)까지 아직 한 번도 있어 본 적이 없음.

23. 동서고금(東西古今)에 으뜸가는 네 성현(聖賢). 보통(普通) 석가모니(釋迦牟尼), 공자(孔子), 예수, 소크라테스를 가리키나 소크라테스 대신 마호메트를 넣기도 함.

24. 「구멍 속에서 목을 내민 쥐가 나갈까 말까 망설임」 거취(去就)를 결정(決定)하지 못하고 망설이는 모양(模樣).

어느 쪽으로 붙지 않고 양다리를 걸

치는 것. 낭패불감(狼狽不堪)

사면수적(四面受敵), 우반좌고(右盼左顧)

유예부결(猶豫不決), 좌우고시(左右顧視)

## 세 로 열 쇠

1. 장관급(長官及) 이상의 고위(高位) 관료(官僚)에게 퇴임(退任) 후에도 재임(在任) 때와 같은 예우(禮遇)를 베푸는 일.

회전문 현상(Revolving Door)

2. 「꽃과 새와 바람과 달」 천지자연(天地自然)의 아름다운 경치(景致).

금수강산(錦繡江山), 미경량신(美景良辰)

청풍명월(淸風明月), 화조월석(花鳥月夕)

화신월석(花晨月夕), 청태황엽(靑苔黃葉)

3. 머리와 꼬리, 처음과 끝이 서로 이어 통함.

수미상응(首尾相應), 시종여일(始終如一)

맥락관통(脈絡貫通), 일맥상통(一脈相通)

일이관지(一以貫之), 초지일관(初志一貫)

4. 「정수리에 침 하나를 꽂음」 상대방(相對方)의 급소(急所)를 찌르는 따끔한 충고(忠告)나 교훈(敎訓)을 말함.

양약고구(良藥苦口), 약석지언(藥石之言)

촌철살인(寸鐵殺人), 충언역이(忠言逆耳)

9. 한 문건(文件)에 여러 사람이 도장(圖章)을 찍어 판결(判決)하거나 승인(承認)한 서장(書狀). 사발통문(沙鉢通文)

11. 이른 새벽, 닭이 울 무렵. 달구리

12. 독가스나 세균(細菌), 방사성(放射性) 물질(物質)로부터 피해(被害)를 막기 위해 얼굴 전체(全體)를 가려 보호(保護)하도록 만든 기구(器具).

15. 대상(對象)이 되는 통계(通計) 집단(集團)의 단위(單位)를 하나하나 모두 조사(調査)하는 관찰(觀察) 방법(方法).

완전계수법(完全計數法),

전체조사(全體調査)

16. 「거울에 비친 미인(美人)」 실속이 없는 일.

견이불식(見而不食), 벌제위명(伐齊爲名)

화중지병(畵中之餠), 화병충기(畫餠充饑)

17. 「푸른 산과 맑은 물」 막힘없이 잘하는 말.

구약현하(口若懸河), 현하웅변(懸河雄辯)

변설여류(辯舌如流), 삼촌지설(三寸之舌)

소진장의(蘇秦張儀), 어인구급(禦人口給)

19. 어물거리며 망설이기만 하고 결단력(決斷力)이 없음. 다계이무단(多計而無斷)

무연주저(憮然躊躇), 서수분사(鼠首僨事)

수서양단(首鼠兩端), 요양미정(擾攘未定)

우왕좌왕(右往左往), 유예부결(猶豫不決)

육기불치(六驥不致), 좌고우면(左顧右眄)

| 1 | | | 2 | ■ | 3 | | | 4 |
|---|---|---|---|---|---|---|---|---|
| | ■ | ■ | 5 | | | ■ | ■ | |
| | ■ | 6 | | ■ | 7 | | ■ | |
| 8 | 9 | ■ | 10 | 11 | | ■ | 12 | |
| ■ | 13 | | ■ | | ■ | 14 | | ■ |
| 15 | | ■ | 16 | | 17 | ■ | 18 | 19 |
| | ■ | 20 | | ■ | 21 | | ■ | |
| | ■ | ■ | 22 | | | ■ | ■ | |
| 23 | | | | ■ | 24 | | | |

# 마흔여덟 번째

## 가 로 열 쇠

1. 조상(祖上)의 덕(德)을 추모(追慕)하여 자기(自己)의 근본(根本)을 잊지 않고 제사(祭祀)를 지내며 은혜(恩惠)를 갚음.

선영음덕(先塋陰德), 심향일주(心香一炷)
보본추원(報本追遠)

3. 부자(富者)가 될 정도(程度)로 재산(財産)을 모을 수 있는 수단(手段)이나 방편(方便).

5. 영화(映畫)나 TV 프로그램 등을 만드는 부서(府署).

6. 자신(自身)과 직접(直接) 관계(關係)가 없는 일에 끼어듦.

· 이쪽과 저쪽의 사이에 들어감.

7. 어떤 활동(活動)의 근거(根據)가 되는 중요(重要)한 지점(地點).

8. 어떤 단체(團體)나 사회(社會)에서 오랜 경험(經驗)으로 영향력(影響力)이 있거나 중심(中心)이 되는 사람.

10. 납세(納稅)의 의무(義務)를 이행(履行)해야 할 곳으로 지정(指定)된 곳.

12. 「자나 저울눈의 호(毫)와 이(釐)」 매우 적은 분량(分量)을 말함.

분호(分毫), 호말(毫末), 추호(秋毫)

· 여우와 삵.

도량(度量)이 좁고 간사(奸詐)한 사람.

13. 손윗사람이 손아랫사람을 높여 부르는 말.

· 말하고 있는 바로 이때.

14. 적기는 하지만 어느 정도(程度)로.

· 분량(分量)이나 정도의 많음과 적음.

15. 관직(官職)에 오르는 사람의 이름을 대장(臺帳)에 올림.

16. 조직(組織)이나 단체(團體) 따위에 들어가지 않음.

18. 대대(代代)로 내려오는 그 집안의 사회적(社會的) 신분(身分)이나 지위(地位).

· 어떤 사실(事實)을 들어서 앎.

20. 거의 죽어 가던 상태(狀態)에서 다시 살아남.

· 임금에게 올리는 상소(上疏)를 쓰는 선비.

21. 사물을 너그럽게 용납(容納)하여 처리(處理)할 수 있는 넓은 마음과 깊은 생각.

길이나 부피를 재어 사물(事物)의 양(量)을 헤아림.

22. 주가(株價) 그래프에서 주가 파동(波動)의 하한점(下限點)을 연결(連結)한 직선(直線).

23. 벼슬을 하지 않고 초야(草野)에 묻혀 지내는 사람.

강해지사(江海之士), 고운야학(孤雲野鶴)
고도지사(高蹈之士), 백구공곡(白駒空谷)
은거처사(隱居處士), 장동은사(牆東隱士)
재야인사(在野人士), 포의지사(布衣之士)
학명지사(鶴鳴之士)

24. 금품(金品)이나 그 밖의 수단(手段)으로 남을 자기편(自己便)으로 만들려고 일을 꾸밈.

## 세 로 열 쇠

1. 「주머니 속의 송곳」 재능(才能)이 있는 사람은 언젠가 그 재능을 발휘(發揮)할 기회(機會)가 온다는 말.

군계일학(群鷄一鶴), 발류초군(拔類超羣)
앙앙지학(昂昂之鶴), 영탈이출(穎脫而出)
용사기륙(龍蛇起陸), 인중기기(人中騏驥)
인중사자(人中獅子), 절류이륜(絶類離倫)
지모과인(智謀過人), 철중쟁쟁(鐵中錚錚)
출류발군(出類拔群), 출류발췌(出類拔萃)
출어심상(出於尋常), 출일두지(出一頭地)
낭중지추(囊中之錐), 추처낭중(錐處囊中)

2. 자기(自己) 집으로 편지(便紙)를 보낼 때, 자기 이름 밑에 쓰는 말.

본가입납(本家入納)

3. 잘 다스려진 나라에서는 군자(君子)가 할 일이 없어 떠난다는 말.

노불습유(路不拾遺), 영어공허(囹圄空虛)
영어생초(囹圄生草), 지평천성(地平天成)
천하일가(天下一家), 폐절풍청(弊絶風淸)

4. 아둔하고 어리석은 사람을 놀림조로 이르는 말. 멍청이, 바보, 맹꽁이

9. 무거운 물건(物件)이나 수레, 차 따위를 뒤에 달고 끄는 차(車).

선두(先頭)에 서서 여럿을 잘 이끌어 가는 사람.

11. 정치상(政治上)의 권세(權勢)를 휘두르는 사람.

12. 원통(怨痛)하거나 딱한 사정(事情)을 하소연하는 글.

15. 「푸르게 우거진 나무와 향기(香氣)로운 풀」 여름철의 자연경관(自然景觀)을 이르는 말.

16. 「미생의 믿음」 미생이라는 자가 여자와 다리 밑에서 만나자는 약속(約束)을 지키기 위해 홍수(洪水)에도 피하지 않고 기다리다가 익사(溺死)하였다는 고사(故事)로, 융통성(融通性) 없이 약속만을 굳게 지키는 어리석음을 비유하는 말.

송양지인(宋襄之仁), 수주대토(守株待兔)
각주구검(刻舟求劍)

↔ 여세추이(與世推移)

17. 「서 있는 벼를 팖」 아직 논에서 자라고 있는 벼를 미리 돈을 받고 팖.

입도매매(立稻賣買), 입맥선매(立麥先賣)

19. 어떤 일이 일어나기 전 또는 어떤 기회(機會)나 때가 무르익기 전에 미리 어림잡아 헤아림.

어레짐작, 어림짐작

| 1 |  |  | 2 | ■ | 3 |  |  | 4 |
|---|---|---|---|---|---|---|---|---|
|  | ■ | ■ | 5 |  |  | ■ | ■ |  |
|  | ■ | 6 |  | ■ | 7 |  | ■ |  |
| 8 | 9 | ■ | 10 | 11 |  | ■ | 12 |  |
| ■ | 13 |  | ■ |  | ■ | 14 |  | ■ |
| 15 |  | ■ | 16 |  | 17 | ■ | 18 | 19 |
|  | ■ | 20 |  | ■ | 21 |  | ■ |  |
|  | ■ | ■ | 22 |  |  | ■ | ■ |  |
| 23 |  |  |  | ■ | 24 |  |  |  |

# 마흔아홉 번째

## 가 로 열 쇠

1.「세 번 생각한 후에 한 번 말함」말할 때는 신중(愼重)히 생각한 후에 해야 함.

일언출구 사불급설(一言出口 駟不及舌)

3. 금강(金剛)처럼 굳고 단단하여 파괴(破壞)되지 않음.

만독불침지체(萬毒不侵之體)

금산철벽(金山鐵壁), 뇌불가파(牢不可破)

동근철륵(銅觔鐵肋), 만년불패(萬年不敗)

우수불함(牛遂不陷), 호배웅요(虎背熊腰)

5. 건물(建物)이나 차량(車輛) 등에서, 평소(平素)에는 닫아 두었다가 긴급(緊急)한 사태(事態)가 있을 때만 열어서 사용(使用)하는 출입구(出入口).

6. 어떤 조건(條件)에 적당(適當)한 대상(對象)을 책임(責任)지고 소개(紹介)함.

· 가을철의 하늘.

7. 문 따위를 닫아걸거나 막아 버림.

어떤 기관(機關)이나 시설(施設) 따위를 없애거나 그 기능(技能)을 정지(停止)시킴.

8. 옛날의 제도(制度)나 문물(文物)을 아는 데 증거(證據)가 되는 자료(資料)나 기록(記錄).

특정(特定)한 연구(硏究)를 할 때 참고가 되는 서적(書籍)이나 문서(文書).

10. 연극(演劇)이나 음악(音樂), 무용(舞踊), 방송(放送) 등에서, 실제(實際) 공연(公演)을 하기 전에 하는 연습.

예행연습(豫行演習), 총연습(總演習)

12. 탄력(彈力)이 있는 물체(物體)가 퉁겨져 일어남.

어떤 행동(行動)이나 상태(狀態)에 대하여 거스르고 반대(反對)함.

· 희끗희끗하게 반쯤 센 머리털.

13. 사물이나 어떤 상황(狀況)에 대한 새로운 소식(消息)이나 자료(資料).

· 보통(普通) 행군(行軍)의 걸음걸이.

14. 어떤 현상이나 일련(一連)의 변화(變化) 과정(過程)이 주기적(週期的)으로 반복(反復)되거나 되풀이하여 돎.

15. 아버지와 스승.

국학(國學)의 교수(敎授).

16. 뒤에서 도와주는 사람. 지지자(支持者)

18. 한 사람 한 사람 이름을 부르거나 번호(番號)를 외치게 해서 인원(人員)의 이상(異常) 유무(有無)를 확인(確認)함.

·「붓의 끝을 적신다」글을 쓰거나 그림을 그림.

20. 국민(國民)이 선출(選出)한 의원(議員)으로 구성(構成)된 헌법상(憲法上)의 합의체(合議體). 의회(議會)

21. 나무의 줄기나 가지 따위를 가로로 자른 면에 나타나는 둥근 테.

여러 해 동안의 노력(努力)이나 경험(經驗)으로 이룩된 숙련(熟練)의 정도(程度).

22. 향악(鄕樂)의 칠조(七調)에서 일곱째 조의 이름.

강하고 고집이 센 사람.

23. 사단(四端)의 하나로, 옳지 못함을 부끄러워하고 착하지 못함을 미워하는 마음.

측은지심(惻隱之心), 사양지심(辭讓之心)

시비지심(是非之心)

24. 고려시대(高麗時代), 996년에 만든 우리나라 최초(最初)의 쇠로 만든 돈.

## 세 로 열 쇠

1. 조선시대(朝鮮時代), 의정부(議政府), 사헌부(司憲府), 의금부(義禁府)의 관원(官員)들이 합의(合議)하여, 삼강오륜(三綱五倫)을 범한 죄인(罪人)을 국문(鞫問)하던 일.

삼성추국(三省推鞫), 삼성잡치(三省雜治)

2. 「말(言)이 천리(千里)를 날아감」 말이 몹시 빠르고도 멀리 전해짐.

설저유부(舌底有斧), 수구여병(守口如甁)

악사천리(惡事千里), 이속우원(耳屬于垣)

3. 귀중(貴重)한 말을 할 수 있는 입을 다물고 혀를 놀리지 않음.

금설폐구(金舌蔽口), 겸구물설(箝口勿說)

두구탄성(杜口呑聲), 함구무언(緘口無言)

4. 글씨를 아무렇게나 함부로 쓴 것.

개발새발

9. 헌법(憲法)으로 다스려지는 정치(政治)의 역사(歷史).

• 스승이나 부모님 등 귀한 분에게 물건(物件)을 드리면서 함께 하는 말.

11. 어떤 일의 허가(許可)를 위하여 해당(該當) 행정(行政) 관청(官廳)에 청원(請願)하는 내용(內容)을 적어 제출(提出)하는 서류(書類).

12. 어떤 일이 진행(進行) 방향(方向)을 바꾸어 되돌아오거나 되돌아가게 되는 지점(地點).

15. 남편(男便)이 주장(主張)하고 아내가 이에 잘 따름.

남창여수(男唱女隨), 남수여종(男帥女從)

여필종부(女必從夫), 양존음비(陽尊陰卑)

16. 더할 나위 없이 후회스러움.

후회막급(後悔莫及), 후회무급(後悔無及)

서제막급(噬臍莫及), 회지막급(悔之莫及)

17. 인간의 생활(生活)에 영향(影響)을 미치는 자연계(自然界)의 요소(要素)인 토양(土壤), 지질(地質), 기후(氣候), 동물(動物), 식물(植物) 따위가 갖추고 있는 여러 가지 상태(狀態).

19. 「범처럼 노려보고 소처럼 걸음」 예리(銳利)한 통찰(洞察)력으로 꿰뚫어 보며 성실(誠實)하고 신중(愼重)하게 행동(行動)함.

호시우행(虎視牛行), 우행호시(牛行虎視)

# 쉰 번째

## 가 로 열 쇠

1. 이리저리 갖은 방법(方法)을 다 써가며 여러 곳에 청(請)함.

좌청우촉(左請右囑)

3. 글 짓는 솜씨와 글씨 쓰기에 다 능함.

5. 책(冊)이나 서류(書類) 등의 분류(分類)를 위해 붙이는 작은 종이.

찾아보기 표(表).

6. 기존(旣存)의 제도(制度)나 법규(法規) 따위를 폐(廢)하여 없앰.

철파(撤罷), 혁파(革罷)

7. 목을 베어 죽이는 형벌(刑罰)에 처함.

· 몸서리칠 정도(程度)로 슬프고 끔찍함.

8. 전쟁(戰爭)이나 이념(理念) 갈등(葛藤)으로 다른 나라나 다른 지방(地方)으로 피(避)해 가는 사람.

10. 날마다 일어나거나, 늘 있는 일.

12. 사람의 힘을 가하지 않고 저절로 이루어진 그대로의 상태(狀態).

자연(自然)

아주 비슷하게. 마치, 흡사(恰似)

13. 대(代)를 이어 그 땅에서 삶.

14. 사람과 동물(動物)의 몸에서, 가슴에서 다리 사이.

· 물건(物件)의 가운데 부분(部分).

15. 부피나 넓이, 양(量) 따위가 큰 정도.

16. 눈으로 보아 크기, 수량(數量), 무게 등을 대강 짐작(斟酌)함.

눈어림, 눈짐작, 목측(目測)

18. 고요하고 쓸쓸함.

의지(依支)할 데 없이 외로움.

20. 괴상(怪狀)하게 생긴 물체(物體).

· 특정(特定) 분야(分野)의 일에 탁월(卓越)한 역량(力量)을 가진 사람을 비유(比喩)하는 말.

21. 병통과 폐단(弊端).

· 어떤 사물(事物)의 내부(內部)에 있는 옳지 못한 경향(傾向)이나 해로운 요소(要素).

22. 음식(飮食)이나 옷을 대주는 등 여러모로 돌보아 주는 일.

· 햇빛이 들게 바람벽의 위쪽에 낸 작은 창.

23. 열반(涅槃)에 이르고자 하는 보살(菩薩)의 수행(修行).

도피안(到彼岸)

24. 세상(世上)일과 상관(相關)이 없음.

## 세 로 열 쇠

1. 「앉은 자리가 따뜻해질 겨를이 없음」 한 군데서 오래 살지 못하고 자주 이사(移徙)를 함을 이르는 말.

공석불난(孔席不暖), 석불가난(席不暇暖)
석불급난(席不及暖), 묵돌불검(墨突不黔)
역마직성(驛馬直星), 재가무일(在家無日)

2. 「중국 촉나라는 산이 높고 안개가 항상(恒常) 짙어 해가 보이는 날이 적기 때문에 개들이 해를 보면 신기(神奇)해서 짖었다는 고사(故事)」 식견(識見)이 좁은 사람이 선(善)하고 어진 사람을 오히려 비난(非難)하고 의심(疑心)한다는 뜻으로 쓰임.

골경신해(骨驚神駭), 골경심한(骨驚心寒)
대경차악(大驚且愕), 배궁사영(杯弓蛇影)
상궁지조(傷弓之鳥), 월견폐설(越犬吠雪)
오우천월(吳牛喘月), 징갱취제(懲羹吹虀)
징선기여(懲船忌輿), 초목개병(草木皆兵)
풍성학려(風聲鶴唳), 폐일지괴(吠日之怪)

3. 예전에, 대역죄(大逆罪)를 지은 죄인(罪人)의 머리, 몸뚱이, 팔, 다리를 토막쳐 죽이던 극형(極刑).

오마분시(五馬分屍), 오우분시(五牛分屍)
능지처참(凌遲處斬), 거열형(車裂刑)

4. 붓, 먹, 종이, 벼루.

문방사우(文房四友), 문방사보(文房四譜)

9. 청동기 시대(青銅器 時代)의 대표적(代表的)인 토기(土器)의 하나로 무늬가 없고 빛깔은 대개 적갈색(赤褐色)임.

무문토기(無文土器), 민무늬토기

11. 역사(歷史)의 시대 구분(區分)에서 가장 오랜 옛날의 시대.

상고시대(上古時代)

12. 태어날 때부터 이미 타고난 것.

선천적(先天的)

15. 축구(蹴球)나 럭비 따위에서, 골대 위를 가로지르는 가늘고 긴 막대.

높이뛰기에서, 선수(先手)들이 떨어뜨리지 않고 공중(空中)에서 넘어야 하는 가로대. 골바(goal bar)

16. 한자리에서 많은 사람이 한꺼번에 울거나, 눈물을 많이 흘리는 상황(狀況)을 바다에 비유(比喩)함.

17. 병(病)을 오랫동안 심하게 앓고 난 후.

19. 어떤 일을 이루기 위해 겉으로 드러나지 않게 은밀(隱密)히 의논(議論)하고 절충(折衷)함.

로비(lobby)

# 쉰한 번째

## 가 로 열 쇠

1. 「많은 전투(戰鬪)를 치른 노련(老鍊)한 장수(將帥)」 세상의 온갖 풍파(風波)를 많이 겪어서 여러 가지 일에 노련한 사람.

백전노졸(百戰老卒), 유연노장(幽燕老將)
산전수전(山戰水戰), 십전구도(十顚九倒)
우왕마왕(牛往馬往)

3. 「바람이 없는 지대(地帶)」 갈등(葛藤)이 없이 평화(平和)롭고 조용한 곳.

5. 척추동물(脊椎動物)의 머리를 이루는 뼈를 통틀어 이르는 말.

두해(頭骸). '머리뼈'로 순화(純化)됨.

6. 받은 은혜(恩惠)에 감사(感謝)하게 여겨 사례(射禮)함. 답례(答禮)

· 임금이 신하에게 내려 주던 은총(恩寵).

7. 부름이나 호소(呼訴) 따위에 대답(對答)하거나 응함.

· 어떤 일에 대하여 긍정적(肯定的)으로 반응(反應)함.

8. 힘이 모자라서 주장(主張)이나 뜻을 굽히고 복종(服從)함. 굴슬(屈膝).

머리를 숙이고 꿇어 엎드림.

10. 「아직 따라 죽지 못한 사람」 남편(男便)이 죽고 홀로된 여자(女子).

과수(寡守), 홀어미, 원부, 상아(孀娥)

12. 재산(財産)이나 권리(權利) 또는 가지고 있는 것을 모조리 빼앗아 거둠.

· 수량(數量)의 전부(全部).

13. 주로 사상적(思想的) 동태(動態)를 살펴 조사(調査)하고 처리(處理)하던 경찰(警察)의 한 직무(職務).

14. 공기(空氣)나 물, 환경(環境) 따위가 더러워지거나 해로운 물질(物質)에 물듦.

순수(純粹)한 것이 훼손(毁損)되거나 없어져 버림.

15. 기본적(基本的)으로는 같은 내용(內容)이지만 부분적(部分的)인 내용,

글자나 글귀, 판각, 펴낸 때나 장소(場所) 등이 다른 책(冊).

16. 뜻밖의 아주 급한 일이 생겼을 때.

유사지추(有事之秋)

18. 세상을 다스림.

잘 다스려서 편안(便安)한 세상.

20. 국가(國家)나 단체(團體)가 자기의 방침(方針)이나 주장(主張), 의견(意見) 따위를 외부(外部)에 정식(正式)으로 공표(公表)함.

21. 위험(危險)이나 난(亂)을 당하여 일시적(一時的)으로 피함.

22. 붙지 않음. 또는 붙이거나 달지 않음.

23. 옛날에 있었던 일에서 유래(由來)하여 관용적(慣用的)인 뜻으로 굳어 쓰이는 글귀. 한자성어(漢字成語)

24. 「오십 보 도망(逃亡)친 사람이 백 보 도망친 사람을 보고 겁쟁이라고 비웃음」 좀 낫고 모자란 차이(差異)는 있

으나 크게 보면 어슷비슷함.

난형난제(難兄難弟), 대동소이(大同小異)
백중지세(伯仲之勢), 호각지세(互角之勢)
양시쌍비(兩是雙非), 용호상박(龍虎相搏)
우열난분(優劣難分), 호각지세(互角之勢)
오십보백보(五十步百步)

## 세 로 열 쇠

1. 「백 번 꺾여도 굴하지 않음」 어떤 어려움에도 굽히지 않음.

견인불발(堅忍不拔), 백절불요(百折不撓)
백절불회(百折不回), 불요불굴(不撓不屈)
비석지지(匪石之旨), 영사불욕(寧死不辱)
영절불만(寧折不彎), 위무불굴(威武不屈)

2. 「머리를 감추고 꼬리를 숨김」 일의 경위(經緯)를 확실(確實)히 밝히지 않음.

장두노미(藏頭露尾), 장형닉영(藏刑匿影)
장두노영(藏頭露影), 노미장두(露尾藏頭)

3. 「뼈가 없이 좋은 사람」 성질(性質)이 아주 순하여 모두의 비위(脾胃)에나 두루 맞는 사람. 무등호인(無等好人)

4. 조선시대(朝鮮時代), 궁중(宮中)의 잔치 때 음식(飮食) 만드는 일을 맡아 하던 남자(男子) 조리사(調理師).

9. 원본(原本)을 그대로 베끼거나 복사(複寫)한 책(冊)이나 음반(音盤), CD 따위. 복제본(複製本)

11. 나라가 망하기까지의 경위(經緯)를 기술(記述)한 역사(歷史). 또는 그 책.

12. 체면(體面)을 생각하거나 부끄러움을 아는 마음이 없음.

무염치(無廉恥), 몰렴(沒廉)

15. 사실(事實)을 바른대로 말함.

이실고지(以實告之), 실진무휘(實陣無諱)
종실직고(從實直告), 고담방언(高談放言)
신구자황(信口雌黃)
↔ 사불이실(詐不以實)

16. 아무 근거(根據) 없이 널리 퍼진 소문(所聞).

가담항설(街談巷說), 도청도설(道聽塗說)
무근지설(無根之說), 부언유설(浮言流說)
부허지설(浮虛之說), 주작부언(做作浮言)

17. 시대(時代)의 흐름에 맞지 않게 낡은 사고방식(思考方式)으로 대응(對應)하고 행동(行動)하는 것.

아나크로니즘(anachronism)

19. 「상전(上典)의 빨래를 하는 종의 발꿈치가 하얘짐」 남을 위하여 한 일이 자기(自己)에게도 어느 정도(程度)의 이익(利益)이 된다는 말.

과화숙식(過火熟食)

| 1 |  |  | 2 | ■ | 3 |  |  | 4 |
|---|---|---|---|---|---|---|---|---|
|  | ■ | ■ | 5 |  |  | ■ | ■ |  |
|  | ■ | 6 |  | ■ | 7 |  | ■ |  |
| 8 | 9 | ■ | 10 | 11 |  | ■ | 12 |  |
| ■ | 13 |  | ■ |  | ■ | 14 |  | ■ |
| 15 |  | ■ | 16 |  | 17 | ■ | 18 | 19 |
|  | ■ | 20 |  | ■ | 21 |  | ■ |  |
|  | ■ | ■ | 22 |  |  | ■ | ■ |  |
| 23 |  |  |  | ■ | 24 |  |  |  |

# 쉰두 번째

## 가 로 열 쇠

1. 「그림 속의 떡」바라만 보았지, 소용(所用)이 닿지 않음.

보기만 했지 실제(實題)로 얻을 수 없음. 실속이 없는 말을 비유(比喩)함.

경중미인(鏡中美人), 경화수월(鏡花水月)
빙공착영(憑空捉影), 옹산화병(甕算畫餠)
임연선어(臨淵羨魚), 화병충기(畫餠充饑)

3. 사람을 사랑하고 백성(百姓)을 불쌍히 여김. 긍휼(矜恤), 연민(憐憫)

시민여상(視民如傷), 대자대비(大慈大悲)
측은지심(惻隱之心)

5. 중요성(重要性)이나 가치(價値)가 별로 없거나 하찮게.

무게가 적게.

언행(言行)이 침착(沈着)하지 못하고 경솔(輕率)하게.

옷차림이나 마음이 가뿐하고 경쾌(輕快)하게.

6. 현실적(現實的)이지 못하거나 실현(實現)될 가망(可望)이 없는 것을 막연(漠然)히 그리어 봄.

7. 「먼지를 떨고 흠침」의심(疑心)이나 부조리(不條理)한 점 따위를 말끔히 떨어 없앰.

8. 원래 있던 자리나 상태(狀態)로 되돌아감.

10. 겉으로는 비슷하나 속은 완전(完全)히 다른 가짜. 겉비슷

12. 마주 대하여 힐난(詰難)함. 면자(面刺)

13. 일제강점기(日帝强占期), 경찰(警察)의 가장 낮은 직급(職級).

· 나라를 위하여 목숨을 바침.

14. 「고통(苦痛)이 가득 차 있는 곳」인간세계(人間世界)를 일컫는 말.

· 몹시 힘들고 고되어 견디기 어려운 일.

15. 나이가 지긋한 부부(夫婦) 사이에서, 상대편(相對便)을 서로 이르는 이인칭(二人稱) 대명사(代名詞).

16. 중간(中間)의 품질(品質) 중 최하(最下)의 등급(等級).

18. 세력(勢力)이나 힘이 한참 일어나는 일과, 차차 줄어져 약해지는 일.

융체(隆替)

20. 몸에 고통(苦痛)을 주어 벌함. 또는 그 벌(罰).

21. 겉으로 나타나는 생김새나 형상(形狀).

치장(治粧)하거나 다듬어서 드러나거나 풍기는 멋.

22. 물건(物件)을 넣고 다닐 수 있도록 옷에 대거나 곁들여 만든 천.

23. 절친(切親)한 친구(親舊) 사이에 친척(親戚)처럼 내외(內外)를 트고 지내는 정(情).

24. 예언(豫言)이나 기적(奇蹟)을 나타낼 수 있는 초능력(超能力)이나 절대적(絶對的) 권위(權威).

'신의 은총(恩寵)'이란 뜻의 그리스어.

## 세 로 열 쇠

1. 「재앙(災殃)이 바뀌어 오히려 복이 됨」 좋지 않은 일이 계기(契機)가 되어 오히려 좋은 일이 생김을 이르는 말.

고진감래(苦盡甘來), 새옹지마(塞翁之馬)
인패위성(因敗爲成), 제자패소(齊紫敗素)
반화위복(反禍爲福), 전화위복(轉禍爲福)
흑우생백독(黑牛生白犢)
↔ 낙극생비(樂極生悲), 흥진비래(興盡悲來)

2. 「병가(兵家)에는 항상(恒常) 있는 일」 흔히 있는 일. 또는 실패(失敗)는 흔히 있는 일이니, 낙심(落心)할 것이 없음.

항다반사(恒茶飯事)

3. 속으로는 슬프면서 겉으로는 슬프지 않아 함.

낙이불류(樂而不流), 애이불상(哀而不傷)
원이불노(怨而不怒)

4. 눈치가 빠르고 약삭빠름.

기민혜힐(機敏慧黠), 기경유봉(機警有鋒)
이시목청(耳視目聽)

9. 적(敵)으로 맞서던 상황(狀況)에서 반항심(反抗心)을 버리고 복종(服從)하거나 순종(順從)해 온 사람.

북한(北韓) 이탈자(離脫者), 새터민,
자유이주민(自由移住民)

11. 이상적(理想的)이며, 완전(完全)하고 평화(平和)로운 장소(場所).

유토피아(Utopia), 이상향(理想鄕)

12. 어떤 전염병(傳染病)이나 유행병(流行病) 따위에 걸리지 않는 성질(性質).

15. 갑작스러운 일을 우선(于先) 간단(簡單)하게 둘러맞추어 처리(處理)함.

임시방패(臨時防牌), 임시방편(臨時方便)
임시처변(臨時處變), 임시배포(臨時排布)
고식(姑息), 미봉책(彌縫策)

16. 범죄(犯罪)에 대해 무겁게 벌(罰)을 주는 것이, 또 다른 잘못이나 범죄(犯罪)를 억제(抑制)한다는 주장(主張).

중형주의(重刑主義)
일벌백계주의(一罰百戒主義)
↔ 형불염경(刑不厭輕)

17. 직사각형(直四角形)의 틀에 조그마한 칸을 여러 개 만들고, 칸마다 쇠붙이 서를 끼워 만든 작은 리드 악기(樂器).

19. 쇠죽을 끓이는 데에 쓰이는 크고 우묵한 솥.

# 쉰세 번째

## 가 로 열 쇠

1. 「바람으로 머리를 빗고, 빗물로 목욕(沐浴)함」 객지(客地) 생활(生活)을 하며 온갖 고생을 겪음.

남부여대(男負女戴), 비풍참우(悲風慘雨)
손풍숙수(飡風宿水), 십전구도(十顚九倒)
우학풍도(雨虐風饕), 풍찬노숙(風餐露宿)
목우즐풍(沐雨櫛風), 풍환우빈(風鬟雨鬢)

3. 바람을 쐬거나 구경하거나 놀려고 집에서 멀지 않은 가까운 곳에 잠시(暫時) 다녀가는 사람.

5. 화제(話題)나 주목(注目)을 불러일으킬 만한 작품(作品).

6. 죽은 이의 영혼(靈魂)을 높여 이르는 말. 영령(英靈)

· 뛰어나고 슬기로움. 또는 그런 사람.

7. 행동(行動)이나 의사(意思)의 자유(自由)를 얽어매는 것.

소나 말을 다루기 위하여 목에 고삐를 걸쳐 얽어매는 줄.

8. 어떤 일을 하거나 어떤 대상(對象)을 다루는 방법(方法)이나 능력(能力). 솜씨

· 교묘(巧妙)한 눈속임으로 재미있게 부리는 재주.

10. 형사소송(刑事訴訟)에서, 항소인(抗訴人) 또는 상고인(上告人)이 상고법원(法院)에 제출(提出)하는 항소 이유서(理由書) 또는 상고 이유서에 대응(對應)하여 제출(提出)하는 문서(文書).

12. 대합(大蛤), 전복(全鰒) 등의 조가비의 살 속에 생긴 탄산칼슘을 주성분(主成分)으로 하는 구슬. 방주, 빈주

· 군대(軍隊)가 쳐들어가거나 파견(派遣)되어 가서 주둔(駐屯)함.

13. 어떤 일에 적극적(積極的)으로 나서서 그 일을 주도(主導)해 나가는 세력(勢力).

↔ 객체(客體)

14. 일본의 양식(樣式)을 본뜨거나, 일본으로부터 영향(影響)을 받은 풍속(風俗)이나 양식. 왜식(倭式)

15. 마음으로부터 우러나오는 뜻을 나타내는 작은 선물(膳物). 촌지(寸志), 촌심(寸心)

· 과일, 푸성귀, 해산물(海産物) 따위에서 그해의 맨 처음에 나는 것.

16. 남녀 모두에게 성적(性的)인 관심(關心)과 매력(魅力)을 느끼는 것.

18. 일정한 거리(距離)를 스케이트를 타고 달려 빠르기를 겨루는 경기(競技).

20. 세상 사람으로부터 존경(尊敬)을 받거나 어느 방면(方面)에서 권위(權威)가 있는 사람. 대가(大家), 권위자(權威者)

21. 사적(私的) 이익(利益)을 위하여 외국(外國) 자본(資本)의 앞잡이가 되어 제 나라의 이익을 해치는 짓.

22. 네 변의 길이가 같고, 두 쌍의 마주 보는 변이 서로 평행(平行)하며, 두 대각선(對角線)이 중점에서 서로 수직(垂直)으로 만나는 사각형. 등변사각형(等邊四角形)

23. 놀이기구의 하나로, 공중에 길게 휘어진 레일을 따라 고속으로 달리는 열차.

롤러코스터(roller coaster), 88열차

24. 「숨 한 번 내쉬고 들이쉬고 할 사이」 아주 짧은 시간(時間)이나, 매우 아슬아슬한 순간(瞬間).

순식간(瞬息間), 별안간(瞥眼間)

## 세 로 열 쇠

1. 월드와이드 앱에서 사용자(使用者)가 다시 방문(訪問)하고 싶은 누리집의 주소(住所)를 등록(登錄)해 놓고 나중에 쉽게 바로 찾아갈 수 있도록 하는 기능(技能).

2. 어리석은 질문(質問)에 대한 현명(賢明)한 대답(對答).

↔ 우문우답(愚問愚答), 현문우답(賢問愚答)
동문서답(東問西答), 문동답서(問東答西)

3. 「그물로 참새를 잡고 땅을 파서 쥐를 잡음」 최악(最惡)의 상태(狀態)에 이르러 어찌할 방법(方法)이 없음.

나굴태진(羅掘殆盡), 나굴구궁(羅掘俱窮)
부득불연(不得不然), 야무청초(野無青草)
역자석해(易子析骸), 역자이식(易子而食)
조상지어(俎上之魚), 취골역자(炊骨易子)

4. 「손님이 도리어 주인(主人) 행세(行勢)를 함」 사물(事物)의 대소(大小), 경중(輕重), 전후(前後)를 뒤바꿈.

주객전도(主客顚倒), 적반하장(賊反荷杖)
주객수세(主客殊勢), 본말전도(本末顚倒)
왝더독(Wag the dog)

9. 술에 취해 정신(精神)없이 하는 말이나 행동(行動).

11. 대상(對象)의 옳고 그름과 좋고 나쁨, 같고 다름을 나누어 가리는 성질(性質).

12. 진귀(珍貴)한 경치(景致)나 구경거리라 할 만한 희한(稀罕)한 광경(光景).

15. 「촌닭 관청에 간 것 같다」는 속담(俗談)의 한역(漢譯)으로, 경험(經驗)이 없어서 어리둥절해하는 사람을 두고 이르는 말.

16. 어떤 한 분야(分野)에서 주축(主軸)이 되는 두 사람이나 사물(事物) 따위를 비유(比喩)하는 말. 쌍두마차(雙頭馬車)

17. 말이나 태도(態度) 따위가 흐리터분하고 분명(分明)하지 못함.

반상반하(半上半下), 복잡미묘(複雜微妙)

19. 「얼음과 숯 사이」 둘이 서로 어긋나 맞지 않는 사이.

견원지간(犬猿之間), 견묘지간(犬猫之間)
구수지간(仇讐之間), 반목성수(反目成讐)
수화상극(水火相剋), 불구대천(不俱戴天)
안검상시(按劍相視), 욕식기육(慾食其肉)

# 쉰네 번째 문제

## 가 로 열 쇠

1. 중국에서, 중추절(仲秋節)에 없어서는 안 된다는, 달 모양(模樣)으로 만든 둥근 흰떡.

3. 약(藥)을 쓰지 않아도 병(病)이 저절로 나음.
   물약평복(勿藥平復)

5. 잔치 때에 큰상을 차리기 전이나 시장기를 면하기 위해 간단(簡單)하게 마련하는 음식상(飮食床).

6. 아주 오랜 세월(歲月) 동안.
   매우 먼 옛날.
   · 온갖 괴로움.

7. 예전에, 나그네가 음식(飮食)을 먹거나 쉬던 집.

8. 어떤 일의 처리(處理)나 행동(行動)을 바싹 다잡아 능동적(能動的)이고 긍정적(肯定的)으로.

10. 사고파는 가격(價格)이 가장 높은 주식(株式).

12. 묵은 것이나 폐단(弊端)을 없애고 새롭게 함.
   · 뼈가 가루가 되고 부서짐.

13. 굽히거나 지지 않으려고 맞서서 버티거나 항거(抗拒)함.

14. 적(敵)의 침입(侵入)을 막기 위해 성(城) 주위(周圍)를 둘러서 판 못.

15. 화친(和親)하자는 논의(論意)를 물리침.

16. 전체(全體) 자산(資産) 대비(對備) 부채(負債)와 어음액 등을 제외(除外)한 실제(實際) 자산.

18. 잘못된 점을 꾸짖어 바로잡음.

20. 군대(軍隊)에서 드는 깃발.
   · 어떤 목적(目的)을 위해 내세우는 사상(思想)과 강령(綱領).

21. 분명(分明)하고 자세(仔細)한 내용(內容).
   · 한 시대(時代)에 이름이 난 사람.

22. 지표(地表)에 흘러 들어가지 아니하고 본디부터 지층(地層)에 들어 있는 물.

23. 정치(政治)나 도덕(道德), 풍속(風俗) 따위가 쇠퇴(衰退)하여 어지러운 세상.
   부지세상(不知世上), 세강속말(世降俗末)
   시랑당도(豺狼當道), 연진천리(煙塵千里)
   예괴악붕(禮壞樂崩), 오탁악세(五濁惡世)
   음우회명(陰雨晦冥), 적고병간(積苦兵間)
   전국시대(戰國時代), 풍진세상(風塵世上)
   혼용무도(昏庸無道)
   ↔ 고복격양(鼓腹擊壤), 야불폐문(夜不閉門)
   요순시대(堯舜時代), 태평성대(太平聖代)

24. 아주 매운 고추를 일반(一般) 풋고추에 상대(相對)하여 부르는 말.

## 세 로 열 쇠

1. 「적은 수효(數爻)로 많은 수효에 대적(對敵)하지 못함」 적은 수로는 많은 사람을 이기지 못함.

고군분투(孤軍奮鬪), 단기치빙(單騎馳騁)
악전고투(惡戰苦鬪), 현군고투(懸軍苦鬪)
과부적중(寡不敵衆)
일호난적중견(一虎難敵衆犬)
↔ 병불혈인(兵不血刃)

2. 「병(病)이 고황(膏肓)-심장의 아래쪽과 횡격막(橫膈膜)의 윗부분 사이-)에까지 듦」 병이 위중(危重)하여 치료(治療)할 수 없음. 고치기 어려운 오류(誤謬).

고황지병(膏肓之病), 고황지질(膏肓之疾)
병입골수(病入骨髓), 무가구약(無可救藥)
불가구약(不可救藥), 보사양난(補瀉兩難)
숙습난방(熟習難防), 심복지질(心腹之疾)

3. 장사치를 집에 머물러 묵게 하거나 그들의 거간(居間) 노릇을 하는 영업(營業).

4. 어버이에 대한 효도(孝道), 형제간(兄弟間)의 우애(友愛), 임금에 대한 충성(忠誠), 친구(親舊)와의 신의(信義)를 아울러 이르는 말.

9. 규모(規模)나 범위(範圍), 정도(程度) 따위가 더할 수 없이 아주 크게 됨.
↔ 극소화(極小化)

11. 언론(言論)이나 경찰(警察) 따위에, 사건(事件)의 정보(情報)를 제공(提供)하는 사람.

12. 갓이나 탕건(宕巾) 등에 앉은 먼지를 솔로 털어 내는 일.

15. 「도척이라는 자의 개가, 착한 임금으로 소문난 요임금을 보고 짖음」 누구나 자기 주인(主人)에게 충실(充實)함.

묘서동면(猫鼠同眠), 묘서동처(猫鼠同處)
위호작창(爲虎作倀), 의초부목(依草附木)
조걸위학(助傑爲虐), 파지관부(把持官府)
걸견폐요(桀犬吠堯), 걸구폐요(桀狗吠堯)

16. 입술과 이와의 뗄 수 없는 관계(關係)와 같이, 서로 의지(意志)하고 영향(影響)을 끼치는 형세(形勢).

순망치한(脣亡齒寒), 거지양륜(車之兩輪)
공위순치(共爲脣齒), 고장난명(孤掌難鳴)
조지양익(鳥之兩翼), 보거상의(輔車相依)

17. 산수(山水)의 경치(景致)가 맑고 아름다움.

강호연파(江湖煙波), 산자수명(山紫水明)
연하일휘(煙霞日輝), 청풍명월(淸風明月)

19. 「정수리를 쇠망치로 때림」 정신(精神)을 바짝 차리도록 깨우침.

정문일침(頂門一針), 촌철살인(寸鐵殺人)

# 쉰다섯 번째

## 가 로 열 쇠

1. 여러 가지 일도 많고 어려움이나 탈(頉)도 많음.

간난다사(艱難多事), 우여곡절(迂餘曲折)
파란고해(波瀾苦海), 파란곡절(波瀾曲折)
파란만장(波瀾萬丈), 파란중첩(波瀾重疊)

3. 「한바탕 꿈을 꿀 때처럼 흔적(痕迹)도 없는 봄밤의 꿈」 인간(人間) 세상(世上)의 덧없음을 비유(比喩)하는 말.

호접지몽(胡蝶之夢), 남가일몽(南柯一夢)

5. 어떤 교리(敎理)나 사상(思想)을 옳다고 믿고 받드는 사람.

맹신자(盲信者), 광신자(狂信者)

6. 노력(努力)과 수고를 들여 이루어 낸 일의 결과(結果).

· 국가(國家)나 사회(社會) 또는 공중(公衆)의 적(敵).

7. 타고난 직업(職業)이나 직분(職分).

· 벼슬자리나 직업(職業)을 바꿈.

· 낮고 천(賤)한 직업.

8. 평화(平和) 유지(維持)와 인류(人類) 공영(共榮)을 위해, 전쟁(戰爭)을 수행(修行)하기 위하여 갖춘 군사(軍事) 시설(施設)이나 장비(葬費)의 규모(規模)를 줄이는 일. 군비축소(軍備縮小) ↔ 군확(軍擴)

10. 사업(事業)을 시작(始作)하거나 유지하는 데에 밑천이 되는 돈.

12. 자기의 잘못이 후회(後悔)되어 스스로 뉘우치고 꾸짖음.

· 몹시 심하게 꾸짖음.

13. 짐 따위를 꾸리지 않고 흩어진 채 그대로 쌓거나 실음.

· 석탄(石炭), 광물(鑛物), 곡물(穀物) 따위를 용기(容器)에 넣지 않고 그대로 쌓거나 실음.

14. 어떤 일이나 상황(常況), 문제(問題) 따위를 자세(仔細)히 조사(調査)하여 잘잘못을 밝힘.

하나님이 인간(人間)과 세상(世上)의 죄(罪)를 제재(制裁)함.

15. 짚이나 갈대 따위로 지붕을 인 집.

초려(焦慮), 초사(草舍), 초옥(草屋)

16. 1950년 북한(北韓) 공산군(共産軍)이 남북(南北) 군사분계선(軍事分界線)이던 38선 전역(全域)에 걸쳐 기습적(奇襲的)으로 남침(南侵)함으로써 일어난 한국(韓國)에서의 전쟁(戰爭). 한국동란(韓國動亂)

18. 어떤 안을 대신(代身)하거나 바꿀 만한 안(案).

20. 개인(個人)이나 기업(企業)이 소유(所有)하고 있는 경제적(經濟的) 가치(價値)가 있는 유·무형(有無形)의 재산(財産).

21. 기구(器具)나 장비(裝備), 옷 따위에 일정한 설비(設備)나 장식물(裝飾物)을 떨어지지 않게 붙임. 착장(着裝)

22. 주홍빛으로 칠함.

23. 「시체(屍體)가 산같이 쌓이고 피가 바다같이 흐름」 매우 처참(悽慘)한 상태(狀態)를 이르는 말.

목불인견(目不忍見), 아비규환(阿鼻叫喚)
유혈부시(流血浮尸), 유혈성천(流血成川)

24. 「그 수를 알 수 없음」 헤아릴 수 없을 만큼 매우 많음.

기려불억(其麗不億), 만항하사(萬恒河沙)
무궁무진(無窮無盡), 불가승수(不可勝數)
비비개시(比比皆是), 아승기야(阿僧企耶)
지불승굴(指不勝屈), 천만무량(千萬無量)
↔ 유일무이(唯一無二), 전무후무(前無後無)

## 세 로 열 쇠

1. 일정한 목적(目的)을 위해 두 나라 이상의 국적(國籍)을 가진 군인(軍人)들로 조직(組織)된 군대(軍隊).

2. 「나라를 어지럽히는 신하(臣下)와 어버이에게 불효(不孝)하는 자식(子息)」 나라를 어지럽히는 불충(不忠)한 무리.

간신적자(奸臣賊子), 무부무군(無父無君)

3. 「글자 하나에 천금의 가치가 있음」 아주 훌륭한 글씨나 문장(文章).

금수문장(錦繡文章), 만고문장(萬古文章)
양금미옥(良金美玉), 연대지필(椽大之筆)

4. 백성(百姓)들이 정치적(政治的), 사상적(思想的), 문화적(文化的)으로 깨치지 못하도록 하는 정책(政策).

우민정책(愚民政策), 3S정책

9. 가축(家畜)을 기르는 일을 전문(專門)으로 하는 사람.

11. 굿에서, 하나의 신(神)이 숭앙(崇仰) 받기까지의 과정(過程)에 관해 설명(說明)하는 일.

12. 거리에서 新聞이나 음료(飮料) 등 간단(簡單)한 物件을 파는 조그마한 가게.

15. 한 조직(組織)의 관리자(管理者)나 책임자(責任者) 등이 부임(赴任)한 후 처음으로 그 담당(擔當) 지역(地域)을 돌며 사람이나 일의 형편(形便)을 살펴보는 일.

16. 「고기가 산을 이루고 술이 바다를 이룸」 고기와 술이 많음을 비유적(比喩的)으로 이르는 말.

상저옥배(象箸玉杯), 유주망국(有酒亡國)
육산포림(肉山脯林), 주지육림(酒池肉林)

17. 사람의 오장육부(五臟六腑) 외에 '심술주머니'를 몸에 더 가지고 있다는 뜻으로, 남달리 심술궂거나 비뚤어진 태도(態度)를 비유하는 말.

19. 전에 알던 친분(親分)을 전혀 없던 것으로 하고 모르는 체함.

부끄럼이나 거리낌 없이 뻔뻔하게 굶
방약무인(傍若無人), 수수방관(袖手傍觀)

# 쉰여섯 번째

## 가 로 열 쇠

1. 「옥돌을 자르고 줄로 쓸고 끌고 쪼고 갈아 빛을 냄」 부지런히 학문(學問)과 덕행(德行)을 닦음.

견지불해(堅持不懈), 과골삼천(踝骨三穿)
단야연마(鍛冶硏磨), 발분도강(發憤圖强)
발분망식(發憤忘食), 발분흥기(發憤興起)
수불석권(手不釋卷), 우각괘서(牛角掛書)
위편삼절(韋編三絶), 자강불식(自强不息)
절마마려(切劘磨勵), 족려괄우(鏃礪括羽)
↔ 불구심해(不求甚解), 천상첩지(淺嘗輒止)

3. 여러 겹으로 둘러쌈. 삼지위겹

5. 인류(人類)가 만들어 쓴 뗀석기.

주먹도끼, 찍개, 찌르개 따위의 사냥 도구(道具)와 밀개 따위의 조리(調理) 기구(器具)가 있음.

6. 자기(自己)의 수족(手足)처럼 마음대로 부리는 사람.

7. 회의(會議)에서 심의(審議)하고 토의(討議)할 안건(案件). 안책(案冊)

8. 널리 인정(認定)받아 얻은 좋은 평판(評判)이나 이름.

광예(光譽), 명화(名華), 영명(令名)

10. 어떤 문자(文字)가 특정(特定)한 값을 취할 때만 성립(成立)하는 등식(等式).

12. 말이나 일의 내용(內容)에서 중심(中心)이 되는 줄기를 이루는 것.

· 기계(器械)나 기구(器具) 따위의 구조물(構造物)의 뼈를 이루는 부분(部分).

13. 일정(一定)한 결론(結論)에 도달(到達)하여 이미 확정(確定)하거나 인정(認定)한 설(說).

정론(正論) ↔ 속설(俗說), 통설(通說)

14. 아무것도 없는 형편(形便)이나 전혀 모르는 상태(狀態).

· 아주 생소(生疎)하게.

15. 절에서 마당 쓰는 일을 맡은 사람.

· 어떤 결과(結果)를 낳는 빌미.

· 몸에 지님.

16. 세관(稅關)을 거치지 않고 몰래 사들이는 일.

18. 손톱과 발톱. 조갑(爪甲)

· 물건(物件)을 담으려고 종이로 만든 작은 상자(箱子).

20. 서로 만남. 상면(相面), 상견(相見)

·「서리 맞아 시든 쑥」 '백발(白髮)'.

21. 어떤 발전(發展) 수준(水準)에 뒤지거나 뒤떨어짐.

22. 일정(一定)한 각도(角度)로 서로 교차(交叉)하고 있는 여러 개의 보.

23. 「양(羊) 머리를 걸고 개고기를 팖」 겉으로는 훌륭한 듯이 내세우지만 속은 보잘것없음을 이르는 말.

양질호피(羊質虎皮), 양봉음위(陽奉陰違)
면종배훼(面從背毁), 면종복배(面從腹背)
면종후언(面從後言), 양질호문(羊質虎文)
현양두매마포(懸羊頭賣馬脯)

24.「제 줄로 제 몸을 옭아 묶음」자기의 말과 행동(行動)으로 자신(自身)이 구속(拘束)되어 괴로움을 당함.

다언삭궁(多言數窮), 무승자박(無繩自縛)
검려지기(黔驢之技), 위법자폐(爲法自弊)
인과응보(因果應報), 자업자득(自業自得)
자취기화(自取其禍), 작법자폐(作法自斃)
청군입옹(請君入甕), 자가당착(自家撞着)

## 세 로 열 쇠

1.「몸도 목숨도 다 된 것」몹시 위태(危殆)롭거나 절박(切迫)한 지경(地境)을 비유(比喩)함. 절체(絶體)

명재경각(命在頃刻), 박빙여림(薄氷如臨)
백척간두(百尺竿頭), 여림심연(如臨深淵)
위기일발(危機一髮), 인명재각(人命在刻)
일촉즉발(一觸卽發), 조로지위(朝露之危)
존망지추(存亡之秋), 태재급급(殆哉岌岌)
풍전등화(風前燈火)

2. 분별(分別)없이 함부로 하는 말이나 행동(行動).

3. 인간(人間) 본래(本來)의 가치(價値)와 질서(秩序)를 잃는 데서 느끼는, 불안(不安)과 절망(絶望) 의식(意識).

위기감(危機感)

4. 예전에, 여러 가지 잡다(雜多)한 사건(事件)이나 사고(事故)를 적은 쪽지.

9. 미리 정(定)해 놓은 장소(場所).

11. 이른 새벽에 길은 우물물.

· 정성(精誠)을 들이거나 약(藥)을 달이는 데 쓰기 위하여, 이른 새벽 남보다 먼저 길어 온 우물물.

12. 물결 모양(模樣)의 골이 지게 만든 두꺼운 종이.

15. 자기(自己)의 몸을 불살라 부처 앞에 바치는 일.

인신공양(人身供養), 인신공희(人身供犧)

16. 간첩(間諜)이나 특수(特殊) 목적(目的)을 수행(遂行)할 사람을 외부(外部)와의 연락(連絡)을 끊고 비밀(祕密)로 하는 교육(敎育).

17. 선거(選擧)에 후보(候補)로 나선 사람.

19.「갑(甲)이 논하면 을(乙)이 논박(論駁)함」서로 자기(自己)의 주장(主張)을 내세우고 상대(相對)의 주장을 반박(反駁)함. 설론(舌論)

간시간비(間是間非), 설왕설래(說往說來)
언거언래(言去言來), 언삼어사(言三語四)
언왕설래(言往說來), 왈가왈부(曰可曰否)
위비언고(位卑言高), 지동획서(指東劃西)

| 1 | | | 2 | ■ | 3 | | | 4 |
|---|---|---|---|---|---|---|---|---|
| | ■ | ■ | 5 | | | ■ | ■ | |
| | ■ | 6 | | ■ | 7 | | ■ | |
| 8 | 9 | ■ | 10 | 11 | | ■ | 12 | |
| ■ | 13 | | ■ | | ■ | 14 | | ■ |
| 15 | | ■ | 16 | | 17 | ■ | 18 | 19 |
| | ■ | 20 | | ■ | 21 | | ■ | |
| | ■ | ■ | 22 | | | ■ | ■ | |
| 23 | | | | ■ | 24 | | | |

# 쉰일곱 번째

## 가 로 열 쇠

1. 사후심(事後審) 법원(法院)이 종국(終局) 판결에서 원심판결(原審判決)을 파기(破棄)한 때 사건(事件)을 다시 심판(審判)하도록 원심법원으로 돌려보내는 일.

3. 「마음에 거스름이 없는 친구」 서로 뜻이 맞고 허물이 없는 친한 사귐.

금란지교(金蘭之交), 백아절현(伯牙絶絃)
저구지교(杵臼之交), 포의지교(布衣之交)
막역지우(莫逆之友)

5. 으뜸이 되는 중요(重要)한 규율(規律)이나 법칙(法則)이 없음.

6. 마음속에 숨긴 일이나 생각한 바를 사실대로 솔직(率直)하게 말함.

7. 원칙(原則)과 신념(信念)을 지켜 끝까지 굽히지 않는 꿋꿋한 의지(意志)나 기개(氣槪).

· 경비(經費)나 물품(物品)을 마련하여 대어 줌.

8. 기둥 모양의 통나무나 돌 따위에 사람의 얼굴 모양(模樣)을 새겨 세워 놓은 것. 벅수

10. 고온다습(高溫多濕)한 환경(環境)에서, 몸의 열을 밖으로 내보내지 못해서 생기는 병. 울열증(鬱熱症)

12. 어떤 일이 끼치는 영향(影響), 또는 그 영향이 미치는 정도(程度)나 동안을 비유(比喩)함. 파문(波紋)

· 과장, 백일장, 시장 따위가 끝남.

13. 정당(政黨)이나 노조(勞組)와 같은 단체(團體)의 기본(基本) 입장(立場), 방침(方針), 규범(規範) 등을 밝히거나, 어떤 운동선수(運動選手)의 순서(順序)나 전략(戰略) 따위를 요약(要約)하여 열거(列擧)한 것.

어떤 일의 기본이 되는 큰 줄거리.

14. 여럿으로 흩어져 있는 의견(意見)이나 사상(思想) 따위를 모아 하나로 정리(整理)하거나 받아들임.

돈이나 물건(物件) 따위를 모아서 거두어들임.

15. 식물성(植物性) 섬유(纖維)를 물에 풀어 얇고 평평하게 엉기도록 하여 물을 빼고 말린 것.

16. 물품(物品)을 생산(生産)하는 데에 보조적(補助的)으로 쓰이는 물자(物資)와 재료(材料). ↔ 주자재(主資材)

18. 남녀간(男女間)의 사랑에 얽힌 온갖 어지러운 정.

· 잘 다스려 안정(安定)시킴.

20. 계약(契約)이나 서류(書類)의 유효기간(有效期間)이 만료(滿了)되었을 때, 그 기간을 연장(延長)함.

21. 중요(重要)한 일을 하려고 할 때 운수(運數)가 좋은 날을 가려서 고름.

택길(擇吉), 연길(延吉), 날받이

22. 원뿌리에서 갈라져 나간 뿌리.

23. 단체(團體)나 조직(組織) 등에서 주의(主義), 주장(主張), 행동(行動) 따위가

극단적(極端的)으로 격렬(激烈)한 사람.

과격파(過激派) ↔ 온건파(穩健派)

24. 군사(軍事)상(上)의 위력(威力)이나 그 정도(程度)의 과격(過激)한 행동(行動)으로, 개인(個人)이나 집단(集團)의 의사(意思)를 표현(表現)하는 일.

무력과시(武力誇示), 계산전쟁(計算戰爭)

## 세 로 열 쇠

1. 「물길이 만 길 높이로 인다」 일이 진행(進行)되거나 인생(人生)을 살아가는데 기복(起伏)과 변화(變化)가 몹시 심함.

파란중첩(波瀾重疊), 파란고해(波瀾苦海)
다사다단(多事多端), 다사다망(多事多忙)
간난신고(艱難辛苦), 우여곡절(迂餘曲折)

2. 「소나무가 무성하면 잣나무가 기뻐함」 벗이 잘되는 것을 기뻐함.

혜분난비(蕙焚蘭悲)

3. 아주 강한 군사(軍士).

막막강병(莫莫强兵), 견갑이병(堅甲利兵) ↔ 오합지중(烏合之衆)

4. 「가르침과 배움이 서로 성장(成長)시킴」 남을 가르치는 일과 스승에게 배우는 일이 서로 도와서 자기의 일을 증진(增進)시킴. 효학반(斅學半), 효학상장(斅學相長)

9. 서로 주장(主張)을 고집하여 옥신각신하며 다툼.

11. 역사(歷史)를 전문(專門)으로 연구(硏究)하는 사람.

12. 수치(羞恥)를 수치로 깨닫지 못함. 염치(廉恥)를 모름. 뻔뻔스러움.

15. 「오이를 심으면 오이가 남」 원인(原因)에 따라 결과(結果)가 생긴다는 말.

종두득두(種豆得豆), 인과응보(因果應報)
앙천이타(仰天而唾), 양호후환(養虎後患)
자작자수(自作自受), 자작지얼(自作之孼)

16. 「땔나무나 짊어질 바탕」 자기의 타고난 바탕을 겸손(謙遜)하게 하는 말.

부신지재(負薪之才)

17. 회사(會社) 사무실(事務室)로 통근(通勤)하지 않고 자기 집에서 회사의 통신(通信) 회선(回線)으로 연결(連結)된 정보(情報) 통신 기기(器機)를 설치(設置)해 놓고 일을 함. 가정근무(家庭勤務)

유연근무제(柔軟勤務制)

19. 자신이나 타인(他人)에게 가해지는 급하고 부당(不當)한 침해(侵害)를 막기 위하여 어쩔 수 없이 취한 가해 행위(行爲).

긴급방위(緊急防衛), 정당방어(正當防禦)
정당행위(正當行爲), 과잉방위(過剩防衛)

# 쉰여덟 번째

## 가 로 열 쇠

1. 관리(官吏)는 높고 귀하며 백성(百姓)은 낮고 천(賤)하다는 사고방식(思考方式).
↔ 민중군경(民重君輕), 이민위천(以民爲天)

3. 예나 지금(只今)을 통하여 견줄 만한 짝이 없을 만큼 뛰어난 것.
무등등(無等等), 고금일인(古今一人)
당금무배(當今無輩), 무출기우(無出其右)
천리절적(千里絶迹), 천하무적(天下無敵)
고금독보(古今獨步), 고금무비(古今無比)

5. 공공사업(公共事業), 자선(慈善), 장학사업(獎學事業) 따위의 일을 돕기 위해 개인(個人)이나 단체(團體)가 아무런 대가(代價) 없이 주는 돈.

6. 수분(水分)이 스며들어 젖음.
· 사상(思想)이나 분위기(雰圍氣) 따위가 사람들에게 차차 번져 나감.

7. 마음의 움직임.
사람들의 사고(思考), 사상(思想), 활동(活動)이나 일의 형세(形勢) 따위가 움직여가는 방향(方向). 동정(動靜), 동태(動態)

8. 현실(現實)을 판단(判斷)하여 자기(自己)의 입장(立場)이나 능력(能力) 따위를 스스로 깨달음.
자기 자신(自身)을 의식(意識)하는 상태(狀態).
· 신체적(身體的), 정신적(精神的), 물질적(物質的)으로 남에게 해(解)를 입힘.

10. 관공서(官公署) 등에 일정(一定)한 사실(事實)을 알리거나 보고(報告)하기 위해 작성(作成)하는 문서(文書).

12. 빈부(貧富), 임금(賃金), 기술(技術) 수준(水尊) 등이 서로 벌어져 다른 정도(程度). 차이(差異), 틈

13. 쫓아내거나 몰아냄.
추방(追放), 제거(除去), 추실(追失)

14. 물결의 움직임.
· 사회적(社會的)으로 어떤 현상(現想)이 퍼져 주위(周圍)에 그 영향(影響)이 미치는 일.

15. 그릇된 일을 경계(警戒)하는 규율(規律)을 기록(記錄)한 경전(經典). 율장(律藏)

16. 전화기(電話機)에서 음성(音聲)을 받고 보내는 부분(部分).

18. 그 외에 또 다른 것.
· 현을 튕겨서 소리를 내는 발현 악기(撥絃樂器)의 하나.

20. 실지(實地)로 하는 것처럼 하면서 익힘.
· 익숙하도록 되풀이하여 익힘.

21. 몸을 다쳐서 상처(負傷)를 입은 자리.
· 아내의 죽음을 맞음.

22. 핀란드식 증기(蒸氣) 목욕(沐浴).

23. 도연명(陶淵明)의 《도화원기(桃花源記)》에 나오는 가상(假象)의 선경(仙境).
도원경(桃源境), 도원향(桃園鄕),
별천지(別天地), 이상향(理想鄕)

24. 정해진 팔자(八字)에 의한 것이라 어

찌할 수 없이 당하는 일.

기수소관(氣數所關), 막비명야(莫非命也)
막비천운(莫非天運), 부귀재천(富貴在天)
사생유명(死生有命), 운수소관(運數所關)
↔ 선패유기(善敗由己)

## 세 로 열 쇠

1. 너그럽고 후(厚)하며 점잖은 사람.
관즉득중(寬則得衆), 용지여지(容之如地)
포편지벌(蒲鞭之罰), 관대장자(寬大長者)
관인대도(寬仁大度)

2. 제 몸만 살찌게 함.
제 이익(利益)만 취함.
사리사복(私利私腹), 사리사욕(私利私慾)
일기지욕(一己之慾), 자사자리(自私自利)
탐관오리(貪官汚吏), 비기윤가(肥己潤家)
비기지욕(肥己之慾)

3. 「옛날과 지금(只今), 동양(東洋)과 서양(西洋)」 사람이 살아온 모든 시대(時代)와 장소(場所).
동서고금(東西古今), 고금좌우(古今左右)

4. 「두 필의 말이 끄는 마차(馬車)」 어떤 한 분야(分野)에서 주축(主軸)이 되는 두 사람이나 사물 따위를 이르는 말.
양두마차(兩頭馬車)

9. 서로 이기려고 다투거나 경쟁(競爭)하는 곳.

11. 물건(物件)이나 시설(施設) 따위의 품질(品質)이 뛰어나고 값이 비싼 상태(狀態)가 되는 것.

12. 사회(社會)의 발전(發展)이나 정세(政勢)의 변화(變化), 역사(歷史)의 진행(進行) 등이 급격(急激)하게 일어나는 시기(時期).

15. 옛날 사람들이 달 속에 있다고 상상(想像)했던 나무.

16. 회사(會社)의 실무(實務)를 배우고 익히는 과정(過程)에 있는 사원(社員).
견습원(見習員)

17. 병영(兵營)이나 기숙사(寄宿舍) 등에서 아침에 일어날 시간(時間)을 알리는 나팔(喇叭).

19. 다른 도(道)와 다른 고을.

# 쉰아홉 번째

## 가 로 열 쇠

1.「도둑이 도리어 몽둥이를 듦」잘못한 사람이 아무 잘못도 없는 사람을 나무람.

객반위주(客反爲主), 본말전도(本末顚倒)

아가사창(我歌査唱), 주객전도(主客顚倒)

3.「찬바람과 궂은 비」좋지 않은 날씨나 몹시 처량(凄涼)하고 비참(悲慘)한 처지(處地)를 비유(比喩)하는 말.

비풍참우(悲風慘雨), 상가지구(喪家之狗)

5. 두 가지 이상(以上)의 의미(意味)로 풀이될 수 있는 성질(性質).

6. 다른 사람의 처지(處地)를 이해(理解)하여 자기(自己)의 주장(主張)을 굽히고 그의 의견(意見)을 좇음. 양해(諒解)

· 이 세상에서 받는 인과응보.

7. 일정한 신분(身分)이나 지위(地位)를 가지거나 어떤 역할(役割)이나 행동(行動)을 하는 데 필요한 조건(條件)이나 능력(能力).

· 자극(刺戟)을 받아 급하고 세차게 움직임.

8. 인물(人物)이나 지위 따위가 함부로 범할 수 없이 높고 엄숙(嚴肅)함. 예전에, 임금의 지위를 이르는 말.

10.「지붕 위에 지붕을 거듭 얹음」물건(物件)이나 일을 쓸데없이 거듭함.

옥하가옥(屋下架屋), 관상가관(冠上加冠)

상상안상(牀上安牀), 위인설관(爲人設官)

첩상가옥(疊牀架屋)

12. 어떤 일이나 현상(現相), 사물(事物)에 대하여 느끼어 나타나는 심정(心情)이나 기분(氣分).

· 원망(怨望)하거나 성내는 마음.

13. 사람이 등에 지고 그 위에 짐을 실어 나르도록 만든 한국(韓國) 특유(特有)의 운반(運搬) 기구(器具).

14. 여럿이 모여 이룬 조직(組織)이나 일 따위가 잘 진행되지 못하고 돌이킬 수 없게 와해(瓦解)하거나 잘못됨. 탄파(綻破)

15. 혼인(婚姻) 관계(關係)를 통하여 맺어진 친척(親戚). 통가(通家)

16. 두 개 이상(以上)의 실질(實質) 형태소(形態素)가 모여 새로운 뜻을 가진 단어(單語)가 된 말.

18. 연중(年中) 강수량(降水量)이 적은 데 비해 증발량(蒸發量)이 많아 초목(草木)이 거의 자랄 수 없는 불모(不毛)의 땅.

20. 업신여기거나 하찮게 여겨 깔봄.

경시(輕視), 모멸(侮蔑), 능멸(凌蔑)

21. 제대로 모르고 있는 사물의 본질(本質)이나 진리(眞理) 따위의 숨은 참뜻을 뒤늦게 알아차림.

생각하고 궁리하다 알게 되는 것.

22. 일이 잘되고 못됨이 결정(決定)되는 요긴(要緊)한 대목.

23.「여러 시문(時文)의 격조(格調)가 변화(變化) 없이 비슷비슷함」사물(事物)이 개성(個性)이 없이 모두 비슷비슷함.

대동소이(大同小異), 일률천편(一律千篇)

24. 관계(關係)가 있으나 없으나 덮어놓고 나서서 간섭(干涉)하지 않는 것이 없음.

무사간섭(無事干涉), 무사불참(無事不參)
약방감초(藥房甘草), 삼두팔비(三頭八臂)
일언거사(一言居士),
↔ 수수방관(袖手傍觀)

## 세 로 열 쇠

1. 환경(環境)에 적응(適應)하는 생물(生物)만이 살아남고, 그렇지 못한 것은 도태(陶胎)되어 멸망(滅亡)하는 현상(現狀).

성황패구(成皇敗寇), 생존경쟁(生存競爭)
약육강식(弱肉强食), 우승열패(優勝劣敗)
타감작용(他感作用)
알레오파시(alelopathy)

2. 「손안에 있는 보배로운 구슬」 귀히고 보배롭게 여기는 존재(存在)를 비유함. 장중주(掌中珠)

3. 「아내는 성(城)이고 자식(子息)은 감옥(監獄)임」 처자(妻子)가 있는 사람은 거기에 얽매어 자유(自由)롭게 활동(活動)할 수 없음.

발전치후(跋前疐後), 발호치미(跋胡疐尾)

4. 나랏일을 근심하고 염려(念慮)하는 참된 마음.

우국단충(憂國丹忠), 우국봉공(憂國奉公)
우국지정(憂國之情), 우국충절(憂國忠節)

9. 주먹을 쥔 상태(狀態)에서 엄지손가락을 추켜올리는 행위(行爲).

11. 추상적(抽象的)인 개념(槪念)이나 사상(思想) 따위를 구체적(具體的)인 사물(事物)이나 이미지로 나타내는 성질(性質).

12. 감탄(感歎)이나, 놀람, 부름, 명령(命令) 등 강한 느낌을 나타내는 말.

감동사(感動詞), 간투사(間投詞), 느낌씨

15. 「사람의 목숨이 하늘에 달려 있음」 사람이 살고 죽는 것이나 오래 살고 못 살고 하는 것이 다 하늘에 달려서 사람으로서는 어찌할 수 없음을 이르는 말.

진인사대천명(盡人事待天命)
부귀재천(富貴在天), 사생유명(死生有命)

16. 여럿을 다 함께 사형(死刑)에 처함.

응당(應當) 사형에 처해야 함.
부대시효시(不待時梟示)

17. 서로 어깨에 팔을 얹어 끼고 나란히 함. 나이나 키가 비슷한 친구(親舊).

죽마고우(竹馬故友), 주마구우(竹馬舊友)
총죽지교(蔥竹之交)

19. 어떤 일을 이루기 위하여 겉으로 드러나지 않게 은밀(隱密)히 의논(議論)하고 절충(折衝)함. 로비(lobby)

# 예순 번째 문제

## 가 로 열 쇠

1. 모든 문관(文官)과 무관(武官)을 아울러 이르는 말.

대소원인(大小員人), 만정제신(滿廷諸臣)
만조백관(滿朝百官), 백관유사(百官有司)
내삼천외팔백(內三千外八百)

3. 예절(禮節)이나 법식(法式) 따위에 얽매이지 않고 곧이곧대로 행동(行動)함.

거실현탈(據實懸頉), 동호직필(董狐直筆)
매진일로(邁進一路), 올연독좌(兀然獨坐)
지주반정(砥柱反正), 직왕매진(直往邁進)
태사지간(太史之簡)

5. 지역(地域)이 넓고 인구(人口)가 많은 큰 도시(都市).

6. 나무나 풀의 원줄기에서 뻗어 나온 줄기.

· 근원(根源)에서부터 갈라져 나온 것.
· 어떤 것을 알 만함.

7. 거의 전부(全部). 대체로. 대강

8. 비어 있는 사이.

· 허술하거나 부족(不足)한 점.

10. 어떤 특정(特定)한 물건(物件)을 벌여놓고 일반(一般) 사람들에게 참고(參考)가 되도록 보이는 모임.

12. 어떤 일을 이루기 위해 온갖 정성(精誠)을 다하는 마음.

성의(誠意), 열정(熱情), 열성(熱誠)

13. 글자로 기록(記錄)한 문서(文書)를 통틀어 이르는 말.

· 일반적(一般的)이고 흔한 종류(種類).

14. 체면(體面)에 어그러지는 난폭(亂暴)한 짓을 버릇없이 함. 또는 그런 언행(言行).

· 여행(旅行)하는 사람이 타는 수레.

15. 어떤 면에서 타당성(妥當性)이 있는 이치(理致).

· 한 가지 이익(利益)이나 이로움.

16. 피부(皮膚) 위에 낟알만 하게 도도록하고 납작하게 돋은 군살.

· 버마재비. 당랑(螳螂), 거부(拒斧), 현우(懸疣)

18. 은혜(恩惠)에 대하여 축복(祝福)을 드리고 싶도록 몹시 고맙게 여김.

· 경사(慶事)스러운 일을 함께 감사(感謝)하고 축하(祝賀)함.

20. 자랑하거나 뽐내어 보임.

· 사실(事實)보다 크게 나타내어 보임.
· 확인(確認)해 보니 아닌 게 아니라 정말로. 과연(果然)
· 때가 지남.

21. 어떤 일을 꾸미고 이루어 나가는 교묘(巧妙)한 꾀나 방법(方法).

책모(策謀), 모략(謀略), 모획(謀劃)

22. 천의 표면(表面)에 무늬를 나타내는데 쓰이는 실.

23. 「16세 무렵의 꽃다운 청춘(靑春)」 2 곱하기 8은 16에서 나온 말.

혈기(血氣) 왕성(旺盛)한 젊은 시절

(時節)을 이르는 말.

파과지년(破瓜之年)

24. 일정(一定)한 기간(期間), 한 지역(地域)을 오가는 사람의 수(數).

이리저리 자주 옮겨 다니는 사람의 수.

## 세 로 열 쇠

1.「무늬와 바탕이 빛남」 외견(外見)이 좋고 내용(內容)이 충실(充實)하여 잘 조화(調和)를 이룬 상태(狀態).

단칠불문(丹漆不文), 양옥부조(良玉不彫)
혼금박옥(渾金璞玉), 회사후소(繪事後素)

2.「관대(寬大)한 은전(恩典)」 죄수(罪囚)의 은사(恩赦) 같은 것을 말함.

관전(寬典), 광탕지전(曠蕩之典)

3. 초(初), 중(中), 고등학교(高等學校)에서 특정(特定) 과목(科目)이나 분야(分野)에 대한 학생(學生)들의 실력(實力)을 겨루는 대회(大會).

4. 더할 수 없이 다행(多幸)함.

고목발영(枯木發榮), 구사일생(九死一生)
기사회생(起死回生), 만사일생(萬死一生)
백사일생(百死一生), 십사일생(十死一生)
천만다행(千萬多幸), 천세일시(千歲一時)
천우신조(天佑神助), 호구여생(虎口餘生)

9. 틈이 생긴 부분(部分)의 가장자리.

11. 필름으로 장면(場面)을 찍어 연출(演出)하는 극예술(劇藝術).

그리스어 키네시스(kinesis)에서 유래(由來)한다. 영화(映畫)

12. 남보다 못하여 경쟁(競爭)에서 졌다는 느낌.

15.「활시위를 죄었다 늦추었다 함」 사람이나 물건(物件)을 부릴 때는 적당히 부리고 쉬게 할 때는 적당(適當)히 쉬게 해야 한다는 말.

16.「늘 봄과 같음」 늘 잘 지냄을 비유함.

백년행락(百年行樂), 사시풍류(四時風流)

17. 법률상(法律上)의 불이익(不利益)이나 책임(責任) 따위를 부과(賦課)하는 데 필요(必要)로 하는 주관적(主觀的) 요건(要件).

19. 무섭고 두려워 고개를 움츠리고 입을 다묾.

담전심경(膽戰心驚), 모골송연(毛骨悚然)
불한이율(不寒而慄), 여불승의(如不勝衣)
전전율률(戰戰慄慄), 중종병식(重踵屛息)

| 1 |  |  | 2 | ■ | 3 |  |  | 4 |
|---|---|---|---|---|---|---|---|---|
|  | ■ | ■ | 5 |  |  | ■ | ■ |  |
|  | ■ | 6 |  | ■ | 7 |  | ■ |  |
| 8 | 9 | ■ | 10 | 11 |  | ■ | 12 |  |
| ■ | 13 |  | ■ |  | ■ | 14 |  | ■ |
| 15 |  | ■ | 16 |  | 17 | ■ | 18 | 19 |
|  | ■ | 20 |  | ■ | 21 |  | ■ |  |
|  | ■ | ■ | 22 |  |  | ■ | ■ |  |
| 23 |  |  |  | ■ | 24 |  |  |  |

# 예순한 번째

## 가 로 열 쇠

1. 평판(評判)은 좋으나 아무 실속이 없음.
공유허명(空有虛名), 남기북두(南箕北斗)
유명무실(有名無實), 허명무실(虛名無實)
허유기표(虛有其表)
↔ 명부기실(明富其實), 명실상부(名實相符)
명불허전(名不虛傳)

3. 유배(流配)된 죄인(罪人)이 거처(居處)하는 집 둘레에 흙둑을 쌓고 그 주위(周圍)에 다시 가시로 울타리를 쳐서 자유(自由)를 구속(拘束)하던 형벌(刑罰).
위리안치(圍籬安置), 천극안치(栫棘安置)
가극안치(加棘安置)

5. 연한 살코기를 얇게 저며 양념해 재었다가 불에 구운 음식(飮食). 너비아니

6. 잘난 체하거나 아는 체하지 않고 자기(自己)를 낮추고 내세우지 않음.
겸손(謙遜), 겸공(謙恭)

7. 법률적(法律的)으로 사람에게 강제(强制)되는 구속(拘束).
당연(當然)히 해야 할 일. 책무(責務)

8. 사물(事物)이나 사건(事件)의 행적(行蹟)을 더듬어 감. 추미(追尾)
· 가을에 나라에서 환곡(換穀)을 거두어들이던 일.

10. 승려(僧侶)가 될 때 치르는 의식(儀式). 삭발식(削髮式)

12. 눌러서 넘어뜨림.
월등(越等)한 힘이나 재주 따위로 남을 꼼짝 못 하게 함.

13. 일꾼을 직접(直接) 감독(監督)하는 우두머리.

14. 언행(言行) 따위가 독(毒)이 올라 날카로운 기세(氣勢).
쇠붙이 연장이나 칼날의 날카로운 부분(部分).

15. 개가(改嫁)하여 온 아내나 첩(妾)의 자식(子息).
· 한집안의 재산(財産).

16. 한 도의 행정(行政)을 총괄(總括)하는 자치단체장(自治團體長).

18. 일이 되어 가는 상태(狀態)나 경로(經路) 또는 결과(結果).
살림살이의 형세(形勢).
· 죄인(罪人)을 매질하는 채찍.

20. 조선(朝鮮) 말기(末期), 1860년에 최제우(崔濟愚)가 제세구민(濟世救民)의 뜻을 가지고 창건(創建)한 민족(民族) 종교(宗敎).

21. 어떤 일을 서둘러서 하도록 재촉함.
일의 근본(根本) 원인(原因)을 캐어 밝힘.

22. 인가(認可)를 받아 군(軍)에 필요(必要)한 물자(物資)나 용역(用役)을 대어 주는 사업(事業).

23. 저속(低俗)하고 품격(品格)이 낮은 말.

상(常)스러운 욕(辱).

음담패설(淫談悖說), 외설설화(猥褻說話)

24. 생산수단(生産手段)을 가진 자본가(資本家) 계급(階級)이 노동자(勞動者) 계급으로부터 노동력(勞動力)을 사서 생산활동(生産活動)을 함으로써 이익(利益)을 추구(追究)하는 경제구조(經濟構造).

## 세 로 열 쇠

1.「주머니 속의 송곳」재능(才能)이 뛰어난 사람은 숨어 있어도 저절로 사람들에게 알려짐. 발군(拔群), 백미(白眉),

군계일학(群鷄一鶴), 영탈이출(穎脫而出)

추처낭중(錐處囊中), 학립계군(鶴立鷄群)

2. 명예(名譽)나 명성(名聲)을 헛되이 얻은 것이 아님.

명부기실(明富其實), 명불허전(名不虛傳)

명실상부(名實相符)

3. 인간(人間) 본래(本來)의 가치(價值)와 질서(秩序)를 잃는 데서 느끼는 불안(不安)과 절망(絶望) 의식(意識).

4. 더할 수 없이 지극(至極)히 악(惡)하고 도리(道理)에 아주 어긋남.

잔인박행(殘忍薄行), 잔학무도(殘虐無道)

치목호문(鴟目虎吻), 포학무도(暴虐無道)

살인부잡안(殺人不眨眼)

9. 전쟁시(戰爭時)에, 인도적(人道的)인 차원(次元)에서 적군(敵軍), 아군(我軍)의 구별(區別) 없이 다치거나 병든 사람들을 구호(救護)할 목적(目的)으로 설립(設立)된 국제적(國際的)인 민간단체(民間團體).

적신월(赤新月), 적수정(赤水晶)

11. 예전에, 한 나라의 중앙정부(中央政府)가 있고 경제(經濟), 문화(文化), 정치(政治) 등에서 중심(中心)이 되는 땅.

12. 예전에, 죄인(罪人)을 심문(審問)할 때 죄인이 움직이지 못하게 한곳에 묶어 놓고 무릎 위를 널반지 같은 압슬기로 누르거나 무거운 돌을 올려놓는 형벌(刑罰).

15. 가정(家庭)의 일상생활(日常生活) 속에서 어른이 자녀(子女)에게 주는 자연(自然)스러운 가르침이나 그 영향(影響).

16. 도학(道學)이 높고 덕이 높은 사람.

도덕군자(道德君子), 성덕군자(成德君子)

성인군자(聖人君子), 청운지사(青雲之士)

17. 공인(公認)된 금융기관(金融機關)이나 공공기관(公共機關)이 이닌 개인(個人)이 빚을 내주는 사업(事業)을 하는 사람.

19. 어떤 일을 근본적(根本的)으로 해결(解決)하거나 처리(處理)하지 않고 임시(臨時)로 그때그때를 적당(的當)히 넘기려 하는 태도(態度)나 사고방식(思考方式).

| | | | | | | | | |
|---|---|---|---|---|---|---|---|---|
| 1 | | | 2 | ■ | 3 | | | 4 |
| | ■ | ■ | 5 | | | ■ | ■ | |
| | ■ | 6 | | ■ | 7 | | ■ | |
| 8 | 9 | ■ | 10 | 11 | | ■ | 12 | |
| ■ | 13 | | ■ | | ■ | 14 | | ■ |
| 15 | | ■ | 16 | | 17 | ■ | 18 | 19 |
| | ■ | 20 | | ■ | 21 | | ■ | |
| | ■ | ■ | 22 | | | ■ | ■ | |
| 23 | | | | ■ | 24 | | | |

# 예순두 번째

## 가 로 열 쇠

1. 시민(市民)들이 촛불을 켜 들고 평화적(平和的)으로 하는 집회(集會).

3. 거리나 사람들 사이에서 떠도는 소문(所聞). 뜬소문

도청도설(道聽塗說), 무근지설(無根之說)
봉인즉설(逢人卽說), 봉인첩설(逢人輒說)
부언낭설(浮言浪說), 부언유설(浮言流說)
부언참설(浮言讒說), 부허지설(浮虛之說)
유언비어(流言蜚語), 주작부언(做作浮言)
가담항설(街談巷說), 가담항의(街談巷議)

5. 무리하게 억지를 부림. 괜한 억지.

6. 당하는 사정(事情)이나 형편(形便).
지위(地位)나 신분(身分).
· 서로 사귀어 지내는 관계(關係).

7. 한군데에서 풀어지거나 갈라져 나온 낱낱의 줄. 또는 그것을 세는 단위(單位).
가락, 갈래
빛이나 물 따위의 줄기.

8. 폭(幅)이 좁고 긴, 끈이나 띠 모양(模樣)의 물건(物件).
체조(體操)에서 쓰는 끝부분에 손잡이가 달린 긴 띠 모양(模樣)의 천.

10. 갓 태어나거나 덜 자란 어린 말.

12. 있을지도 모르는 뜻밖의 경우(境遇)에.
여혹(如或), 혹시(或是), 만일(萬一)

13. 한 일에 대하여 돌아오는 좋은 결과(結果)나 그 일에 대한 만족감(滿足感).
낙(樂)
약간(若干) 드러나 보이는 표적(標的).
잊지 아니하거나 다른 물건(物件)과 구별(區別)하기 위하여 하여 두는 표(表).

14. 나이가 들어 늙어 가는 시기(時期).
모년(暮年)

15. 외워서 기억(記憶)함. 암송(暗誦)
· 봄철에 물이 오른 소나무의 속껍질.

16. 고대(古代) 이집트 왕의 호칭(呼稱).

18. 타인(他人)에 대한 중상(中傷)이나 비방(誹謗) 따위로 받는 재난(災難).
· 자질구레한 이야기.

20. 올바른 이치(理致)나 도리(道理)에서 어그러짐. 부정(不淨)
· 헤어져 흩어짐. 이산(離散)

21. 「열 번의 서리」 십 년(十 年)의 세월(歲月)을 말함.

22. 벌목(伐木)한 나무로 재목(材木)을 만드는 곳.

23. 아무리 어려운 고비를 당해도 좀처럼 죽지 않는 굳센 목숨.

24. 「종이에 아무것도 쓰지 않은 상태(狀態)」 어떤 대상(對象)에 대해 아무것도 모르는 상태.
· 일을 시작(始作)하기 이전의 상태.
· 잡념(雜念)이나 선입견(先入見) 따위가 전혀 없는 상태.

## 세 로 열 쇠

1. 장딴지가 없어서 밋밋하게 생긴 다리.

2. 「다시 살아날 수 있는 가망(可望)」 거의 죽어 가던 상태(狀態)에서 다시 살아날 수 있는 희망(希望).

↔ 무부여망(無復餘望)

3. 낱낱의 나뭇가지.

· 이런저런 여러 가지.

4. 근심이나 놀라운 일이 있어도 보통(普通) 때와 같이 웃고 이야기함.

부동성색(不動聲色), 신색자약(神色自若)
안연자약(晏然自若), 언소자약(言笑自若)
태연무심(泰然無心), 태연자약(泰然自若)
↔ 아연실색(啞然失色), 창황실색(惝恍失色)

9. 본(本)을 받을 만한 대상(對象)

어떤 사실(事實)이나 현상(現象)을 증명(證明)하기 위하여 내세우는 대표적(代表的)인 것.

11. 예술(藝術) 작품(作品)에서 느껴지는 고상(高尙)하고 독특한 분위기(雰圍氣).

· 독특(獨特)한 품위(品位)나 품격(品格).

12. 매우 추운 지방(地方)이나 높은 산지(山地)에 언제나 녹지 않고 쌓여 있는 눈.

15. 소나무와 잣나무가 항상(恒常) 푸른 것처럼 영원(永遠)토록 번영(繁榮)함.

16. 남에게 손쉽게 죽임을 당하는 보잘것없는 목숨을 비유적(比喩的)으로 이르는 말.

17. 「오십 보(五十步)를 도망(逃亡)친 사람이 백(百) 보 도망간 사람을 겁쟁이라 비웃음」 좀 못하고 좀 나은 점의 차이(差異)는 있으나, 본질적(本質的)으로는 차이가 없음을 이르는 말.

난형난제(難兄難弟), 난백난중(難伯難仲)
대동소이(大同小異), 막상막하(莫上莫下)
백중지세(伯仲之勢), 백중지간(伯仲之間)
양시쌍비(兩是雙非), 용호상박(龍虎相搏)
우열난분(優劣難分), 차상차하(差上差下)
차선차후(差先差後), 춘란추국(春蘭秋菊)
피차일반(彼此一般), 호각지세(互角之勢)
오십보백보(五十步百步)

19. 「꽃다운 얼굴과 달과 같은 자태(姿態)」 아름다운 여인(女人)의 얼굴과 맵시를 이르는 말.

곡미풍협(曲眉豊頰), 명모호치(明眸皓齒)
선연작약(嬋娟綽約), 수화폐월(羞花蔽月)
옥빈홍안(玉鬢紅顔), 운빈화용(雲鬢花容)
월태화용(月態花容), 유미도안(柳眉桃顔)
유태화용(柳態花容), 화안월모(花顔月貌)

# 예순세 번째

## 가 로 열 쇠

1. 「붉은색을 가까이하면 반드시 붉게 됨」 주위환경(周圍環境)이 중요(重要)함.

귤화위지(橘化位枳), 남귤북지(南橘北枳)

마중지봉(麻中之蓬), 봉생시중(蓬生枲中)

근묵자흑(近墨者黑), 근주근묵(近珠近墨)

3. 가게, 기업(企業) 등에 의해 이루어지는, 재화(財貨)와 용역(庸役)의 생산(生産)과 소비(消費), 소득(所得)의 분배(分配) 따위의 경제(經濟)에 관련된 모든 행동(行動). 경제생활(經濟生活)

5. 고려시대(高麗時代), 국자감(國子監)의 진사(進士)를 뽑던 시험(試驗).

거자시(擧子試), 국자시(國子試), 남성시(南省試)

6. 적군(敵軍)에게 에워싸여 성문(城門)을 굳게 닫고 지킴.

어떤 목적(目的)을 이루기 위하여 한자리를 떠나지 않고 시위(示威)함.

7. 중심(中心)이 되는 부분(部分)만을 떼어 낸 세밀(細密)하지 않은 내용(內容).

대강령(大綱領), 요지(要旨), 줄거리

자세(仔細)하지 않고 기본적(基本的)인 정도(程度)로. 건정, 대략

8. 드러나지 않은 부정적(否定的)인 일이나 물건(物件) 따위를 들추어냄.

적결(擿抉), 적출(摘出)

10. 산에 오르는 일을 취미(趣味)로 가진 사람들로 이루어진 모임.

12. 혈액(血液) 속에 포도당(葡萄糖)이 많아져서 오줌에 당이 지나치게 많이 나오는 현상(現狀)이 계속(繼續)되는 병(病).

13. 사물(事物)의 밑바탕이 되는 토대(土臺)와 근본(根本). 기저(基底)

14. 자연(自然)에 따라 행위(行爲)를 하고 사람의 생각이나 힘을 더하지 않은 것.

아무 일도 하지 않음.

15. 매우 많은 사람. 만 명의 사람.

16. 긴 쇠사슬 양쪽에 쇠로 된 추가 달린 무기(武器).

18. 사람이 나이를 먹어 어른스럽게 됨.

20. 윗사람이 아랫사람에게 경계(警戒)하거나 주의(注意)해야 할 일 등을 지시(指示)하거나 가르침.

21. 어떤 일을 서로 의논(議論)하거나 그 방면(方面)의 전문가(專門家)에게 의뢰(依賴)함.

22. 외국(外國)으로 가서 연구(硏究)하고 공부(工夫)하고자 하는 열의(熱意).

23. 「깨진 그릇을 맞춤」 이미 그릇된 일은 다시 전처럼 되돌리려 아무리 애써도 되지 않음.

파기상접(破器相接), 파기상준(破器相準)

24. 한편으로는 기쁘고 한편으로는 슬픔.

기쁜 일과 슬픈 일이 번갈아서 일어남.

일비일희(一悲一喜), 일희일구(一喜一懼)

일희일우(一喜一憂), 화복상생(禍福相生)

## 세 로 열 쇠

1. 일의 앞날이나 사물(事物) 전체(全體)를 파악(把握)하지 못하고 눈앞의 단편적(斷片的)인 현상(現狀)에만 사로잡힌 것.

갈택분수(竭澤焚藪), 낙이사촉(樂而思蜀)
당랑규선(螳螂窺蟬), 도견상부(途見桑婦)
분림이렵(焚林而獵), 살계취란(殺鷄取卵)

2. 작은 것이나 적은 것도 쌓이면 크게 되거나 많아짐.

유천석(溜穿石), 소적대성(小積大成)
적소성대(積小成大), 적수성연(積水成淵)
적토성산(積土成山), 점적천석(點滴穿石)
집소성대(集小成大), 토적성산(土積成山)

3. 초(初), 중(中), 고교(高校)에서, 특정(特定) 과목(科目)이나 분야(分野)에 대한 학생(學生)들의 실력(實力)을 겨루는 대회(大會).

4. 「언 발에 오줌 누기」 잠시(暫時) 효력(效力)이 있을 뿐, 그 효력은 없어지고 마침내 더 나쁘게 될 일을 함.

고식지계(姑息之計), 미봉만환(彌縫漫漶)
봉장작희(逢場作戲), 상하탱석(上下撑石)
수주대토(守株待兎), 수풍도타(隨風倒柁)

9. 새로운 일의 시작(始作)이나 단체(團體)의 설립(設立) 따위를 앞장서서 일으키는 사람.

11. 증권시장(證券市場)에서, 주식(株式) 거래(去來)를 위축(萎縮)되게 하여 주가(株價)가 내려가게 하는 나쁜 조건(條件)이 될 만한 성질(性質). ↔ 호재성(好材性)

12. 당연(當然)히 하거나 마땅히 있어야 할 성질.

15. 「만 이랑의 푸른 물결」 한없이 넓고 푸른 바다.

만리창파(萬里倉波), 망망대해(茫茫大海)

16. 「처음도 있고 끝도 있음」 한번 시작(始作)한 일을 끝까지 마무리함.

수미일관(首尾一貫), 시종일관(始終一貫)
여출일구(如出一口), 유종지미(有終之美)
일이관지(一以貫之), 초지일관(初志一貫)

17. 「가을의 찬 서리와 여름의 뜨거운 태양(太陽)」 형벌(刑罰)이나 기개(起蓋) 따위가 그만큼 엄하고 권위(權威)가 있음.

누참마속(淚斬馬謖), 이일경백(以一警百)
일벌백계(一罰百戒), 징일여백(懲一勵百)

19. 「자는 호랑이의 코를 찌른다」 가만히 있는 사람을 공연(空然)히 건드려서 화를 입거나 일을 그르침.

개문납적(開門納賊), 무병자구(無病自灸)
방호자위(放虎自衛), 양호유환(養虎遺患)
자취지화(自取之禍), 춘치자명(春雉自鳴)
타초경사(打草驚蛇), 포벽유죄(抱璧有罪)

| 1 | | | 2 | ■ | 3 | | | 4 |
|---|---|---|---|---|---|---|---|---|
| | ■ | ■ | 5 | | | ■ | ■ | |
| | ■ | 6 | | ■ | 7 | | ■ | |
| 8 | 9 | ■ | 10 | 11 | | ■ | 12 | |
| ■ | 13 | | ■ | | ■ | 14 | | ■ |
| 15 | | ■ | 16 | | 17 | ■ | 18 | 19 |
| | ■ | 20 | | ■ | 21 | | ■ | |
| | ■ | ■ | 22 | | | ■ | ■ | |
| 23 | | | | ■ | 24 | | | |

# 예순네 번째

## 가 로 열 쇠

1. 마음이 맑고 깨끗하여 탐욕(貪慾)이 없음.

감당유애(甘棠遺愛), 거관유독(去官留犢)
빙호추월(氷壺秋月), 세수봉직(洗手奉職)
양수청풍(兩袖清風), 청풍양수(清風兩袖)
염결주의(廉潔主義), 음마투전(飮馬投錢)
철저징청(徹底澄淸), 청백유성(淸白有聲)
청백재상(淸白宰相), 청빈낙도(淸貧樂道)
청청백백(淸淸白白), 흥렴거효(興廉擧孝)

3. 여러 해 동안 쌓인 마음속의 생각이나 정(情).

운수지회(雲樹之懷), 위수강운(渭樹江雲)
천리명가(千里命駕), 춘수모운(春樹暮雲)

5. 땅속 깊이 있는 물.

6. 진실(眞實)이 아닌 것을 진실인 것처럼 조작(造作)하는 일. 와위(訛僞)

얼핏 옳게 보이지만 잘못된 추리(推理).

· 실속이 없이 겉으로만 꾸민 위세(威勢).

7. 국가(國家)나 사회(社會) 또는 국민(國民) 전체(全體)의 적(敵).

· 노력(努力)과 수고(受苦)를 들여 이루어 낸 결과(結果).

8. 대나무로 만든 비녀.

· 대의 마디.

10. 구성원(構成員)의 임명(任命), 면직(免職), 기타(其他) 징계(懲戒)를 하는 권한(權限).

12. 극단적(極端的)으로 보수주의적(保守主義的)이거나 국수주의적(國粹主義的)인 성향(性向). 또는 그런 성향인 사람.

· 물을 퍼붓듯이 세차게 쏟아지는 비.

· 사람이 살지 않고 비어 있는 집.

13. 설이나 추석(秋夕) 따위의 명절(名節)을 앞두고 경기(景氣)가 가장 활발(活潑)한 시기(時期).

14. BTS의 멤버. '슈가'로 활동(活動)하며, 팀의 리드 래퍼이며 여러 곡에 프로듀서로서도 참여(參與)하고 있다.

15. 일정(一定)한 표기(標旗)로 삼기 위해 물 위에 띄워 놓은 것.

16. 짐을 싣는 자동차(自動車)나 기차(汽車) 따위.

18. 온 힘과 정신(情神).

· 심장(心臟)의 피.

20. 어떤 문제(問題)를 해결(解決)하는 방향으로 이끌어 가는 일의 첫 부분(部分).

단초(端初), 실마리.

21.「껍질이나 가죽을 벗김」낡은 습관(習慣)이나 양식(樣式), 사고방식(思考方式)에서 벗어나서 새로운 방향(方向)으로 나감.

22. 주력(主力) 부대(部隊)의 전방(前方)에

배치(排置)되어 적(敵)을 관측(觀測)하거나 적의 기습(奇襲)으로부터 아군(我軍)을 보호(保護)하는 부대(部隊)나 진지(陣地).

(general out post)

23. 「남쪽 가지에서의 꿈」 덧없는 꿈이나 한때의 헛된 부귀영화(富貴榮華).

괴안몽(槐安夢), 백일몽(白日夢)
여옹침(呂翁枕), 초록몽(蕉鹿夢)
노생지몽(老生之夢), 몽환포영(夢幻泡影)
일장춘몽(一場春夢), 한단지몽(邯鄲之夢)
남가지몽(南柯之夢)

24. 지방(脂肪)을 제거(除去)한 후 건조(乾燥)한 가루우유.

## 세 로 열 쇠

1. 푸른 소나무와 푸른 대나무.

2. 조건(條件)을 붙이지 않고, 모든 것을 맡김.

3. 「맨손과 맨주먹」 가진 것이 아무것도 없음.

무일물(無一物), 무소유(無所有)
소지무여(掃地無餘), 적빈여세(赤貧如洗)
추무담석(秋無儋石), 도수공권(徒手空拳)
척수공권(隻手空拳)

4. 「총포(銃砲)의 연기(煙氣)와 비처럼 쏟아지는 탄환(彈丸)」 치열(熾烈)한 전투(戰鬪)를 이르는 말.

시산혈해(屍山血海), 아비규환(阿鼻叫喚)
유혈부시(流血浮尸), 유혈성천(流血成川)
적시여산(積屍如山), 창림탄우(槍林彈雨)
천참만륙(千斬萬戮), 혈류성하(血流成河)
혈류표저(血流漂杵), 혈풍혈우(血風血雨)
초연탄우(硝煙彈雨)

9. 그 자체(自體)로 근원적(根源的)이고 완전(完全)한 존재(存在).

11. 어떤 지방(地方)의 생산물(生産物) 중 이름이 널리 알려진 물건(物件).

12. 자신(自身)의 감정(感情)이나 욕심(慾心) 따위를 이성적(理性的)인 의지(意志)로 눌러 스스로 이기는 힘.

15. 재물(財物)이 많고 지위(地位)가 높으며 아들이 많음.

16. 「화서에서 꾸었던 꿈」 중국의 황제(皇帝)가 낮잠을 자다 꿈을 꾸었는데, 화서라는 나라에 가서 그 나라의 어진 정치(政治)를 보고 깨어나 깊이 깨달았다는 데서 유래(由來)함.

낮잠 또는 좋은 꿈을 이르는 말.

17. 이리저리 핑계를 댐.

19. 「구멍 속으로 하늘을 보는 작은 선비」 식견(識見)이 좁은 학자(學者).

과문천식(寡聞淺識), 소견다괴(小見多怪)
지일이부지이(知一而不知二)

| | | | | | | | | |
|---|---|---|---|---|---|---|---|---|
| 1 | | | 2 | ■ | 3 | | | 4 |
| | ■ | ■ | 5 | | | ■ | ■ | |
| | ■ | 6 | | ■ | 7 | | ■ | |
| 8 | 9 | ■ | 10 | 11 | | ■ | 12 | |
| ■ | 13 | | ■ | | ■ | 14 | | ■ |
| 15 | | ■ | 16 | | 17 | ■ | 18 | 19 |
| | ■ | 20 | | ■ | 21 | | ■ | |
| | ■ | ■ | 22 | | | ■ | ■ | |
| 23 | | | | ■ | 24 | | | |

# 예순다섯 번째

## 가 로 열 쇠

1. 「아홉 번 꺾어진 양의 창자」 세상이 복잡(複雜)하여 살기 어려움.
구곡간장(九曲肝腸), 구곡양장(九曲羊腸)

3. 분쟁(紛爭) 당사국(當事國) 중 한 나라가 우호적(友好的) 관계(關係)를 단절(斷絶)하고 최종(最終) 요구(要求) 조건(條件)이 수락(受諾)되지 않으면 실력(實力) 행사(行事)를 할 것을 알리는 일.
조건부 개전 선언(條件附 開戰 宣言)

5. 누에콩으로 만든 중국 된장에 고추나 향신료(香辛料)를 넣은 장(醬).

6. 임금의 크고 넓은 은혜(恩惠).
하나님의 거룩한 은혜.
· 풍성(豊盛)한 은혜.

7. 훗날에 남기려고 어떤 사실을 적음.
성적(成績)이나 결과(結果)를 수치(數値)로 나타냄.

8. 다른 것을 그대로 본떠서 만들거나 옮겨놓음. 모본(模本), 본뜨기, 이미테이션
· 안방 한 모퉁이에 붙어 있는 작은 방.

10. 방정식(方程式)에서 구하려고 하는 수. 또는 그것을 나타내는 글자.
예측(豫測)할 수 없는 앞일.

12. 일하는 데 꼭 필요(必要)한 묘한 이치(理致).
사물(事物)의 가장 긴요(緊要)한 골자(骨子)나 핵심(核心).
쉽게 대강 어물거리며 넘기는 잔꾀.

13. 적절(適切)하지 않게 사용(使用)하여 생기는 말의 폐단(弊端)이나 오류(誤謬).

14. 부주의(不注意)로 인하여 생긴 잘못이나 허물.
· 먹을 수 있는 열매.

15. 대통령(大統領)을 뽑는 선거(選擧).
· 신선(神仙) 가운데 가장 높다는 뜻으로, '부처'.

16. 큰 권세(權勢)를 가졌거나 그 권세로 중요(重要)한 역할(役割)을 하여 대중(大衆)의 관심(關心)을 받는 남자(男子).

18. 마음에 꺼려서 하지 않거나 피함.
· 곱고 화려(華麗)한 옷.
· 거문고와 바둑.

20. 낡고 해져서 입지 못하게 된 옷이나 천 조각 따위. 마병

21. 신문(新聞)이나 잡지(雜誌) 따위에 덧붙인 지면(紙面)이나 따로 내는 책(冊).

22. 어떤 일이나 모임에 관여(關與)하지 않음.

23. 「꼭 살고자 애쓰면 죽게 됨」 이순신 장군의 임진왜란 임전훈(臨戰訓).
사생결단(死生決斷), 마혁과시(馬革裹屍)
병사지야(兵死地也), 저사위한(抵死爲限)
한사결단(限死決斷)

24. 사회(社會)를 구성(構成)하는 대다수(大多數)를 위해 생산(生産)되고 소비(消費)되는 문화(文化). 경제력(經濟力)의 향

상(向上)과 교육(敎育)의 확대(擴大), 매스컴의 발달(發達) 등을 기반(基盤)으로 형성(形成)됨.

## 세 로 열 쇠

1. 「아홉 마리 소 가운데 한 개의 터럭」 아주 많은 것 가운데 극히 적은 부분(部分).

대해일속(大海一粟), 대해일적(大海一滴)
수량분촌(銖兩分寸), 우지일모(牛之一毛)
조족지혈(鳥足之血), 창해일속(滄海一粟)
창해일적(滄海一滴), 태창제미(太倉稊米)
묘창해지일속(渺滄海之一粟)
↔ 무궁무진(無窮無盡), 비비개시(比比皆是)
천만무량(千萬無量)

2. 「머리는 숨겼으나 꼬리는 드러나 있음」 진실(眞實)을 숨기려고 히지만 거짓의 실마리가 이미 드러나 보인다는 말.

노미장두(露尾藏頭), 장두노미(藏頭露尾)
장두노영(藏頭露影), 장형닉영(藏刑匿影)

3. 가장 오랜 기간(其間)에 걸쳐 교도소(矯導所)에서 복역(服役)하는 죄수(罪囚).

4. 겹겹이 막아서는 높고 험한 산의 고갯길이나 산마루.

9. 적(敵)의 공격(攻擊)을 막기 위해 설치(設置)해 놓은 경계(警戒) 전선(戰線).

방비선(防備線)

11. 어떤 사람이나 단체(團體) 등의 주의(主義)·정책(政策)·의견(意見) 따위에 찬동(贊同)하여 힘을 쓰는 기세(氣勢).

12. 오줌을 무의식적(無意識的)으로 싸는 상태(狀態).

15. 어떤 일을 특별(特別)히 두드러지게 나타내려고 큰 글자로 씀.

대서특기(大書特記), 대서특보(大書特報)
대서특서(大書特書), 대자특서(大字特書)

16. 바둑을 둘 때, 대마(大馬)는 쉽게 죽지 않고 필경(畢竟) 살길이 생긴다는 말.

17. 「남자는 지고 여자는 임」 가난한 사람이나 재난(災難)을 당한 사람들이 살 곳을 찾아 세간을 이고 지고 떠돌아다님.

간난신고(艱難辛苦), 고초만상(苦楚萬狀)
난행고행(難行苦行), 도탄지고(塗炭之苦)
만고풍상(萬古風霜), 애홍편야(哀鴻遍野)
역경난경(逆境難境), 우왕마왕(牛往馬往)
조진모초(朝秦暮楚), 즐풍목우(櫛風沐雨)
천고만난(千苦萬難), 천신만고(千辛萬苦)
칠전팔도(七顚八倒), 풍상고초(風霜苦楚)
풍찬노숙(風餐露宿), 풍환우빈(風鬟雨鬢)

19. 국제적(國際的)으로 결제(決濟)나 금융거래(金融去來)의 기본(基本)이 되는 화폐(貨幣).

기간통화(基幹通貨), 지정통화(指定通貨)

# 예순여섯 번째

## 가 로 열 쇠

1. 「눈처럼 흰 살갗과 꽃처럼 고운 얼굴」 아름다운 여자의 모습을 이르는 말.

곡미풍협(曲眉豊頰), 단순호치(丹脣皓齒)
만리호치(曼理皓齒), 명모호치(明眸皓齒)
만협호치(曼頰皓齒), 미목여화(眉目如畵)
미안이리(美顔膩理), 설부화용(雪膚花容)
운빈화안(雲鬢花顔), 운빈화용(雲鬢花容)
홍분청아(紅粉青蛾), 화용월태(花容月態)

3. 「혀가 꼬부라지고 불알이 오그라듦」 병세(病勢)가 매우 위독(危篤)함.

단불보석(旦不保夕), 만분위중(萬分危重)
명재경각(命在頃刻), 인명재각(人命在刻)
시각대변(時刻待變), 위다안소(危多安少)
설권난축(舌卷卵縮)

5. 훌륭한 연기(演技)나 경기(競技)를 펼친 이에게 주는 상(賞).

지표면(地表面)과 가까운 좁은 범위(範圍)의 기상(氣象) 현상(現象).

6. 짤막하고 둥글게 깎아 만든 나무 몽둥이.

7. 목소리의 높낮이나 길이를 통해 느껴지는 말의 기운.

음악적(音樂的) 통일(統一)을 이루는 음의 연속(連續)이나 노랫가락을 세는 단위(單位).

8. 건물(建物)이나 성(城) 따위가 파괴(破壞)되어 황폐(荒廢)하게 된 터.

잔허(殘墟)

10. 끓는 물이나 불에 데어 생긴 상처(傷處).

12. 사물(事物)이 사용(使用)될 수 있는 기간(其間).

· 하늘의 명(命)을 받음.

· 제왕(帝王)의 자리에 오름.

13. 제대로 모르고 있던 사물의 본질(本質)이나 진리(眞理) 따위의 숨은 참뜻을 뒤늦게 알아차림. 깨달음

14. 어떤 현상(現象)이 일정(一定)한 방향(方向)으로 나가는 경향(傾向).

· 세력(勢力) 있는 사람에게 붙좇아서 따름.

· 세금(稅金)을 계산(計算)함.

15. 모자라는 부분을 채워서 갖추어 둠.

· 물질적(物質的)으로 보태어 도움. 보조(補助)

16. 검사(檢事)에게 형사 책임(刑事責任)을 져야 할 자임을 제기(提起) 받은 사람.

18. 들어가면 나올 길을 쉽게 찾을 수 없는 곳.

· 사건(事件)이나 문제(問題) 따위가 얽혀서 쉽게 해결(解決)하지 못하게 된 상태(狀態). 미로(迷路)

20. 배나 비행기(飛行機)가 일정한 항로(航路)에 오름.

21. 잘못을 캐묻고 꾸짖음.

나무람, 징계(懲戒), 책망(責望)

· 문장(文章)에 관한 책임(責任).

22. 유물(遺物)과 유적(遺蹟)을 통해 옛

인류(人類)의 생활(生活)과 문화(文化)를 연구(硏究)하는 학문(學問).

23. 「눈 아래 사람이 없음」 방자(放恣)하고 교만(驕慢)하여 다른 이를 업신여김, 태도(態度)가 몹시 거만(倨慢)하여 남을 사람같이 대하지 않는 것.

안중무인(眼中無人), 방약무인(傍若無人)

오안불손(傲岸不遜), 불치인류(不齒人類)

24. 자기(自己)가 저지른 일의 결과(結果)를 자기가 받음.

자승자박(自繩自縛), 자작자수(自作自受)

## 세 로 열 쇠

1. 먼저 폐단(弊端)을 말하고 그 폐단을 바로잡음.

점불가장(漸不可長), 조호광구(調護匡救)

↔ 거폐생폐(去弊生弊)

2. 「용(龍)의 고기로 맛을 낸 요리(料理)와 봉황새로 끓인 탕(湯)」 맛이 아주 좋은 음식(飮食)을 비유(比喩)함.

산해진미(山海珍味), 고량진미(膏粱珍味)

산진해착(山珍海錯), 수륙진미(水陸珍味)

식전방장(食前方丈), 진수성찬(珍羞盛饌)

3. 「눈이 내린 위에 서리까지 더함」 어려운 일이나 불행(不幸)이 겹쳐 일어남.

전호후랑(前號後狼), 설상가설(雪上加雪)

고목봉추(枯木逢秋), 병상첨병(病上添病)

층생첩출(層生疊出), 화불단행(禍不單行)

4. 조목조목(條目條目) 따져 가며 죄(罪)가 없음을 증명(證明)함.

9. 기(氣)가 허하여 착각(錯覺)이 일어나, 없는 데 있는 것처럼, 또는 다른 것처럼 보이는 물체(物體).

11. 화약(火藥)을 저장(貯藏)하는 창고(倉庫).

· 전쟁(戰爭)이 터질 위험성(危險性)이 많은 지역(地域).

12. 설거지할 때 그릇을 씻는 데 쓰는 물건(物件).

· 심하게 구겨지거나 더러워진 물건.

15. 사회(社會) 관습(慣習)에 거리낌 없이 방랑(放浪)하면서 자유분방(自由奔放)한 생활(生活)을 하거나 그러한 성향(性向)인 사람. 방랑자(放浪者), 집시

16. 항고(抗告)를 당한 사람.

17. 인간(人間)의 언어(言語), 문학(文學), 예술(藝術), 철학(哲學), 역사(歷史) 따위의 학문(學問)을 연구(硏究)하는 사람.

19. 온갖 힘과 노력(努力)을 기울여 겨우 찾아내 얻음.

궁사멱득(窮思覓得)

| 1 |  |  | 2 | ■ | 3 |  |  | 4 |
|---|---|---|---|---|---|---|---|---|
|  | ■ | ■ | 5 |  |  | ■ | ■ |  |
|  | ■ | 6 |  | ■ | 7 |  | ■ |  |
| 8 | 9 | ■ | 10 | 11 |  | ■ | 12 |  |
| ■ | 13 |  | ■ |  | ■ | 14 |  | ■ |
| 15 |  | ■ | 16 |  | 17 | ■ | 18 | 19 |
|  | ■ | 20 |  | ■ | 21 |  | ■ |  |
|  | ■ | ■ | 22 |  |  | ■ | ■ |  |
| 23 |  |  |  | ■ | 24 |  |  |  |

# 예순일곱 번째

## 가 로 열 쇠

1. 많으면 많을수록 더 좋음.
많으면 많을수록 잘 지휘(指揮)함.
다다익판(多多益辦)

3. 봉건적(封建的)인 사상(思想)과 풍속(風俗) 등을 타파(打破)하고 근대화(近代化)를 지향(志向)하려는 사상.

5. 송전(送電) 효율(效率)을 높이기 위하여 높은 전압(電壓)으로 전력(電力)을 보내는 송전선(送電線)과 배전선(配電線).

6. 외부적(外部的)인 구속(拘束)이나 무엇에 얽매이지 않고 자기 마음대로 할 수 있는 상태(狀態).
· 자기 자신이 가지고 있는 것.

7. 하찮게 일을 실없이 하거나 심심풀이 삼아 함.

8. 잘하는 일.
자기(自己)에게 알맞아 잘해 낼 수 있는 일.
· 능을 지키기 위하여 근처(近處)에 세운 절.

10. 1968년부터 전시(戰時), 사변(事變) 등의 유사시(有事時)를 대비(對備)한 예비(豫備) 병력(兵力).

12. 결혼(結婚)하기 전(前) 남녀(男女)의 성적(性的)인 순결(純潔).
여자의 곧은 절개(節槪). 정절(貞節)
· 조선(朝鮮) 제22대 왕(王).

13. 남의 사정(事情)이나 형편(形便) 따위를 잘 헤아려 너그럽게 받아들임.
사물(事物)의 본질(本質)과 내용(內容) 등을 분별(分別)하거나 해석(解析)함.

14. 묵은 조직(組織)이나 제도(制度) · 풍습(風習) · 방식(方式) 등을 바꾸어 새롭게 하는 일. 쇄신(刷新), 유신(維新), 정신(鼎新), 변혁(變革)
종교(宗教)에서, 시대(時代)에 맞지 않거나 잘못된 교리(教理)나 제도(制度) 등을 시대(時代)에 맞게 고치는 것.

15. 군대(軍隊)나 무기(武器) 따위의 군사(軍事)에 관한 준비(準備).

16. 자기의 잘못이나 부족(不足)함, 부끄러움 등을 돌이켜 보는 뜻으로 쓰는 글.

18. 어떤 정세(政勢)나 사건(事件)에 적당한 조치(措置)를 함.

20. 말이나 글의 표현(表現)된 그대로.
화폐(貨幣)나 유가증권(有價證券)의 표면(表面)에 적힌 가격(價格).

21. 국민(國民)이 정부(政府)나 시청(市廳) 등의 행정기관(行政機關)에 어떤 행정 처리(處理)를 요구(要求)하는 일. 청원(請願)

22. 1945년 8월 15일 일본(日本)이 항복(降伏)함에 따라, 북위(北緯) 38도 이남(以南)의 남한(南韓)에 진주(進駐)한 미군(美軍)이 설치(設置)한 군정청(軍政廳).

23. 사상(思想)이나 보안(保安) 문제(問題)와 관련(關聯)하여 당국(當局)의 감시(監視)를 받는 사람.

24. 아버지가 자신(自身)의 태도(態度)나 성향(性向)을 아들에게 대대로 전함.

부전자전(父傳子傳), 부자상전(父子相傳)

## 세 로 열 쇠

1. 재주가 많고 능력(能力)이 풍부(豐富)함.

팔방미인(八方美人), 견다식광(見多識廣)
무불통달(無不通達), 무불통지(無不通知)
박대정심(博大精深), 박람강기(博覽强記)
박학다식(博學多識), 박학다문(博學多聞)
박학다재(博學多才)

2. 범법자(犯法者)의 정상(情狀)을 참작(參酌)하여 판결(判決)의 선고(宣告)를 일정(一定) 기간(其間) 미루는 일.

3. 「싸움에서 이기고 돌아온 장수(將帥)」어떤 일에 크게 싱공(成功)한 사람.

4. 서로서로 도움.

공존공영(共存共榮), 동고동락(同苦同樂)
동심협력(同心協力), 사생동고(死生同苦)
사지동고(死地同苦), 상리공생(相利共生)
상애상조(想愛相助), 상의상자(相依相資)
상조공생(相助共生), 상호부조(相互扶助)
십시일반(十匙一飯), 좌제우설(左提右挈)
호조호원(互助互援), 환난상구(患難相救)
환난상휼(患難相恤)

↔ 약육강식(弱肉强食), 적자생존(適者生存)

9. 겉으로는 비슷하나 본질(本質)은 완전(完全)히 다른 가짜.

사시이비(似是而非), 어목연석(魚目燕石)

11. 지성(知性)이나 오성(悟性-사고의 능력) 또는 이성(理性)으로 포착(捕捉)할 수 없는 것. 비합리(非合理), 배리(背理)

12. 태평양(太平洋) 전쟁(戰爭) 때, 일본(日本) 놈들이 전쟁(戰爭) 수행(修行)을 위하여 조선(朝鮮) 여성(女性) 등을 강제(强制) 동원(動員)한 종군위안부(從軍慰安婦)와 근로정신대(勤勞挺身隊)를 아울러 이르는 말.

15. 1866년(고종(高宗)3)에 흥선대원군(興宣大院君)의 천주교(天主敎) 탄압(彈壓) 사건(事件)에 대한 보복(報復)으로 프랑스 함대(艦隊)가 강화도(江華島)를 침범(侵犯)한 사건(事件).

16. 측면(側面)에서 미인(美人)의 옆얼굴을 그린 그림.

17. 군인(軍人)이 아닌 보통(普通) 사람, 즉 일반인(一般人) 출신(出身)의 대통령(大統領)이 통치(統治)하는 정부(政府).

↔ 군벌정치(軍閥政治)

19. 경기(競技)나 경주(競走) 따위에서, 처음으로 첫째로 이김.

# 예순여덟 번째

## 가 로 열 쇠

1. 「귀중(貴重)한 말을 할 수 있는 입을 다물고 혀를 놀리지 않음」 침묵(沈默)함을 이르는 말.

겸구고장(箝口枯腸), 겸구물설(箝口勿說)
금설폐구(金舌蔽口), 금옥이음(金玉爾音)
두구탄성(杜口呑聲), 묵묵무언(默默無言)
부이세어(附耳細語), 불언불어(不言不語)
불언장단(不言長短), 소이부답(笑而不答)
유구불언(有口不言), 폐구불언(閉口不言)
함구불언(緘口不言)
↔ 신구개하(信口開河), 신구개합(信口開合)

3. 일상생활(日常生活)에서 조금도 법도에 어그러지거나, 법도(法道)를 어기지 않음.

불실서루(不失黍累), 악목도천(惡木盜泉)
종심소욕(從心所欲), 종용유상(從容有常)
행불유방(行不踰方), 불실치수(不失錙銖)

5. 대문(大門) 안에 다시 세운 문(門).

6. 겉으로 드러나지 않게 은밀(隱密)히 조사(調査)함.

조직(組織)이나 기관(機關) 자체(自體)에서 스스로 조사함.

7. 사람과 차가 많이 다니는 번화(繁華)한 거리.

· 얼굴과 머리 뒤까지 가리는 탈.

8. 사람이나 짐승의 생식 기능(生殖機能)을 제거(除去)함.

· 저항(抵抗)하거나 반대(反對)하는 세력(勢力)을 꺾어 버림.

10. 조선시대, 중추원(中樞院)이나 승정원(承政院)에 속하여 왕명(王命)의 출납(出納)을 맡아보던 정삼품(正三品) 벼슬.

12. 주로 '~에,~로,~이다'의 꼴로 쓰여, 베풀어준 은혜(恩惠)나 도움을 말함.

13. 사람을 마음을 사로잡거나 현혹(眩惑)시키는 이상야릇한 힘. 매력(魅力)

14. 어떤 것에 대하여 깊이 헤아려 생각함.

· 죽은 사람처럼 창백(蒼白)한 얼굴빛.

15. 같은 나라, 같은 민족(民族)의 사람.

16. 확답(確答)은 아니지만 대체로 좋겠다는 정도로 받아들임.

18. 갑작스러운 일을 당하여 숨이 멈출 정도(程度)로 크게 놀람.

20. 산이나 들에서 저절로 나서 자람.

순(順)하게 길들지 않는 성질(性質).

21. 사람을 감동(感動)시킬 만큼 아름다운 내용(內容)의 이야기.

22. 글씨를 써서 더는 못 쓰게 된 종이.

23. 공직(公職)에 나가지 않고 민간(民間)에서 활동(活動)하는 사람.

24. 몸을 치장(治粧)하는 데 쓰는 여러 가지 물건(物件). 장신구(裝身具)

## 세 로 열 쇠

1. 「새도 괴로우면 수레를 뒤엎는다」 약자(弱者)도 살기 위해 기를 쓰면 큰 힘을 낼 수 있음을 비유하는 말.

곤수유투(困獸猶鬪), 구급도장(狗急跳墻)
궁구막추(窮寇莫追), 궁서설묘(窮鼠囓猫)
궁구물박(窮寇勿迫), 인궁즉사(人窮則詐)
불궁기마(不窮其馬), 수궁즉설(獸窮則齧)
수궁증확(獸窮則攫), 인궁즉사(人窮則詐)
조궁즉탁(鳥窮則啄)
궁어이분경(窮魚餌奔鯨)

2. 겨울에도 보고 즐길 수 있는 네 가지 꽃. 옥매(玉梅), 납매(臘梅), 동백(冬栢), 수선(水仙)을 이름.

3. 묻지 않아도 빤히 알 수 있음.

명약관화(明若觀火), 무일호차(無一毫差)
불실서루(不失黍累), 불실치수(不失錙銖)
불언가상(不言可想), 불언가지(不言可知)
약합부절(若合符節), 여인일판(如印一板)
이문목도(耳聞目睹), 이이목지(耳而目之)
타상하설(他尙何說), 호리불차(毫釐不差)

4. 「한 치의 논밭과 한 자의 집터」 얼마 안 되는 땅.

방촌지지(方寸之地), 부촌지지(膚寸之地)
속산변토(粟散邊土), 일탄환지(一彈丸地)
입추지지(立錐之地), 치추지지(置錐之地)
촌전척토(寸田尺土), 척촌지지(尺寸之地)

9. 가는 삼 실로 곱게 짠 피륙.

11. 승패(勝敗)의 점수(點數)가 같을 때, 상대 팀 또는 상대방(相對方) 간의 대결(對決)에서 이긴 쪽이 앞선 순위(順位)가 되는 것.

12. 남에게 고마운 일을 하고 그것을 자랑하는 말이나 태도(態度)를 드러내는 짓.

15. 「기둥과 들보로 쓸 만한 재목(材木)」 나라나 집안을 떠받치는 중대(重大)한 일을 맡을 만한 인재(人材)라는 말.

동량지기(棟樑之器), 간성지재(干城之材)

16. 거의 죽게 되어 살지 죽을지 모를 지경(地境)에 이름.

단불보석(旦不保夕), 만분위중(萬分危重)
명졸지추(命卒之秋), 시각대변(時刻待變)
조차전패(造次顚沛), 생사지경(生死之境)

17. 「눈썹에 떨어진 액(厄)」 뜻밖에 당한 재난(災難)을 이르는 말.

초미지급(焦眉之急), 누란지위(累卵之危)
일촉즉발(一觸卽發), 명재경각(命在頃刻)
여리박빙(如履薄氷), 위여조로(危如朝露)

19. 겁(怯)이 많은 것이나 그런 사람.

| 1 |  |  | 2 | ■ | 3 |  |  | 4 |
|---|---|---|---|---|---|---|---|---|
|  | ■ | ■ | 5 |  |  | ■ | ■ |  |
|  | ■ | 6 |  | ■ | 7 |  | ■ |  |
| 8 | 9 | ■ | 10 | 11 |  | ■ | 12 |  |
| ■ | 13 |  | ■ |  | ■ | 14 |  | ■ |
| 15 |  | ■ | 16 |  | 17 | ■ | 18 | 19 |
|  | ■ | 20 |  | ■ | 21 |  | ■ |  |
|  | ■ | ■ | 22 |  |  | ■ | ■ |  |
| 23 |  |  |  | ■ | 24 |  |  |  |

# 예순아홉 번째

## 가로열쇠

1. 「개와 같은 아버지와 호랑이 같은 자식」 부모(父母)는 변변하지 못한데 자식(子息)은 훌륭함. 우범선(禹範善)과 그의 아들 우장춘(禹長春)이 대표적(代表的)임. ↔ 호부견자(虎父犬子)

3. 정치와 경제가 긴밀(緊密)한 연관(聯關) 관계(關係)를 맺고 있다는 말이나, 우리 사회(社會)에서는 정치권(政治權)과 경제계(經濟界)가 부정(不淨)을 고리로 연결(連結)됨을 말한다.

5. 전쟁(戰爭)에서 싸워 이긴 경과(經過)를 적은 기록(記錄).

・전쟁이나 경기(競技) 따위에서 승리(勝利)를 알리는 보도(報道).

6. 휴대전화(携帶電話)의 자판(字板)을 이용(利用)하여 상대(相對)에게 전달(傳達)하는 짧은 글.

말을 눈으로 읽을 수 있게 나타낸 기호(記號).

7. 생물체(生物體)의 기관(器官), 조직(組織), 세포(細胞)의 생활(生活) 활동(活動)이나 작용(作用).

기계(機械)나 부품(部品)이 어떤 일을 해내는 능력(能力).

8. 범죄(犯罪)를 수사(搜査)하고 그 증거(證據)를 모으는 일. 주로 검사(檢事)나 군검찰관(軍檢察官)이 이 직무(職務)를 수행(修行)한다.

법무부(法務部) 소속(所屬)으로 검사의 검찰 사무(事務)를 맡는 부서(部署).

10. 오래된 유물(遺物)이나 문화적(文化的), 학술적(學術的) 의의(意義)가 깊은 자료(資料)를 수집(收集)하고 보관(保管), 전시(展示)하는 곳.

12. 정면(正面)에 나서지 않고 뒤에서 어떤 일이나 행동(行動)을 조종(操縱)하는 사람.

드러난 주장(主張)이나 사실(事實)이 아닌, 밑바탕에 있는 속사정.

13. 몸이 고달플 정도(程度)로 지나치게 일을 함.

14. 말이나 행동(行動)이 예의(禮儀)에 어긋남. 결례(缺禮)

부주의(不注意)로 잘못을 저지름. 실책(失策), 미스(miss)

15. 영의정(領議政), 좌의정(左議政), 우의정(右議政)

16. 옳으니 그르니 따지는 듯한 말투.

18. 정치, 경제, 사회적으로 서로 대립(對立)하는 세력(勢力)의 어느 한쪽.

20. 개인(個人)의 잘못이나 사회의 부조리(不條理) 따위를 드러내어 알림.

21. 종교적(宗敎的), 도덕적(道德的), 사회적(社會的) 생활(生活)에 관하여 신(神)의 이름으로 규정(規定)한 규범(規範).

22. 사람의 입을 속되게 이르는 말.

병이나 그릇에서, 안에 담긴 것을 쉽게 따르기 위해 좁고 길쭉하게 만든 부분.

23. 인간의 언어(言語), 문학(文學), 예술(藝術), 철학(哲學), 역사(歷史) 따위의 학문(學文)을 연구(硏究)하는 사람.

24. 어떤 일을 실행(實行)하기에 아직 때가 이름.
↔ 시기적절(時機適切), 시의적절(時宜適切)

## 세 로 열 쇠

1. 「모기를 보고 칼을 빼 든다」 사소(些少)한 일에 과도(過度)한 대응(對應)을 하는 모습. 노승발검(怒蠅拔劍)
우정팽계(牛鼎烹鷄), 우도할계(牛刀割鷄)
할계언용우도(割鷄焉用牛刀)

2. 「자신(自身)이 만든 줄로 스스로 묶는다」 자기(自己)가 한 말과 행동(行動)에 자신이 구속(拘束)되어 어려움을 겪는 것을 이르는 말. 자업자득(自業自得)
다언삭궁(多言數窮), 무승자박(無繩自縛)
인과응보(因果應報), 작법자폐(作法自斃)

3. 각종(各種) 정보(情報)의 수집(收集)과 공개(公開) 및 통제(統制) 등에 관한 일을 맡아보는 기관(機關).

4. 「물에 비친 달을 잡으려다 원숭이가 죽음」 욕심(慾心)에 눈이 어두워 덤비면 큰 낭패(狼狽)를 봄.
사소취대(捨小取大), 수주탄작(隨珠彈雀)
이욕상생(以欲傷生), 태백착월(太白捉月)

9. 무엇에 스치거나 긁혀 살갗이 벗겨진 상처(傷處).

11. 제품(製品)의 생산(生産)에서 소비(消費)에 이르는 과정(過程)까지 발생(發生)하는, 자재(資材)와 제품(製品)의 포장(包裝), 수송(輸送), 하역(下役), 보관(保管), 통신(通信) 따위의 활동(活動)에 드는 비용(費用).

12. 큰물을 뒤에 두고 치는 진(陣).
온갖 어려움을 무릅쓰고 어떤 일을 이루려고 하는 경우(境遇).
결사항전(決死抗戰), 마혁과시(馬革裹屍)
배성일전(背城一戰), 사량침주(捨量沈舟)
제하분주(濟河焚舟), 파부침주(破斧沈舟)

15. 삼일운동(三一運動) 때, 독립선언서(獨立宣言書)에 서명(署名)한 서른세 명의 민족(民族) 대표(代表).

16. 어떤 일에 먼저 나서는 사람.
달리기에서, 맨 처음으로 달려 나가는 사람.

17. 제사(祭祀)를 지낼 때 쓰는 대추, 밤, 배, 감 따위의 과일.

19. 영양소(營養素)를 충분(充分)히 섭취(攝取)하지 못했거나, 영양소가 체내(體內)로 흡수(吸收)되지 않아 영양이 저하(低下)된 상태(狀態).

| 1 | | | 2 | ■ | 3 | | | 4 |
|---|---|---|---|---|---|---|---|---|
| | ■ | ■ | 5 | | | ■ | ■ | |
| | ■ | 6 | | ■ | 7 | | ■ | |
| 8 | 9 | ■ | 10 | 11 | | ■ | 12 | |
| ■ | 13 | | ■ | | ■ | 14 | | ■ |
| 15 | | ■ | 16 | | 17 | ■ | 18 | 19 |
| | ■ | 20 | | ■ | 21 | | ■ | |
| | ■ | ■ | 22 | | | ■ | ■ | |
| 23 | | | | ■ | 24 | | | |

# 일흔 번째

## 가 로 열 쇠

1. '일본식 성명 강요(日本式 姓名 强要)'의 이전(以前) 말.

3. 참되고 실속 있도록 힘써 실행(實行)함. 면행(勉行), 역행(力行)
경세치용(經世致用), 실사구시(實事求是)
실천궁행(實踐躬行), 이용후생(利用厚生)

5. 같은 목적(目的)을 두고 이기거나 앞서려고 서로 다투는 상대자(相對者).

6. 벌어져 나가던 것이 목적(目的)한 곳에 이르러 그침.
· 막아서 그치게 함.
저알(沮遏), 금지(禁止), 만류(挽留)
· 지대(地帶)가 낮은 땅.

7. 칼이나 창(槍) 따위로 때리고 찌름.
· 평면(平面) 또는 입체(立體)에 있어서 같은 간격(間隔)으로 규칙적(規則的)으로 반복(反復)된 구조(構造).
· 대나무로 된 갓끈에서 대나무의 토막과 토막 사이에 꿴 구슬.

8. 팔과 어깨가 이어진 관절(關節) 부분(部分). 날개○○
· 종이처럼 얇은 대의 속 껍질.

10. 필요(必要)해서 사거나 얻고자 하는 사람. ↔ 공급자(供給者)

12. 지붕을 일 때 기와처럼 쓰는 얇은 돌조각이나 나뭇조각. 너새, 돌기와

13. 성명(姓名), 소속(所屬) 등을 적어서 달고 다니는 헝겊 또는 종이나 나무쪽을 이르는 말.
· 이름난 절.
· 사물(事物)을 똑똑히 살핌.

14. 어떤 일을 하기에 가장 좋은 기회나 경우(境遇). 기회(機會), 때

15. 학문의 길. ·도(道)를 들음.
· 문인(文人)이 닦아야 할 도리(道理).
· 이름난 학자(學者) 밑에서 배우는 제자(弟子).

16. 이제까지의 매우 짧은 동안.
근간(近間), 근시(近時), 근래(近來), 근자(近者)

18. 열차(列車)나 전차(電車)의 바퀴가 다닐 수 있도록 땅 위에 두 줄로 깔아 놓은 가늘고 긴 강철재(强鐵材).
궤도(軌道), 궤철(軌鐵), 선로(線路)

20. 「요절(夭折)을 면함」 나이 쉰 살을 겨우 넘기고 죽음을 말함.

21. 어려운 일이나 문제(問題)가 되는 상태(狀態)를 해결(解決)하여 없애 버림.

22. 얻은 바가 없음. 또는 그런 상태.

23. 오래 살고 죽지 않는다는 열 가지를 새긴 무늬.

24. 노인을 대상(對象)으로 돈을 내고 지낼 수 있도록 한 주거(住居) 및 휴양시설(休養施設).

## 세 로 열 쇠

1. 푸른 소나무와 푸른 대나무.

창송취죽(蒼松翠竹)

2. 「맑은 거울과 고요한 물」 사념(邪念)과 허욕(虛慾)이 없는 깨끗한 마음.

고절청심(孤節淸心), 담백무욕(淡白無慾)

무욕무심(無慾無心), 무욕염담(無慾恬淡)

빙심옥호(氷心玉壺), 심성본정(心性本淨)

운심월성(雲心月性), 운심학안(雲心鶴眼)

인지수경(人之水鏡), 일편빙심(一片氷心)

청렴강직(淸廉剛直), 청운추월(晴雲秋月)

청정무구(淸淨無垢), 평이담백(平易淡白)

↔ 야심만만(野心滿滿), 탐다무득(貪多務得)

3. 어떤 일을 할 수 있는 공식적(公式的)인 자격(資格)을 갖추지 못한 사람.

4. 걷기, 머물기, 앉기, 눕기 등 일상(日常)의 움직임.

기거동작(起居動作), 기거동정(起居動靜)

동용주선(動容周旋), 행동거지(行動擧止)

9. 이름이 세상(世上)에 알려진 정도.

11. 전문(專門)으로 음식(飮食)을 만드는 기술자(技術者).

숙수(熟手), 옹인(饔人)

12. 수다스럽게 떠벌려 늘어놓는 말.

· 흙구덩이나 그릇의 아가리에 걸치거나 바닥에 놓아 그 위에 놓는 물건(物件)이 빠지거나 바닥에 닿지 않도록 사용(使用)하는 막대기.

15. 「한 가지를 듣고 열 가지를 미루어 앎」 지극(至極)히 총명(聰明)함을 말함.

거일반삼(擧一反三), 고왕지래(古往知來)

백령백리(百怜百俐), 목기수량(目機銖量)

추차가지(推此可知), 타상하설(他尙何說)

↔ 득일망십(得一忘十), 우이독경(牛耳讀經)

16. 명예(名譽)나 명성(名聲)이 드날리지 않아 남에게 알려지지 않음.

금의야행(錦衣夜行), 노이무공(勞而無功)

도로무공(徒勞無功), 도로무익(徒勞無益)

암중순목(暗中瞬目), 의금야행(衣錦夜行)

의수야행(衣繡夜行), 종정구인(從井救人)

↔ 금의환향(錦衣還鄕), 명성자심(名聲藉甚)

17. 이로움과 해로움, 얻음과 잃음을 아울러 이르는 말.

19. 한바탕 일어나는 먹구름.

일장풍파(一場風波), 일진광풍(一陣狂風)

| 1 | | | 2 | ■ | 3 | | | 4 |
|---|---|---|---|---|---|---|---|---|
| | ■ | ■ | 5 | | | ■ | ■ | |
| | ■ | 6 | | ■ | 7 | | ■ | |
| 8 | 9 | ■ | 10 | 11 | | ■ | 12 | |
| ■ | 13 | | ■ | | ■ | 14 | | ■ |
| 15 | | ■ | 16 | | 17 | ■ | 18 | 19 |
| | ■ | 20 | | ■ | 21 | | ■ | |
| | ■ | ■ | 22 | | | ■ | ■ | |
| 23 | | | | ■ | 24 | | | |

# 일흔한 번째

## 가 로 열 쇠

1. 「유교(儒教), 특히 성리학(性理學)을 어지럽히는 도적(盜賊)」 교리(教理)에 어긋나는 언동(言動)으로 유교의 질서(秩序)를 어지럽히는 사람. 사세난적(邪世亂賊), 명의죄인(名義罪人), 삼대민취(三代民娶)와 함께, 사대부(士大夫) 사이에서 모욕적(侮辱的)인 폄칭(貶稱)으로 쓰이는 용어(用語)임.

3. 이제야 처음으로 들음.
생전초문(生前初聞)

5. 태어날 때부터 가지고 있는 성질(性質).

6. 재산(財産)을 아무런 대가(對價)나 보상(補償) 없이 다른 사람에게 넘겨주는 행위(行爲).

7. 「옥처럼 아름답게 부서진다」 크고 올바른 일을 위해 명예(名譽)를 지키며 깨끗이 죽는 것을 비유하는 말.
↔ 와전(瓦全), 전전(甎全)

8. 먹이 사슬에서, 잡아먹히는 생물(生物)의 처지(處地)에서 잡아먹는 생물을 이르는 말. 목숨앗이

10. 어떤 기업체(企業體)를 관리(管理)하고 운영(運營)하는 사람들의 집단(集團).

12. 신문(新聞)이나 잡지(雜誌) 등에서, 유명(有名)한 사람과 사회적(社會的) 사건(事件)에 대하여 흥미(興味) 위주(僞主)로 가볍게 다루거나 비꼬아서 쓴 기사(記事). 뜬소문, 무근지설(無根之說)

13. 어떤 문제(問題)에 대하여 여러 사람이 각자(各自)의 의견(意見)을 내세워 그것의 정당(正當)함을 논함.

14. 학습(學習)이나 경험(經驗)에 의하지 않고 동물(動物)이 세상에 나서부터 이미 갖추고 있는 행동양식(行動樣式)이나 능력(能力).

15. '천연두(天然痘)'를 일상적(日常的)으로 이르는 말.

16. 성공회(聖公會)나 그리스 정교회(正教會) 등에서, 주교(主教)의 상위(上位)에 있는 최고(最高) 직위(職位).

18. 종교의 발상지(發祥地)이거나 종교적(宗教的)인 유적(遺蹟)이 남아있는 곳.
거룩하고 성(聖)스러운 땅.

20. 자기(自己)가 종사(從事)하는 일에 대한 능력(能力)이나 실력(實力)의 정도(程度).

21. 어떤 일을 이루려는 시간상(時間上)의 한계(限界).

22. 규모(規模)나 세력(勢力) 따위가 점점 늘어가고 커지는 형세(形勢).

23. 「아랫사람에게 묻는 것을 결코 부끄럽게 여기지 않음」 아무리 낮거나 못났다고 생각되는 사람에게도 배울 점은 있음.
공자천주(孔子穿珠), 경당문노(耕當問奴)
직당문비(織當問妃), 하문불치(下問不恥)

24. 참가자(參加者)들이 제각기 특색(特色) 있는 차림을 하여 외모(外貌)를 숨긴

채 줄지어 다니는 것.

가두사화(街頭社火), 가두행렬(街頭行列)
연문축역(沿門逐疫), 퍼레이드(parade)

## 세 로 열 쇠

1. 굽힐 줄 모르는 기세(氣勢)가 하늘을 찌를 듯이 높음.

분왕매진(奮往邁進), 세여파죽(勢如破竹)
의기충천(意氣衝天), 일비충천(一飛沖天)
투편단류(投鞭斷流), 파죽지세(破竹之勢)

2. 쌓이고 쌓인 선행(善行)의 결과(結果)로 경사(慶事)스러운 복(福)이 자손(子孫)에게까지 미침.

덕수후예(德垂後裔), 덕후류광(德厚流光)
인과응보(因果應報)
↔ 적악여앙(積惡餘殃), 앙급자손(殃及子孫)
벌불급사(罰不及嗣)

3. 「쇠로 만든 악기(樂器)로 소리를 퍼뜨리고 옥(玉)으로 만든 악기로 소리를 거두어들여 마무리함」 음악(音樂)의 울림과 조화(調和) 또는 학식(學識)의 넓고 아는 것이 많으며 재주가 뛰어난 사람.

특달(特達) 탄봉(呑鳳)
거필성장(擧筆成章) 수용석출(水湧石出)
재고팔두(才高八斗)
금성이옥진지(金聲而玉振之)

4. 「한 가지를 듣고 열 가지를 미루어 앎」 지극(至極)히 총명(聰明)함.

거일반삼(擧一反三), 타상하설(他尙何說)
불문가지(不問可知), 수용석출(水湧石出)
재고팔두(才高八斗)

9. 중국 삼국시대(三國時代), 관우(關羽)가 탔다는 말. 매우 빠르고 날랜 말을 비유(比喩)하는 말.

11. 영리사업(營利事業)에서 모든 책임(責任)과 권리(權利)를 갖는 소유주(所有主).

12. 어떤 일이 이루어지거나 실현(實現)될 수 있는 성질(性質)이나 정도(程度).

15. 자연(自然)의 암벽(巖壁), 동굴(洞窟)벽 따위에 새긴 불상(佛像). 벼랑부처

16. 원고(原告), 피고(被告), 증인(證人)의 말이 서로 다를 경우(境遇), 이들을 맞대면(-對面)시켜 진술(陳述)할 기회(機會)를 주는 일.

무릎맞춤, 양조대변(兩造對辯)

17. 여러 대에 걸쳐 높은 벼슬을 하여 집안의 운명(運命)이 나라와 함께하는 집안.

**명문세족**(名門世族), 교목세록(喬木世祿)
교목세신(喬木世臣)

19. 이리저리 찢기고 흩어져 갈피를 못 잡음.

노무멸렬(鹵莽滅裂), 노망멸렬(鹵莽滅裂)
어언황홀(語言恍惚), 칠령팔락(七零八落)

# 일흔두 번째

## 가 로 열 쇠

1. 「간과 쓸개를 다 토(吐)함」 솔직(率直)한 심정(心情)을 속임 없이 모두 말함. 토진(吐盡)

피간담(披肝膽), 간담상조(肝膽相照)
경균도름(傾囷倒廩), 불설성부(不設城府)
심복수사(心腹輸寫), 심복지우(心腹之友)
저장이담(抵掌而談), 취중진담(醉中眞談)

3. 「부부가 한평생을 같이 지내며 같이 늙고, 죽어서는 같이 무덤에 묻힘」 부부(夫婦) 사랑의 굳은 맹세(盟誓)나, 금실(琴瑟)이 좋아 함께 늙고 함께 묻힘.

경전서후(耕前鋤後), 금슬상화(琴瑟相和)
남흔여열(男欣女悅), 백년해로(百年偕老)
부부지정(夫婦之情), 연리비익(蓮理比翼)
사즉동혈(死則同穴), 쌍숙쌍비(雙宿雙飛)
원작원앙(願作鴛鴦), 장침대피(長枕大被)
종고지락(鐘鼓之樂)
↔ 금슬부조(琴瑟不調)

5. 중추신경(中樞神經)의 기능(技能)을 억제(抑制)하여 잠이 들게 하는 약(藥).

최면제(催眠劑)

6. 사람이 사는 세상의 영역(領域).

대단히 많음을 비유하는 말.

· 얕은 지혜(智慧).

· 백두산(白頭山) 꼭대기의 못.

7. 어떤 조건(條件) 아래에 놓인 그때의 상황(狀況)이나 형편(形便).

· 어떤 이치(理致)나 사람이 지켜야 할 도리(道理).

8. 큰 물결이 맞부딪쳐 솟구침.

· 어떤 기운(氣運)이나 사조(思潮) 등이 거세게 일어남.

10. 적군(敵軍)이 점령(占領)하고 있는 바닷가나 강가의 한 구역(區域)을 차지하고 마련한 작은 진지(陣地).

12. 갯과에 속한 야행성(夜行性) 포유동물(哺乳動物).

매우 교활(狡猾)한 사람.

13. 근심하거나 걱정함. 염려(念慮)

14. 꺼리어 싫어함.

· 범죄(犯罪)를 저질렀을 가능성(可能性)이 있다고 봄.

15. 자기(自己) 마음대로 함.

· 한결같이 부지런함.

16. 가늘고 긴 나무나 대의 토막.

18. 다른 사람에게 어떤 일을 하도록 요구(要求)하거나 부탁(付託)함.

· 임금에게 아룀.

20. 부담(負擔)이나 고통(苦痛) 따위를 더 크게 하거나 어려운 상태를 심해지게 함.

여러 번 죄를 저지르거나 같은 죄를 거듭하여 저지를 때, 형벌(刑罰)을 더 무겁게 하는 일.

21. 오묘(奧妙)한 이치(理致)나 도(道)를 깨달음.

22. 지구(地球)를 둘러싸고 있는 대기(大氣)의 범위(範圍).

23. 해마다 정기적(定期的)으로 하는 행

사(行事).

24. 병(病)이 들어 자리를 깔고 몸져누움.

## 세 로 열 쇠

1. 「사냥하러 가서 토끼를 잡으면, 사냥하던 개는 쓸모가 없게 되어 삶아 먹음」 필요(必要)할 때 요긴(要緊)하게 쓰고 쓸모가 없어지면 가혹(苛酷)하게 버림.

감탄고토(甘呑苦吐), 득어망전(得魚忘筌)
득토망제(得兎忘蹄), 조진궁장(鳥盡弓藏)
토사견기(兎死犬飢)
교토사주구팽(狡兎死走狗烹)
적국파모신망(敵國破謀臣亡)

2. 「맑은 물의 사귐」 담백(淡白)하고 변함없는 우정(友情).

교양(敎養)이 있는 군자의 교제(交際).
고산유수(高山流水), 교담여수(交淡如水)
기이단금(基利斷金), 수어지교(水魚之交)
이인동심(二人同心), 지기지우(知己之友)
지란지교(芝蘭之交), 지란지교(芝蘭之交)

3. 경계경보(警戒警報)나 공습경보(空襲警報) 등을 발령(發令)했다가 해제(解除)됨을 알리는 신호(信號).

4. 「피바람과 피 비」 격심(激甚)한 혈전(血戰)을 비유하는 말.

시산혈해(屍山血海), 아비규환(阿鼻叫喚)
유혈부시(流血浮尸), 유혈성천(流血成川)
적시여산(積屍如山), 창림탄우(槍林彈雨)
천참만륙(千斬萬戮), 초연탄우(硝煙彈雨)
혈류성하(血流成河), 혈류표저(血流漂杵)

9. 부부(夫婦)로서 짝이 되는 상대(相對). 배필(配匹), 비우(妃偶), 항려(伉儷)

11. 도를 닦으려고 여러 지방(地方)을 돌아다니는 스님이 옷가지를 넣어 목에 걸고 다니는 자루.

12. 용의 턱 아래에 있다고 하는 영묘(靈妙)한 구슬.

보주(寶珠), 이주(驪珠), 마니주(摩尼珠)

15. 한 지역(地域)이나 단체(團體)가, 다른 지역이나 단체와 서로 돕거나 교류(交流)하기 위하여 친선(親善) 관계(關係)를 맺는 일.

16. 더할 수 없이 중대(重大)한 일.

인간대사(人間大事)

17. 사회(社會), 경제적(經濟的)으로 여러 가지 권리(權利)를 누리고 있는 사람.

19. 학문적(學問的) 지식(知識)과 군사적(軍事的) 책략(策略)을 아울러 갖춤.

내무내문(乃武乃文), 영문영무(英文英武)
예성문무(叡聖文武), 위무경문(緯武經文)
좌문우무(左文右武), 출장입상(出將入相)
투필종융(投筆從戎), 문무쌍전(文武雙全)

# 일흔세 번째

## 가 로 열 쇠

1. 「긴 것을 잘라서 짧은 것에 보태어 부족(不足)함을 채움」 좋은 것으로 부족한 것을 보충(補充)함.

단장보단(斷長補短), 채장보단(採長補短)

3. 「제 도끼에 제 발등을 찍힘」 잘 알고 있다고 조심(操心)하지 않다가는 큰 낭패(狼狽)를 보게 됨.

자부작족(自斧斫足), 지부작족(知斧斫足)

5. 물건값이 오를 것과 공급(供給)이 달릴 것을 예상(豫想)하고, 필요(必要) 이상(以上)으로 많이 사두는 일.

매점매석(買占賣惜)

패닉바잉(panic buying)

6. 어떤 대상(對象)을 편들어 지킴.

다른 사람을 직접(直接) 보호(保護)하거나 대표(代表)하는 행위(行爲).

7. 어떤 일이나 대상이 원하는 대로 되기를 바라고 기다림.

기망(企望), 기앙(期仰)

8. 감정(感情)이나 생각, 기억(記憶) 따위가 깃들이거나 생겨나는 곳.

무엇을 하고자 하는 뜻.

10. 어떤 일을 빚어낸 바로 그 사람.

어떤 일을 직접 일으킨 주동(主動) 인물(人物).

발두인(發頭人), 주모자(主謀者)

12. 군대(軍隊) 따위의 조직(組織)에서, 신분이나 지위(地位)의 단계(段階).

계층(階層), 부류(部類), 신분(身分)

일정(一定)한 사회(社會)에서 신분, 재산(財産), 직업(職業) 따위가 비슷한 사람들로 형성(形成)되는 집단(集團).

13. 겉으로 나타나는 생김새나 모습.

외모(外貌)에 부리는 멋.

14. 어떤 일이 이루어지는 데에 지장(支障)을 주거나 방해(妨害)가 되는 나쁜 기미(幾微). 어두운 그림자.

15. 서로 비교(比較)하여 논(論)함.

16. 여러 분야(分野).

18. 어떠한 사물(事物)이나 사건(事件), 생각 등의 배후(背後)에 숨겨진 사정(事情).

뒤에서 도와주는 세력(勢力)이나 힘.

20. 일이 잘못될까 불안(不安)해하며 속을 태움.

아랫사람의 잘못을 나무라는 말.

21. 어떤 일이나 현상(現狀) 따위가 이루어지거나 처해있는 일정(一定)한 때의 모습이나 형편(形便).

22. 여러 번 칼질하여 잘게 부순 고기.

23. 눈 내리는 한겨울의 심한 추위.

동빙한설(凍氷寒雪), 북풍한설(北風寒雪)

삼동설한(三冬雪寒), 융동설한(隆冬雪寒)

현동소설(玄冬素雪)

24. 서로 자기(自己)의 주장(主張)을 내세우고 상대방(相對方)의 주장을 반박(反駁)

함. 설론(舌論)

간시간비(間是間非), 설왕설래(說往說來)

언래어거(言來語去), 왈가왈부(曰可曰否)

## 세 로 열 쇠

1. 「옥(玉)이나 뿔에 갈고 닦아서 빛을 냄」 학문(學問)이나 도덕(道德), 기예(技藝) 등을 열심(熱心)히 배우고 익혀 수련(修練)함.

견지불해(堅持不懈), 과골삼천(踝骨三穿)

단야연마(鍛冶硏磨), 발분도강(發憤圖强)

발분망식(發憤忘食), 수불석권(手不釋卷)

우각괘서(牛角掛書), 위편삼절(韋編三絶)

자강불식(自强不息), 절치부심(切齒腐心)

족려괄우(鏃礪括羽), 절마마려(切劘磨勵)

↔ 불구심해(不求甚解)

2. 「도시락의 밥과 병에 담긴 마실 것」 넉넉하지 못한 백성(百姓)들이 음식(飮食)을 준비(準備)하여 군대(軍隊)를 환영(歡迎)하는 것.

3. 「자기(自己)를 속이고 남을 속임」 자신(自身)도 믿지 않는 말이나 행동(行動)으로 남까지 속이는 행위(行爲).

엄이도령(掩耳盜鈴), 엄목포작(掩目捕雀)

4. 「맨발로 뛰어도 미치지 못함」 능력(能力)과 재능(才能)이 부족(不足)하여 아무리 노력(努力)해도 이룰 수 없음.

비이소사(匪夷所思), 숙습난당(熟習難當)

안고공탁(顔苦孔卓), 앙망불급(仰望不及)

역부종심(力不從心), 탁호난급(卓乎難及)

9. 사회(社會)에 큰 반향(反響)을 일으킨 사건(事件)의 원인(原因)을 명확(明確)히 설명(說明)할 수 없을 때, 그 배후(背後)에 거대(巨大)한 권력(權力)이나 비밀(祕密)스러운 조직(組織)이 있다고 여기며 유포(流布)되는 소문(所聞).

11. 샛서방(남편(男便) 몰래 관계를 맺는 남자)이 있는 여자의 본디 남편.

12. 과음(過飮)을 경계(警戒)하여, 술을 어느 이상(以上)으로 따르지 못하도록 구멍이 난 술잔.

15. 전쟁(戰爭) 또는 그에 따르는 사태(事態)로 사회(社會) 질서(秩序)가 극도(極度)로 어지러운 지역(地域)에 선포(宣布)하는 계엄(戒嚴).

16. 애틋한 정(精)도 많고 한(限)도 많음.

17. 「얼굴에 육갑(六甲)이 있음」 얼굴만 보고 ⊥ 사람의 나이나 됨됨이 등을 짐작(斟酌)할 수 있음.

19. 생각이 깊지 않고 말과 행동(行動)이 조심(操心)함이 없이 가벼움.

경박부허(輕薄浮虛), 경거망동(輕擧妄動)

경거망행(輕擧妄行)

# 일흔네 번째

## 가 로 열 쇠

1. 나라님을 도와 국정(國政)을 보살피고 백성(百姓)을 편안(便安)하게 함. 천도교(天道敎) 교리(敎理).

제폭구민(除暴救民), 광제창생(廣濟蒼生)
포덕천하(布德天下)

3. 몸을 갖는 태도(態度)와 일을 주선(周旋) 솜씨.

동작(動作)의 의용(儀容)과 진퇴(進退).
행동거지(行動擧止)

5. 오복(五福)의 하나로, 사람이 제명대로 살다가 편안(便安)히 죽음.

6. 마음속으로 괴로워하며 속을 태움.

번민(煩悶), 고뇌(苦惱)

7. 가까이 사는 집. 또는 그런 사람.

· 나란히 또는 가까이 있어서 경계(境界)가 서로 붙어 있음.

비린(比隣), 인우(鄰友), 인비(隣比)

8. 잘못한 점을 지적(指摘)하여 부정적(否定的)으로 말함.

· 옳고 그름을 가려 평가(評價)하고 판정(判定)함.

10. 높은 지식(知識)과 지능(知能)을 갖춘 사람. 이성인(理性人),

호모 사피엔스(Homo sapiens)

12. 사람의 볼품없는 모습이나 얼굴.

꼬락서니

13. 「때려 침」 어떤 일에서 크게 기를 꺾음. 또는 그로 인한 손해(損害)나 손실(損失).

14. 공기(空氣)나 물, 환경(環境) 따위가 더러워지거나 해로운 물질(物質)에 물듦.

생태계(生態系)에서, 환경(環境)을 훼손(毁損)하는 일.

15. 볕이 바로 드는 곳.

혜택(惠澤)을 입은 입장(立場).

16. 연설(演說)하는 듯한 딱딱하고 형식적(形式的)인 말투.

18. 부끄럽고 욕(欲)됨. 우치(憂恥)

20. 하루하루의 모든 날마다.

21. 마음에 받는 심한 자극(刺戟).

· 물체(物體)에 급격(急激)히 가해지는 힘.

22. 어떤 대상(對象)의 연구(硏究)를 전문(專門)으로 하는 기관(機關).

23. 「말인즉 옳음」 이치(理致)에 어그러지는 것이 없음.

어순이정(語順理正), 언정이순(言正理順)
↔ 어불성설(語不成說), 분토지언(糞土之言)
슬양소배(膝癢搔背), 초무시리(初無是理)

24. 정신(精神)을 잃고 경기(驚氣)를 일으킬 정도(程度)로 매우 놀람.

골경신해(骨驚神駭), 대경차악(大驚且愕)
배중사영(杯中蛇影), 석파천경(石破天驚)
오우천월(吳牛喘月), 월견폐설(越犬吠雪)
징갱취제(懲羹吹虀), 징선기여(懲船忌輿)
초목개병(草木皆兵), 풍성학려(風聲鶴唳)
기절낙담(氣絶落膽), 기절담락(氣絶膽落)

## 세 로 열 쇠

1. 내처 걷는 걸음이 나는 듯이 빠름.

갈기분천(渴驥奔泉), 급어성화(急於星火)
기경유봉(機警有鋒), 기기과극(騏驥過隙)
벽력섬전(霹靂閃電), 성치시격(星馳矢激)
승풍선영(乘風先影), 여마풍치(輿馬風馳)
여조과목(如鳥過目), 전광석화(電光石火)
진여격시(進如激矢), 차여유수(車如流水)
탈토지세(脫兔之勢), 보섭여비(步屧如飛)

2. 「백성(百姓)의 피와 땀」 백성에게서 조세(租稅)로 거둔 돈이나 곡식(穀食).

가렴주구(苛斂誅求), 가정맹호(苛政猛虎)
기렴각리(箕斂榷利), 두회기렴(頭會箕斂)
백골징포(白骨徵布), 백지징세(白地徵稅)
수심화열(水深火熱), 의관효경(衣冠梟獍)
주구무이(誅求無已), 준민고택(浚民膏澤)
취렴지신(聚斂之臣), 티가겁사(打家劫舍)
파가현령(破家縣令), 할박지정(割剝之政)
할육충복(割肉充腹), 횡정가렴(橫征苛斂)

3. 같은 이름을 가진 다른 사람.

4. 「신선(神仙)의 풍채(風采)와 도인(道人)의 골격(骨格)」 뛰어나게 고상(高尙)하고 우아(優雅)한 풍채(風采).

망한색정(芒寒色正), 봉자옥골(鳳姿玉骨)
빙기옥골(氷肌玉骨), 선자옥질(仙姿玉質)
옥골선풍(玉骨仙風), 용장봉자(龍章鳳姿)

9. 형식(形式)의 제약(制約)을 받지 아니하고 악상(樂想)의 자유(自由)로운 전개(展開)로 작곡(作曲)한 낭만적(浪漫的)인 악곡(樂曲). 환상곡(幻想曲)

11. 인간(人間)의 본성(本性)은 선(善)하지만 나쁜 환경(環境)이나 그릇된 욕망(欲望) 때문에 악(惡)하게 된다는 주장(主張). ↔ 성악설(性惡說)

12. 체면(體面)을 생각하거나 부끄럼을 아는 마음이 없음.

15. 감추어져 온 비리(非理)나 부정(不正)을 양심(良心)에 따라 많은 사람 앞에서 사실대로 숨김없이 말하는 일.

양심고백(良心告白)

16. 어떤 일을 낮이나 밤이나 계속(繼續)함. 누일(累日), 누일(屢日), 적일(積日)

주야장천(晝夜長川), 연일연시(連日連時)

17. 「벌레를 새기는 보잘것없는 솜씨」 남의 글귀를 토막토막 따다가 맞추는 서투른 재간(才幹)을 이르는 말.

조충전각(彫蟲篆刻), 조충말기(彫蟲末技)

19. 「가고 싶을 때 순풍(順風)이 붊」 어떤 일을 하려고 할 때 마침 그 일에 좋은 조건(條件)이 갖추어짐을 비유하는 말.

만범순풍(滿帆順風), 일범풍순(一帆風順)
풍장진마(風檣陳馬)

# 일흔다섯 번째

## 가 로 열 쇠

1. 권세(權勢)를 탐(貪)하고 세도(勢道) 부리기를 즐김.

군약신강(君弱臣強), 국지맹구(國之猛狗)
권세지병(權勢之柄), 기군망상(欺君罔上)
미대부도(尾大不掉), 성사소인(城社小人)
시랑당로(豺狼當路), 지록위마(指鹿爲馬)
이록위마(以鹿爲馬), 호가호위(狐假虎威)

3. 「자기 논에 물 대기」 자기에게만 이롭도록 생각하고 행동(行動)함.

견강부회(牽强附會), 부회지설(附會之說)
영서연설(郢書燕說), 천착지학(穿鑿之學)
추주어륙(推舟於陸), 지록위마(指鹿爲馬)
↔ 역지사지(易地思之)

5. 배가 고픈 기운(氣運). 헛헛증

6. 갑자기 세게 부는 바람.

· 갑작스럽게 사회적(社會的)으로 많은 관심(關心)을 끌거나 높은 영향력(影響力)을 끼치는 현상(現狀).

7. 좋은 터를 골라서 집을 지음.

· 어떤 대상(對象)에게 있어서 좋거나 잘하거나 긍정적(肯定的)인 점.

8. 어떤 것이 다른 것에 달라붙음.

두 물체(物體)의 표면(表面)이 접촉(接觸)하여 떨어지지 않게 됨.

10. 남을 꾀어서 속이는 행위(行爲).

외수(外數), 사술(詐術)

12. 아이를 낳을 때 짧은 간격(間隔)을 두고 반복적(反復的)으로 생기는 복부(腹部)의 통증(痛症).

· 일이 다 되어 가는 무렵에 겪는 어려움.

13. 어떤 재화(財貨)나 용역(用役)을 일정한 가격(價格)으로 사려는 욕구(慾求).

14. 부모(父母)가 돌아가실 때 그 곁을 지키고 있음.

목숨이 끊어져 죽음에 이름.
망종(亡終), 속광(屬纊)

15. 어린 계집종.

16. 시간(時間)상이나 순서(順序)상의 맨 끝.

18. 전체(全體)에서 일정(一定)하게 정해지지 않은 어느 한 부분(部分).

20. 말로 강하게 부탁(付託)함.

· 옳고 그름.

21. 이치(理致)에 맞지 않거나 정도(程度)에서 벗어남.

· 힘에 부치는 일을 억지(抑止)로 함.

22. 자기의 몸을 중(重)히 여겨 병(病)의 예방(豫防)과 건강(健康) 유지(維持) 및 증진(增進)에 힘쓰는 사람.

23. 「정수리에 침 하나를 꽂음」 따끔하고 매서운 충고(忠告)나 교훈(敎訓).

약석지언(藥石之言), 양약고구(良藥苦口)
역이지언(逆耳之言), 정문금추(頂門金錐)
촌철살인(寸鐵殺人), 충언역이(忠言逆耳)
정상일침(頂上一鍼)

24. 속은 부드러우나 겉으로 보이는 부분은 굳셈.

색려내임(色厲內荏), 외강내유(外剛內柔)

↔ 외유내강(外柔內剛), 외유중강(外柔中剛)

## 세 로 열 쇠

1. 「꽃을 찾아다니는 벌과 나비」 사랑하는 여자를 그리며 찾아가는 남자나, 여색(女色)을 밝히는 남자(男子)를 비유함.

봉접수향(蜂蝶隨香), 탐화광접(探花狂蝶)

탐향봉접(探香蜂蝶)

2. 해마다 일정(一定)한 시기(時期)에 되풀이하여 온 고유(固有)의 풍속(風俗).

유래지풍(由來之風), 유풍여속(遺風餘俗)

전래지풍(傳來之風), 세시의례(歲時儀禮)

3. 나이는 많지 않으나 기개(氣概)와 성신(精神)이 굳센 사람.

4. 그때그때의 형편(形便)에 따라 적절(適切)하게 처리함.

당의즉묘(當意卽妙), 비원사안(鼻元思案)

수기응변(隨機應變), 임기응변(臨機應變)

수기응변(隨機應變), 수시변화(隨時變化)

9. 어떤 일을 시작(始作)하는 데 드는 비용(費用).

11. 임대차(賃貸借) 계약(契約)의 삯을 받고 빌려주는 땅.

12. 아침부터 저녁까지의 사이. 온종일

15. 중국(中國)에서 만주(滿洲) 지방(地方)의, 지리(地理), 역사(歷史), 민족문제(民族問題) 따위를 연구(硏究)하는 국가(國家) 연구(硏究) 사업(事業).

16. 「도끼를 갈아 바늘을 만듦」 아무리 어려운 일이라도 끊임없이 노력(努力)하면 반드시 이룰 수 있음.

공재불사(功在不舍), 군경절축(群輕折軸)

노마십가(駑馬十駕), 산류천석(山溜穿石)

승거목단(繩鋸木斷), 십벌지목(十伐之木)

우공이산(愚公移山), 우보만리(牛步萬里)

인일기백(人一己百), 적우침주(積羽沈舟)

철저성침(鐵杵成針), 마부작침(磨斧作針)

마저성침(磨杵成針), 마저작침(磨杵作針)

17. 한 번 굳게 고집(固執)하면 어찌할 수 없을 정도(程度)로 도무지 융통성(融通性)이 없음.

노목궤(櫨木櫃), 고집불통(固執不通)

교주고슬(膠柱鼓瑟), 금지부득(禁之不得)

막가내하(莫可奈何), 무가내하(無可奈何)

무가여하(無可如何), 불가내하(不可柰何)

19. 유교(儒敎)의 기본(基本) 강령(綱領) 세 가지 중 하나로, 남편(男便)과 아내 사이의 마땅히 지켜야 할 도리(道理).

군위신강(君爲臣綱). 부위자강(父爲子綱)

# 일흔여섯 번째

## 가 로 열 쇠

1. 사귀면 손해(損害)가 되는 세 종류(種類)의 벗

안이(安易)한 길만을 취하는 사람,

남에게 아첨(阿諂)하는 사람,

입에 발린 말뿐이고 성의(誠意)가 없는 사람. ↔ 익자삼우(益者三友)

3. 국가보안법(國家保安法)을 위반(違反)한 자(者)를 알고 있으면서도 고의(故意)로 수사(搜査) 기관이나 정보기관(情報機關)에 알리지 않아서 성립(成立)하는 죄(罪).

5. 이치(理致)를 논(論)하기에 밝거나 능하고, 좋아하는 사람.

6. 홀로 있는 듯이 외롭고 쓸쓸함.

· 부모(父母) 없는 어린아이와 자식(子息) 없는 늙은이.

7. 곁의 가까운 곳.

· 가까이 있는 사람.

8. 물이 흘러 내뻗는 힘. 물발

10. 상대(相對)에게 조심(操心)하거나 삼가도록 미리 주의(注意)를 주는 성질(性質).

12. 법규(法規)를 어기고 저지른 잘못.

작죄(作罪)

13. 바람에 따라 흐르는 조수(潮水).

· 세상(世上)의 추세(趨勢)나 시대(時代)의 경향(傾向)에 따른 흐름.

14. 늘 정하여 놓고 거래(去來)하는 곳.

· 어떤 일을 할 때마다 늘 끼거나 맡아 놓고 하는 사람.

15. 산수화(山水畵)에서, 사람, 동물(動物), 사물(事物) 따위를 곳곳에 그려 넣는 일.

· 멀리 점점이 이룬 경치(景致).

16. 어떤 일을 직업(職業)으로써 하는 사람.

18. 가장 왕성(旺盛)하고 활기(活氣)가 있는 때.

· 자기 집을 멀리 떠나 임시(臨時)로 있는 곳.

20. 권력(權力)이나 권세(權勢)를 홀로 쥐고서 자기 마음대로 함.

21. 꾀어서 좋지 아니한 길로 이끎.

· 성(性)적인 목적(目的)을 갖고 이성(異性)을 꾐.

22. 가족(家族)을 떠나 혼자 지내는 사람이 손수 밥을 지어 먹으면서 생활(生活)하는 방(房).

23. 능히 나라를 다스릴 만한 재주. 또는 그러한 재주를 가진 사람.

가조지주(賈鼂之儔), 경국지사(經國之士)

경국지재(經國之才)

24. 그때그때 처한 사태(事態)에 맞추어 즉각(卽刻) 그 자리에서 결정(決定)하거나 처리(處理)함.

간풍사범(看風使帆), 경달권변(經達權變)

고식지계(姑息之計), 당의즉묘(當意卽妙)

비원사안(鼻元思案), 수기응변(隨機應變)

수시응변(隨時應變), 수풍도타(隨風倒柁)
응기입단(應機立斷), 임시응변(臨時應變)

## 세 로 열 쇠

1. 손톱 끝을 잘근잘근 씹는 일.

2. 「쇠귀에 경(經) 읽기」 어리석은 사람에게는 깊은 이치(理致)를 말하여도 알아듣지 못하므로 아무 소용(所用)이 없음.
우이송경(牛耳誦經), 대우탄금(對牛彈琴)
마이동풍(馬耳東風), 추풍과이(秋風過耳)
풍과이(風過耳), 동풍사마이(東風射馬耳)

3. 예측(豫測)할 수 없는 성질(性質).
기괴망측(奇怪罔測), 무거불측(無據不測)
변화난측(變化難測), 변화무상(變化無常)
변화불측(變化不側), 사왕사래(乍往乍來)
신묘막측(神妙莫測), 인모난측(人謀難測)
인심난측(人心難測), 일허일영(一虛一盈)
일허일실(一虛一實)

4. 이미 죄를 지었던 사람이 다시 죄를 지음.
죄중우범(罪中又犯), 죄상가죄(罪上加罪)

9. 보잘것없이 메마르고 스산한 정경(情景)이나 상황(狀況).
· 살기(殺氣)를 띤 광경(光景).

11. 원시시대(原始時代)와 중세시대(中世時代) 사이의 역사(歷史).

12. 풍채(風采)가 평범(平凡)한 사람을 낮잡아 이르는 말.

15. 「가면 갈수록 경치(景致)가 더해짐」 일이 점점 더 재미있는 지경으로 돌아가는 것을 비유함. 가경(佳境), 자경(蔗境)
↔ 거익태산(去益泰山), 유왕유심(愈往愈甚)

16. 자기(自己)가 하고 싶은 대로 행함.
독왕독래(獨往獨來), 동충서돌(東衝西突)
분방자재(奔放自在), 무궁자재(無窮自在)
자유자재(自由自在), 자주독왕(自主獨往)
자행자지(自行自止), 자휴자용(恣畦自用)
종횡무애(縱橫無礙), 좌충우돌(左衝右突)
회빈작주(回賓作主)

17. 각자(各自)의 자유(自由)에 맡겨 간섭(干涉)하지 않음.
레세페르(laissez-faire)

19. 푸른 바다가 뽕밭이 되듯이 시절(時節)의 변화(變化)가 무상(無常)함.
격세지감(隔世之感), 능곡지변(陵谷之變)
고안심곡(高岸深谷), 동해양진(東海揚塵)
상전벽해(桑田碧海), 연변작뢰(淵變作瀨)
여세추이(與世推移), 여세부침(與世浮沈)
인망물재(人亡物在), 화옥산구(華屋山丘)

| 1 | | | 2 | ■ | 3 | | | 4 |
|---|---|---|---|---|---|---|---|---|
| | ■ | ■ | 5 | | | ■ | ■ | |
| | ■ | 6 | | ■ | 7 | | ■ | |
| 8 | 9 | ■ | 10 | 11 | | ■ | 12 | |
| ■ | 13 | | ■ | | ■ | 14 | | ■ |
| 15 | | ■ | 16 | | 17 | ■ | 18 | 19 |
| | ■ | 20 | | ■ | 21 | | ■ | |
| | ■ | ■ | 22 | | | ■ | ■ | |
| 23 | | | | ■ | 24 | | | |

# 일흔일곱 번째

## 가 로 열 쇠

1. 준비(準備)가 있으면 근심이 없음.
거안사위(居安思危), 견기이작(見機而作)
곡돌사신(曲埃徙薪), 만전지책(萬全之策)
자전지계(自全之計), 토영삼굴(兎營三窟)
교토삼굴(狡兎三窟), 교토삼혈(狡兎三穴)
↔ 망우보뢰(亡牛補牢)
사후약방문(死後藥方文)

3. 탁월(卓越)하게 뛰어나서 남이 미치기 어려움.
역불급(力不及), 만부부당(萬夫不當)
망진막급(望塵莫及), 불감생의(不敢生意)
비이소사(匪夷所思), 숙습난당(熟習難當)
안고공탁(顔苦孔卓), 안고수비(眼高手卑)
앙망불급(仰望不及), 역부종심(力不從心)
중인불승(中人弗勝), 족탈불급(足脫不及)

5. 뼈가 부러지는 부상(負傷). 또는 그 상처(傷處).

6. 남의 재물(財物) 등을 폭력(暴力)을 써서 억지로 빼앗음.
강탈, 수탈, 양탈, 탈취, 창탈, 겁략

7. 전쟁(戰爭)이 벌어지고 있는 현장(現場)이나 적지(敵地)에 가장 가까이 있어서 위험성(危險性)이 많은 지역(地域).

8. 어떤 범죄(犯罪)의 구체적(具體的)인 내용(內容).
죄(罪)를 저지른 실제(實際) 상황(狀況).

10. 어떤 일이 생기려는 기운(氣運)이 싹트는 시기(時期).

12. 하늘 아래 온 세상(世上).

13. 사람이 어떤 일을 실제(實際)로 해낼 수 있는 능력(能力).
물리적(物理的)인 위력(偉力)이나 강제적(强制的)인 힘.

14. 새로운 것을 반대(反對)하고 재래(在來)의 풍습(風濕)이나 전통(傳統)을 중히 여기어 유지(維持)하려고 함.
보전(保全)하여 지킴.
고수(固守), 묵수(墨守)

15. 좋게 여기는 느낌.
호정(好情) ↔ 악감(惡感)

16. 솜을 자아 만든 무명실로 짠 천.

18. 일 따위가 진행(進行)되지 못하고 한 자리에 머물러 있음.

20. 상품(商品)으로서 재화(財貨) 및 서비스의 교환(交換) 및 판매(販賣)가 이루어지는 추상적(抽象的)인 범위(範圍)나 영역(領域).
물건(物件)의 거래(去來)가 이루어지는 일정(一定)한 장소(場所).

21. 사람을 동물(動物)의 한 종류(種類)로서 다른 동물과 구별(區別)하여 이르는 말.
세계(世界)의 모든 사람.

22. 재봉틀로 옷 따위를 만드는 일을 전문(專門)으로 하는 사람. 재봉사(裁縫師)

23. 종잇조각이나 나무쪽을 필요한 숫자만큼 만들어 뽑아 승부(勝負)나 차례(次例)를 정하는 일.

24. 「길에 떨어진 것을 줍지 않음」 법(法)이 잘 지켜져 나라가 평화(平和)롭고 모든 백성(百姓)이 매우 정직(正直)함.

계견불경(鷄犬不驚), 국무도적(國無盜賊)
문불야관(門不夜關), 야불폐문(夜不閉門)
야불폐호(夜不閉戶), 도불습유(道不拾遺)
↔ 시랑당도(豺狼當道), 혼용무도(昏庸無道)

## 세 로 열 쇠

1. 돈이 있으면 죄가 없다는 말.
↔ 무전유죄(無錢有罪)

2. 「뼈를 바꾸고 태를 빼냄」 낡은 제도(制度)나 관습(慣習) 따위를 고쳐 모습이나 상태(狀態)가 새롭게 바뀐 것.

용모(容貌)가 매우 새롭게 아름다워짐.
군자표변(君子豹變), 사탈고피(蛇脫故皮)
선태사해(蟬蛻蛇解), 선탈용변(蟬蛻龍變)
탈태환체(奪胎煥體), 탈태환골(奪胎換骨)

3. 책상(冊床) 따위의 위에 놓아두고 매일(每日)의 일을 수시(隨時)로 적는 간단(簡單)한 일기(日記).

4. 사태(事態)나 형세(形勢)가 갑자기 바뀌어 걷잡을 수 없는 상태(狀態)로 진행(進行)됨.

9. 무엇을 잃어버린 듯한 느낌.

11. 성(姓)과 이름이 모두 같음.

동성동명(同姓同名)

12. 물의 근원(根源)이 전혀 없어 빗물에 의지(依支)하여 경작(耕作)하는 논.

봉답, 봉천답(奉天畓), 천둥지기,
천봉답(天奉畓), 하늘바라기

15. 「서로 형이니 아우니 하고 부름」 매우 가까운 친구(親舊) 사이로 지냄.

왈형왈제(曰兄曰弟)

16. 지배자의 무력(武力)이나 가혹(苛酷)한 정치(政治), 압제(壓制) 따위에 대항(對抗)하여, 피지배자(被支配者)인 백성(百姓)이 무장하고 세차게 들고 일어남.

무장투쟁(武裝鬪爭)

17. 「하늘과 사람이 함께 노함」 누구라도 분노(憤怒)를 참을 수 없을 만큼 증오(憎惡)스럽거나 도저히 용납(容納)할 수 없음.

신인공노(神人共怒), 신인공분(神人共憤)

19. 예전에, 임금의 잘못을 바로잡아 고치게 하는 일을 이르던 말.

감언지신(敢言之臣), 간의대부(諫議大夫)
군유쟁신(君有諍臣), 면절정쟁(面折庭諍)
봉명조양(鳳鳴朝陽), 신후지간(身後之諫)
악악지신(諤諤之臣), 용방비간(龍龐比干)
직언극간(直言極諫), 충간지사(忠諫之士)
습유보과(拾遺補過), 습유보궐(拾遺補闕)

# 일흔여덟 번째

## 가 로 열 쇠

1. 「오이를 심으면 오이가 남」 원인(原因)에 따라 결과(結果)가 생김.

앙급자신(殃及自身), 앙천이타(仰天而唾)
양호유환(養虎遺患), 종두득두(種豆得豆)
종망필득(種望必得), 종맥득맥(種麥得麥)
인과응보(因果應報), 자작지얼(自作之孽)
출이반이(出爾反爾), 화복무문(禍福無門)

3. 「사물에는 근본(根本)과 끝이 있음」 모든 사물(事物)에는 질서(秩序)가 있음.

5. 투수(投手)가 타자(打者)의 타격(打擊)을 유도(誘導)하기 위하여 스트라이크 존 가까이 던지는 공.

6. 부처의 모습과 공덕(功德)을 생각하면서 아미타불(阿彌陀佛)을 부르는 일.

불경(佛經)을 외는 일.

· 장례식(葬禮式)이 끝난 뒤 소금을 몸에 뿌려 부정(不淨)을 씻는 일.

7. 나란히 죽 벌여 놓음.

· 죽 줄을 지음.

8. 「한 가족(家族)이나 종족(種族)을 모두 죽여 없앰」

멸문(滅門), 멸족(滅族)

10. 무엇보다도 먼저 서둘러 해야 할 일.

12. 덮거나 가리어 숨김.

엄폐(掩蔽), 엄휘(掩諱)

· 숨어서 틀어박혀 나오지 않음.

13. 어떤 일이 자주 일어남. 빈번(頻繁)

14. 뜻하지 않게 어쩌다 일어난 일.

어떤 사상(思想)이 인과(因果) 계열(系列)에 포함(包含)되지 않는 성질(性質)을 가지는 것.

· 해가 빠진다는 서쪽에 있는 큰 못.

함지(咸池)

15. 언문(諺文)의 글자.

· 말하는 사람.

16. 지구(地球)를 둘러싸고 있는 다섯의 큰 바다.

18. 어떤 일이 끝나지 않아 진행(進行) 중인 상황(狀況).

두 사물(事物)의 사이.

공간(空間)이나 시간 따위의 가운데.

20. 일이 되어 가는 과정(課程)에서 가장 중요(重要)한 단계(段階)나 국면(局面).

21. 금전적(金錢的)인 면에서 지게 되는 책임(責任).

· 어떤 일이나 의무(義務), 책임 따위를 떠맡음.

22. 얼마 전부터 이제까지의 무렵.

저간(這間)

23. 기쁨과 노여움과 슬픔과 즐거움.

애경재상(哀慶災祥), 희비애락(喜悲哀樂)
희비애환(喜悲哀歡)

24. 수많은 백성(百姓).

범서(凡庶), 군기(群機)
만호중생(萬戶衆生), 무량중생(無量衆生)
무변중생(無邊衆生), 억만지중(億萬之衆)

억만창생(億萬蒼生)

## 세 로 열 쇠

1. 「공부(工夫)에 정진(精進)하기 위하여 출입(出入)을 끊음」 절의 큰방 문밖의 문지방 밑 좌우(左右)에 써 붙인 말.

2. 「정도(程度)가 지나침은 미치지 못한 것과 같음」 중용(中庸)의 중요(重要)함을 이르는 말.

교각살우(矯角殺牛), 교왕과직(矯枉過直)

교왕과정(矯枉過正), 소탐대실(小貪大失)

과공비례(過恭非禮)

↔ 사소취대(捨小取大)

3. 두 팔로 땅을 짚고 발을 공중(空中)으로 향하여 거꾸로 서는 동작(動作).

도립(倒立)

4. 잘해 나가다가 마지막에 생기는 폐단(弊端).

9. 승려(僧侶)로서 죄(罪)를 범(犯)하여 승려의 신분(身分)이 박탈(剝奪)되어 속인(俗人)이 된 사람.

11. 먼저 출발(出發)하는 부대(部隊)나 구성원(構成員). ↔ 후발대(後發隊)

12. 남이 모르는 가운데.

15. 말이나 문자(文字)를 소재(素材)로 하는 유희(遊戲).

· 미사여구(美辭麗句)나 현학(衒學)적인 말로 상대(相對)를 현혹(眩惑)하는 일.

16. 「까마귀 날자, 배 떨어진다」 아무 관계(關係)도 없이 한 일이 공교(工巧)롭게도 때가 같아 억울(抑鬱)하게 의심(疑心)을 받거나 난처(難處)한 위치(位置)에 서게 됨을 이르는 말.

과전이하(瓜田李下), 과전지리(瓜田之履)

과리지혐(瓜李之嫌)

과전불납리 이하부정관(瓜田不納履 李下不整冠)

17. 겉으로는 도와주는 체하면서 속으로는 그와 반대(反對)로 함.

구밀복검(口蜜腹劍), 감언밀어(甘言蜜語)

교언영색(巧言令色), 소도동취(笑刀銅臭)

소리장도(笑裏藏刀), 소중유도(笑中有刀)

양두구육(羊頭狗肉), 조삼모사(朝三暮四)

화언교어(花言巧語), 양봉음위(陽奉陰違)

19. 「마른나무에서 물이 난다」 아무것도 없는 사람에게 무엇을 내라고 무리하게 요구(要求)함.

건목생수(乾木生水), 강목수생(剛木水生)

귀배괄모(龜背刮毛), 귀모토각(龜毛兔角)

누진취영(縷塵吹影), 백년하청(百年河淸)

초망착호(草網着虎), 포풍착영(捕風捉影)

| 1 |  |  | 2 | ■ | 3 |  |  | 4 |
|---|---|---|---|---|---|---|---|---|
|  | ■ | ■ | 5 |  |  | ■ | ■ |  |
|  | ■ | 6 |  | ■ | 7 |  | ■ |  |
| 8 | 9 | ■ | 10 | 11 |  | ■ | 12 |  |
| ■ | 13 |  | ■ |  | ■ | 14 |  | ■ |
| 15 |  | ■ | 16 |  | 17 | ■ | 18 | 19 |
|  | ■ | 20 |  | ■ | 21 |  | ■ |  |
|  | ■ | ■ | 22 |  |  | ■ | ■ |  |
| 23 |  |  |  | ■ | 24 |  |  |  |

# 일흔아홉 번째

## 가 로 열 쇠

1. 「파리를 보고 화가 나 칼을 들고 쫓음」 사소(些少)한 일에 화를 잘 냄.

보잘것없는 작은 일에 지나치게 큰 대책(對策)을 세움.

견문발검(見蚊拔劍), 우도할계(牛刀割鷄)
우정팽계(牛鼎烹鷄)

3. 국가적(國家的)인 치욕(恥辱)과 민족적(民族的)인 모욕(侮辱). '을사늑약(乙巳勒約)'을 가리킴.

5. 일정(一定)한 장소(場所)에 자리를 잡고 살아가는 사람들.

정착민(定着民), 거민(居民)

6. 기차(汽車)나 전차(電車)의 바퀴가 궤도(軌道)를 벗어남.

말이나 행동(行動) 따위가 나쁜 방향(方向)으로 빗나감.

목적(目的) 이외의 딴 길로 빠짐.

7. 하나의 사물(事物)에 나타나는 여러 관념(觀念) 속에서 공통적(共通的)이고 일반적(一般的)인 요소(要素)를 추출(抽出)하고 종합(綜合)하여 얻은 관념(觀念).

8. 무엇을 헤아리고 판단(判斷)하고 궁리(窮理)함.

· 뜻밖에 갑자기 일어난 좋지 않은 일.

10. 어떤 지역(地域)의 특유(特有)한 자연환경(自然環境)이나 생활습관(生活習慣)으로 인하여 그 지방(地方)에서 예로부터 많이 발생(發生)하고 퍼져 있는 병.

토질병(土疾病)

12. 감정적(感情的)이고 이상적(理想的)으로 사물(事物)을 파악(把握)하는 심리적(心理的) 상태(狀態). 또는 그로 인한 감미(甘味)로운 분위기(雰圍氣).

13. 자기(自己) 의견(意見)을 바꾸거나 고치지 않고 굳게 지켜서 우김.

14. 옳으니 그르니 하는 말다툼.

15. 공자(孔子)가 십오 세에, 학문(學問)에 뜻을 두었다는 말에서 나온 말로, 십오 세를 이름.

16. 외형(外形)이 어린아이처럼 생긴 삼.

18. 외따로 떨어져 있는 매우 후미(後尾)지고 으슥한 마을.

20. 품질(品質), 기능(技能), 성적(成績) 따위가 좋지 못함.

성질(性質)이나 언행(言行) 따위가 바르지 못함.

21. 남의 처지(處地)를 헤아려 주고 도와주는 마음.

· 모질게 견디는 마음.

22. 오래도록 버티어 견디는 성질(性質)이나 특성(特性).

23. 행동(行動)하는 데 있어서 구속(拘束)이나 장애(障礙)가 없이 마음대로임.

안하무인(眼下無人), 오만무도(傲慢無道)
후안무치(厚顔無恥)

↔ 괴회지심(愧悔之心), 약불승의(若不勝衣)

24. 「쇠뿔의 양쪽이 서로 길이나 크기가

같음」 양쪽의 역량(力量)이 비슷해서 서로 낫고 못함이 없이 맞선 기세(氣勢).

용호상박(龍虎相搏), 난형난제(難兄難弟)
춘란추국(春蘭秋菊)

## 세 로 열 쇠

1. 몹시 마음을 쓰며 애를 태움.
마음을 수고롭게 하고 생각을 너무 많이 함.

경경고침(耿耿孤枕), 고심참담(故心慘憺)
수색만면(愁色滿面), 여좌침석(如坐針席)
전전반측(輾轉反側), 전전복침(輾轉伏枕)

2. 범죄(犯罪)를 저질렀으리라 의심(疑心)을 받는 사람들을 한꺼번에 많이 잡아가는 일.

3. 국민(國民) 모두 병역(兵役)의 의무(義務)를 지는 일.

4. 내부(內部) 또는 외부(外部)의 원인(原因) 때문에 욕구(慾求)가 충족(充足)되지 못하는 상태(狀態).

욕구좌절(慾求挫折)

9. 유적(遺跡)과 유물(遺物)을 통하여 옛 인류(人類)의 생활(生活)과 문화(文化)를 연구(硏究)하는 학문(學問).

고고인류학(考古人類學)

11. 어떤 문제(問題)에 대하여 각자(各自)의 의견(意見)을 내세워 그것의 정당(正當)함을 논하는 사람.

12. 재물(財物)이나 시간(時間) 따위를 아껴 쓰지 않고 헛되이 헤프게 쓰는 버릇.

15. 죽을 때까지 항거(抗拒)하여 굽히지 않음. 결사항전(決死抗戰),

마혁과시(馬革裹屍), 병사지야(兵死地也)
사생결단(死生決斷), 저사위한(抵死爲限)
지사위한(至死爲限), 한사결단(限死決斷)

16. 「마룻대와 들보로 쓸 만한 재목(材木)」 한 나라나 집안을 떠받들어 이끌어 갈 젊은이.

동량지기(棟樑之器), 간성지재(干城之材)
공후간성(公侯干城), 구국간성(救國干城)
국지간성(國之干城), 명세지웅(命世之雄)

17. 「세 사람이면 없던 호랑이도 만듦」 거짓말이라도 여러 사람이 말하면 듣는 이들이 참말로 믿기 쉽다는 말.

투저의(投杼疑), 시호삼전(市虎三傳)
십벌지목(十伐之木), 증삼살인(曾參殺人)

19. 「아주 짧은 시간(時間)도 일 년 같음」 무엇을 간절(懇切)히 기다리고 바라는 마음. 일일삼추(一日三秋)

일일여삼추(一日如三秋)

# 여든 번째

## 가 로 열 쇠

1. 정신(精神)을 잃고 경기(驚氣)를 일으킬 정도(程度)로 매우 놀람.

골경신해(骨驚神駭), 대경차악(大驚且愕)
배중사영(杯中蛇影), 석파천경(石破天驚)
오우천월(吳牛喘月), 월견폐설(越犬吠雪)
징갱취제(懲羹吹虀), 징선기여(懲船忌輿)
초목개병(草木皆兵), 풍성학려(風聲鶴唳)
기절낙담(氣絶落膽), 기절담락(氣絶膽落)

3. 「한 사람을 벌주어 백 사람을 경계(警戒)함」 다른 이에게 경각심(警覺心)을 불러일으키기 위하여 본보기로 중(重)한 처벌(處罰)을 내리는 일.

강기숙정(綱紀肅正), 누참마속(淚斬馬謖)
추호불범(秋毫不範)
↔ 강기폐이(綱紀廢弛)

5. 중앙(中央)의 컴퓨터와 여러 개의 컴퓨터 단말기(端末機)가 정보(情報)를 서로 주고받을 수 있도록 만든 연결(連結) 체계(體系).

6. 실력(實力)이나 능력(能力) 따위가 서로 맞서서 높고 낮음이나, 낫고 못함의 차이(差異)가 없음.

· 큰 풍년(豊年)이 듦.

7. 언행(言行)이나 태도(態度)에 드러난 진지(眞摯)하고 차분한 성격(性格).

사물(事物)의 무거운 정도(程度).

8. 기구(器具)나 장비(裝備), 옷 따위에 일정(一定)한 설비(設備)나 장식물(裝飾物)을 떨어지지 않게 붙임.

10. 어떤 일이 빨리 이루어지도록 도움.

일정한 화학(化學) 반응(反應)이 빨리 일어나도록 돕는 물질(物質).

조촉매(助觸媒), 활성화제(活性化劑)

12. 법(法)이나 관습(慣習)에 의하여 세워진 모든 사회적(社會的) 규약(規約)의 체계(體系).

13. 지은 죄(罪)나 잘못을 꾸짖거나 벌(罰)을 주지 않고 너그럽게 보아줌.

· 남에게 고용(雇傭)되어 글씨를 쓰는 일.

14. 어떤 일이 생기기 이전(以前)에 그 일에 대해서 미리 보이는 여러 가지 조짐(兆朕). 예징(例徵), 증후(證候)

15. 처량(凄涼)하고 슬픈 느낌.

· 살지고 맛이 좋음.

16. 사람이나 동물(動物)의 등마루가 되는 부분(部分).

산의 등줄기.

18. 직업상(職業上) 맡아서 하는 일.

20. 인터넷에서, 한 사람이 게시판(揭示板)에 올린 글에 대해 다른 사람이 대답(對答)의 형식(形式)으로 올리는 글.

리플(Reply), 답글, 덧글

21. 서로 다를 바가 없는 마찬가지의 상태(狀態).

전문가(專門家)나 특정인(特定人)이 아닌 보통(普通)의 사람들.

특별(特別)한 일부(一部)가 아닌 전체(全體)에 해당(該當)하는 것.

22. 조선(朝鮮) 말기(末期), '안경(眼境)'을 이르는 말.

23. 「물결이 거듭 닥침」 사람의 생활(生活)이나 일이 그 진행(進行)에 있어서 변화(變化)와 난관(難關)이 많음.

파란곡절(波瀾曲折), 파란만장(波瀾萬丈)

다사다망(多事多忙), 우여곡절(迂餘曲折)

24. 젊은 남녀(男女)가 결혼(結婚)하여 평생(平生)을 같이 살자고 하는 아름다운 언약(言約).

백년가약(百年佳約), 백년언약(百年言約)

## 세 로 열 쇠

1. 우쭐하며 뽐내는 기세(氣勢)가 대단함.

기염만장(氣焰萬丈), 득의망형(得意忘形)

의기양양(意氣揚揚), 주저만지(躊躇滿志)

지고기양(趾高氣揚), 호기만장(豪氣萬丈)

2. 「바람 앞의 촛불」 매우 위태(危殆)로운 처지(處地)나 오래 견디지 못할 상태(常態)를 비유(比喩)하는 말.

풍전등화(風前燈火), 풍전지등(風前之燈)

3. 한눈에 바라볼 수 없을 정도(程度)로 아득히 멀고 넓어서 끝이 없음.

일망무애(一望無涯), 망무애반(茫無涯畔)

망무제애(茫無際涯)

4. 「닭의 울음소리와 개 도둑」 사소(些少)한 재주로 남을 속임.

하잘것없는 재주라도 쓸모가 있음.

함곡계명(函谷鷄鳴), 계명지객(鷄鳴之客)

9. 옷이나 액세서리 따위를 입거나 신거나 쓰거나 찼을 때의 느낌.

11. 거짓이나 꾸밈이 없는 참된 성품(性品).

12. 일정(一定)한 원료(原料)로 물건(物件)을 만드는 것을 전문(傳文)으로 하는 사업(事業).

15. 어떤 분쟁(紛爭)에 있어서 자신(自身)의 주장(主張)만 강경(强硬)하게 내세우지 않고, 상대방(相對方)의 주장과 타협(妥協)하며 온건(穩健)하게 일을 해결(解決)하려는 경향(傾向)의 사람들. ↔ 매파

16. 「등의 가려운 곳을 긁어 주는 첩(妾)」 늙은이가 데리고 사는 젊은 첩.

17. 한 사람을 벌(罰)하여 뭇사람의 경계(警戒)가 되게 함.

읍참마속(泣斬馬謖), 징일여백(懲一勵百)

19. 아무것도 꺼릴 것이 없음.

무소기탄(無所忌憚), 경거망동(輕擧妄動)

망자존대(妄自尊大), 방약무인(傍若無人)

안중무인(眼中無人), 오안불손(傲岸不遜)

| 1 |  |  | 2 | ■ | 3 |  |  | 4 |
|---|---|---|---|---|---|---|---|---|
|  | ■ | ■ | 5 |  |  | ■ | ■ |  |
|  | ■ | 6 |  | ■ | 7 |  | ■ |  |
| 8 | 9 | ■ | 10 | 11 |  | ■ | 12 |  |
| ■ | 13 |  | ■ |  | ■ | 14 |  | ■ |
| 15 |  | ■ | 16 |  | 17 | ■ | 18 | 19 |
|  | ■ | 20 |  | ■ | 21 |  | ■ |  |
|  | ■ | ■ | 22 |  |  | ■ | ■ |  |
| 23 |  |  |  | ■ | 24 |  |  |  |

# 여든한 번째

## 가 로 열 쇠

1. 「불을 보는 것처럼 分明하고 뻔함」 더 말할 나위 없이 明白함.

보무타려(保無他慮), 불문가지(不問可知)
불언가상(不言可想), 불출범안(不出凡眼)
십분무의(十分無疑), 타상하설(他尙何說)

3. 必要하지도 않고 급하지도 않음.

5. 態度나 言行이 精誠스럽거나 참되지 않음.

6. 동강이 나게 끊어 가름. 국토 ○○
· 內容에 따라 글을 여러 단락(段落)으로 나눔.
事物을 여러 段階로 나눔.

7. 누군가가 있는 줄을 짐작(斟酌)하여 알 만한 소리나 氣色.
· 던져 버림.

8. 어떤 對象을 이루는 낱낱의 全體.
· 예전에, 남의 땅을 빌려 農事를 짓고 땅값을 치르던 農民.

10. 처세(處世)하여 行動하는 모양새나 됨됨이.

12. 社會的 地位나 身分의 높음과 낮음.
나이가 많고 적음.
값이 비싸고 쌈을 아울러 이르는 말.

13. 일을 정돈(整頓)하여 處吏함.
· 어떤 일을 解決하기 위해 對策을 세우거나 行動을 함. 조치(措置)

14. 한 對象을 특特定 짓는 固有한 性質.
· 特別한 誠金.

15. 낮은 比率의 싼 利子.
헐한 변리(邊利).

16. 쇠를 달구어 연장 따위를 만드는 일을 業으로 삼는 사람.

18. 속으로는 엉큼한 마음을 숨기고 겉으로는 天然 덕스럽게 行動하는 態度.

20. 普通 것과 特別히 다르게.
· 찹쌀이나 멥쌀에다 조, 콩, 밤, 무, 대추, 고구마 등을 섞어서 지은 밥.

21. 어느 때로부터 다른 한때까지의 時間的 간격(間隔).
· 나이 든 사람이 어린아이같이 天眞스러운 얼굴을 가지고 있음.

22. 伴奏가 없음.

23. 「文도 번거롭고 禮도 번거로움」 번거롭고 까다로운 規則과 禮節.
번문욕절(繁文縟節), 번문착절(繁文錯節)

24. 一定한 條件에서 더는 줄이기 힘든 가장 작은 程度.
↔ 최대한도(最大限度)

## 세 로 열 쇠

1. 名聲이 헛되이 퍼진 것이 아니라, 이름이 날 만한 까닭이 있음

명불허득(名不虛得), 명부기실(明富其實)

명실상부(名實相符)

↔ 유명무실(有名無實), 명과기실(名過其實)

장관이대(張冠李戴)

2. 災殃은 늘 겹쳐 옴.

고목봉추(枯木逢秋), 낭전호후(狼前虎後)

병상첨병(病上添病), 복배수적(腹背受敵)

설상가상(雪上加霜), 설상가설(雪上加雪)

전호후랑(前虎後狼), 층생첩출(層生疊出)

↔ 금상첨화(錦上添花), 호상가호(好上加好)

희상가희(喜上加喜)

3. 自身의 本分을 잃어버리지 않음.

↔ 불실본색(不失本色)

4. 事態나 形勢가 바뀌어 걷잡을 수 없는 狀態로 進行됨.

비류직하(飛流直下)

9. 理致나 道理에 맞지 않음.

· 無意味하고 不合理한 世界 속에 처하여 있는 人間의 絶望的 限界 狀況이나 條件.

11. 얼굴을 씻을 수 있도록 施設을 갖추어 놓은 곳.

12. 매우 뛰어난 性質과 技能.

15.「무엇이나 뿔로 받고 앞으로 나아가기만을 좋아하는 숫양이 울타리에 걸려서 앞으로 나아가지 못함」앞으로 나아가는 것과 뒤로 물러서는 것이 自由롭지 못함.

진퇴양난(進退兩難), 양당리파(羊撞籬笆)

염일방일(拈一放一), 촉번저양(觸藩羝羊)

상불상하불하(上不上下不下)

16. 어두운 밤에는 禮儀를 갖추지 못함.

야심무례(夜深無禮)

17. 둘 以上의 團體나 機關 등이 함께하여 어떤 모임을 開催하는 일

19. 清廉潔白하고 가난하게 사는 것을 옳은 것으로 여기고 즐김.

단사표음(簞食瓢飮), 매처학자(梅妻鶴子)

무위자연(無爲自然), 빈이낙도(貧而樂道)

안빈낙도(安貧樂道), 안회단표(顔回簞瓢)

언서음하(偃鼠飮河), 인자불우(仁者不憂)

청빈낙도(清貧樂道), 초료일지(鷦鷯一枝)

| 1 |  |  | 2 | ■ | 3 |  |  | 4 |
|---|---|---|---|---|---|---|---|---|
|  | ■ | ■ | 5 |  |  | ■ | ■ |  |
|  | ■ | 6 |  | ■ | 7 |  | ■ |  |
| 8 | 9 | ■ | 10 | 11 |  | ■ | 12 |  |
| ■ | 13 |  | ■ |  | ■ | 14 |  | ■ |
| 15 |  | ■ | 16 |  | 17 | ■ | 18 | 19 |
|  | ■ | 20 |  | ■ | 21 |  | ■ |  |
|  | ■ | ■ | 22 |  |  | ■ | ■ |  |
| 23 |  |  |  | ■ | 24 |  |  |  |

# 여든두 번째

## 가 로 열 쇠

1.「맺은(묶은) 사람이 풀어야 함」일을 저지른 사람이 그 일을 解決해야 함.

3.「代身 목을 벨 수 있는 벗」서로를 위해서라면 목이 잘린다 해도 後悔하지 않을 程度의 사이.

관포지교(管鮑之交), 교칠지교(膠漆之交)
금석지교(金石之交), 단금지교(斷金之交)
막역지교(莫逆之交), 수어지교(水魚之交)

5. 單語의 起源 및 由來를 硏究하는 學問.

6. 죽은 사람이 生前에 가졌던 생각.
- 어떤 狀態를 지탱(支撑)하여 나가거나 이어 감.

7. 앞으로 있을 일을 미리 헤아려 짐작(斟酌)함.

예료(豫料), 예탁(豫度), 예기(豫期)

8. 맡은바 職任에서 물러나거나 世俗의 일에서 손을 떼고 閑暇히 삶.

인퇴(人退), 퇴은(退隱), 퇴인(退引)

10. 사람들과 사귀며 世上을 살아가는 方法이나 手段. 유영술(遊泳術)

12. 일하다 잠시(暫時) 쉴 수 있는 짬.
- 임금이 타는 가마나 수레.
- 普通 百姓의 집.

13. 中間에 아무것도 끼거나 거치지 않고 바로.

바로, 손수, 몸소

14. 事物이나 理論, 人物 등이 새로이 世上에 나옴. 출현(出現)

무대(舞臺)나 연단(演壇) 따위에 나옴.

演劇이나 小說 따위에 作中 人物이 一定한 役割을 띠고 나타남.

15.「鳳凰의 모습」매우 品位가 있는 거룩한 모습이나 風采.

16. 심마니들의 隱語로, 잎이 여섯 난 山蔘을 말함.

18. 어떤 일을 해달라고 當府하거나 맡김. 간청(懇請), 위탁(委託), 당부(當付), 요구(要求)

20. 個人이나 企業이 財産을 모두 날려 버리고 亡함.

도산(倒産), 몰락(沒落)

21. 기껏 따져 보거나 헤아려야만.

기껏, 겨우, 불과(不過), 아직

22. 法堂에 모신 부처 중 으뜸이 되는 부처.

23. 文章이나 句節을 읽는 卽時 해석(解釋)함.

24. 이미 잘못된 것을 뒤늦게 뉘우쳐도 다시 어쩔 수 없음.

급익호선(及溺呼船), 대한색구(大寒索裘)
망우보뢰(亡牛補牢), 복수난수(覆水難收)
사이지차(事已至此), 숙불환생(熟不還生)
우후송산(雨後送傘), 임난주병(臨難鑄兵)
적출관문(賊出關門), 회지무급(悔之無及)

## 세 로 열 쇠

1.「풀을 묶어서 恩惠에 報答함」죽어 혼(魂)이 되더라도 은혜를 잊지 않고 갚음.

각골난망(刻骨難忘), 각골명심(刻骨銘心)
결초함환(結草啣環), 위과결초(魏顆結草)
난망지택(難忘之澤), 난망지은(難忘之恩)
명기누골(銘期鏤骨), 명심불망(銘心不忘)
백골난망(白骨難忘), 보원이덕(報怨以德)

2. 一定하게 머무는 곳이 없고 定處 없이 어디든지 이르는 곳에서 머물러 잠.

일이나 行動을 마땅히 그쳐야 할 자리에서 알맞게 그침.

3. 글로써 나타내는 藝術을 통틀어 하는 말.

藝術로서의 文學.

4. 여러 代에 걸쳐 벼슬을 하여 自己 집안의 운명을 나라의 運命과 같이하는 집안.

교목세록(喬木世祿), 명문세족(名門世族)

9. 職場에서 일을 그만두고 물러난 사람.

11. 얼굴을 씻거나 머리를 감거나 面刀 따위를 하는 데 쓰는 여러 가지 物件.

12. 性格이나 行動이 시원시원하고 씩씩한 女子를 비유하는 말.

여걸(女傑), 여중열협(女中烈俠)
여중호걸(女中豪傑)

15. 御史나 監事가 不淨을 저지른 員을 罷免하고 官家의 倉庫를 封하여 잠그던 일.

봉고파출(封庫罷黜), 관창노서(官倉老鼠)

16.「산처럼 쌓인 고기와 바다처럼 많은 술」매우 豪華롭고 放蕩한 生活.

비주작야(俾晝作夜), 상저옥배(象箸玉杯)
손주멸화(噀酒滅火), 육산포림(肉山脯林)
주식지옥(酒食地獄), 주지육림(酒池肉林)
포진천물(暴殄天物), 황망지행(荒亡之行)

17. 永遠히 썩지 아니함.

만고불역(萬古不易), 만고불후(萬古不朽)
만세불후(萬世不朽), 영구불변(永久不變)
영원무궁(永遠無窮), 진미래제(盡未來際)

19. 卓越하게 뛰어나 남이 미치기 어려움.

만부부당(萬夫不當), 망진막급(望塵莫及)
불감생의(不敢生意), 비이소사(匪夷所思)
숙습난당(熟習難當), 안고공탁(顏苦孔卓)
안고수비(眼高手卑), 앙망불급(仰望不及)
역부종심(力不從心), 중인불승(中人弗勝)
족탈불급(足脫不及)

# 여든세 번째

## 가 로 열 쇠

1.「비가 온 후에 여기저기 솟는 竹筍」어떤 일이 한때에 많이 생겨남.

우후춘순(雨後春筍)

3.「원숭이가 물에 비친 달을 잡음」欲心에 눈이 어두워 自己 分數도 모르고 날뛰다가 목숨까지 잃게 됨.

착월선후(捉月獮猴), 태백착월(太白捉月)

5. 옳지 못한 것을 그릇되게 함부로 믿는 사람. 맹신자(盲信者)

6. 사람이나 物資 따위를 一定한 자리에 알맞게 나누어 둠.

안배(按配), 배정(配定)

・반대反對로 되어 어긋남.

・順序 있게 豫定대로 잘 벌려 둠.

7. 興味나 關心을 가지고 봄. 유람(遊覽)

・어떤 過程의 마지막이나 막다른 고비.

8. 봄에 파랗게 난 풀을 밟으며 散策함.

・중국에서, 청명절(淸明節)에 郊外를 散策하거나 花鳥를 즐기던 일.

10. 큰 근심과 걱정.

12. 겉으로만 착한 체함. 또는 그런 짓이나 일. ↔ 위악(僞惡)

・다른 것에 앞서 于先하는 일이라는 뜻으로, 祖上을 위하여 일함.

・赤道에 平行하게 地球의 表面을 南北으로 자른 假想의 線.

13. 社會的으로 問題가 되거나 關心을 끌 만한 일.

日常的인 일과는 다른 特別한 일.

14. 事物의 性質, 變化, 模樣, 狀態 따위가 바뀌어 달라짐.

15. 勇敢하게 나아감.

예진(銳進), 용왕(勇往)

용왕직전(勇往直前), 용왕직진(勇往直進)

16. 무엇보다도 먼저 서둘러 해야 할 일.

18. 깊이 느껴 마음이 달라짐.

・검푸른 눈동자.

20. 目的을 향해 일을 계속 進行함.

・便紙에서, 事緣을 다 쓴 후에 덧붙이는 말.

21. 몹시 家難함.

결핍(缺乏), 곤란(困難) ↔ 풍족(豐足)

22. 주로 맡아서 하는 일.

23. 어떤 일에 대해서 明確하게 말하지 않고 그 뜻을 넌지시 비치기만 함.

암시(暗示), 묵시(默示), 풍시(諷示)

24. 나아갈 수도 물러설 수도 없는 궁지(窮地)에 몰림.

낭패불감(狼狽不堪), 사면초가(四面楚歌)

진퇴무로(進退無路), 진퇴양난(進退兩難)

## 세 로 열 쇠

1. 어리석은 물음에 대한 賢明한 對答.
↔ 현문우답(賢問愚答), 우문우답(愚問愚答)

2. 「입술이 없으면 이가 시림」 利害關係가 密接한 사이에 어느 한쪽이 망하면 다른 한쪽도 그 影響을 받아 穩全하기 어려움. 순치지세(脣齒之勢)

거지양륜(車之兩輪), 고장난명(孤掌難鳴)
공위순치(共爲脣齒), 보거상의(輔車相依)
수사지주(隨絲蜘蛛), 순치보거(脣齒輔車)
순치지국(脣齒之國), 조지양익(鳥之兩翼)

3. 核爆彈이 터진 直後 생기는 버섯 模樣의 巨大한 구름.

4. 「나루를 건너고 나서 배를 탐」 일을 順序대로 하지 않고 거꾸로 함.

상하전도(上下轉倒), 선후당착(先後撞着)
을축갑자(乙丑甲子), 전후상패(前後相悖)
족상수하(足上首下)

9. 未來에 대한 希望的인 計劃이나 構想.
未來像으로 순화(醇化)됨.

11. 石油 探査에 쓰이는 特殊한 배.

12. 조화(造化)되지 아니하는 어설픈 느낌.

15. 「머리는 龍이나 꼬리는 뱀임」 처음은 좋으나 끝이 좋지 않음.

착두근착미(捉頭僅捉尾)
착호근착미(捉虎僅捉尾)
태산명동서일필(泰山鳴動鼠一匹)
유두무미(有頭無尾), 유야무야(有耶無耶)
중도반단(中途半斷), 호두사미(虎頭蛇尾)
↔ 유종지미(有終之美)

16. 現存하는 政治, 社會 등의 體制를 激烈히 批判하고, 急激한 變革을 主張하는 主義. 점진주의(漸進主義)

17. 「끝도 없고 다함도 없음」 무진장(無盡藏)

空間이나 時間 따위가 끝이 없음.
기려불억(其麗不億), 만항하사(萬恒河沙)
항하사수(恒河砂數), 부지기수(不知其數)
불가승수(不可勝數), 비비개시(比比皆是)
아승기야(阿僧祇耶), 여산약해(如山若海)
지불승굴(指不勝屈), 천만무량(千萬無量)
↔ 유일무이(唯一無二), 전무후무(前無後無)

19. 「같은 樂工끼리도 曲調가 다름」 재주는 같아도 表現하는 形式이나 느낌은 各各 다름.

동교이곡(同巧異曲)

# 여든네 번째

## 가 로 열 쇠

1.「鬼神같이 나타났다가 사라짐」自由自在로 문득 나타났다가 문득 없어짐.

신출귀행(神出鬼行), 귀출전입(鬼出電入)
동용서몰(東湧西沒), 출몰무쌍(出沒無雙)
홀현홀몰(忽顯忽沒)

3. 사랑과 미움과 후(厚)함과 박(薄)함.

5. 어떤 일이나 思想에서 다른 사람보다 앞에 선 사람.

말을 탄 行列에서 앞장선 사람.
전구(前驅).

6. 그윽하고 오묘(奧妙)함.

・道理나 理致가 깊고 미묘(微妙)함.

7. 支持하여 도움.

・뜻을 두어 원함.

8. 木版으로 印刷한 冊.

침본(鋟本), 조본(彫本), 판각본(板刻本)

10. 옳고 그름의 判斷이나 法에 대하여 갖는 情緖.

12. 職務상 派遣되어 그곳에 머물러 있음.

・어떤 일을 中心이 되어 맡아 處理함.

13. 狀況 따위가 심하게 변함.

극변(劇變), 급변(急變)

14. 마음에 걸려 풀리지 않고 恒常 남아 있는 근심이나 걱정.

상념(想念), 걱정, 근심, 농수(濃愁)

15. 希望이 없고 絶望的임.

・어두컴컴하고 쓸쓸함. 암막(暗漠)

16. 예수가 태어난 해를 元年으로 하는, 서력기원(西曆紀元)을 基準으로 그 以前.

B.C, 주전(主前), 서기전(西紀前)

18. 화살 끝의 뾰족한 쇳조각.

시촉(矢鏃), 전촉(箭鏃), 살밑

20.「城門을 굳게 닫고 성을 지킴」어떤 目的을 위하여 한자리를 떠나지 않고 示威를 함.

21. 일이 進行되어 가는 決定的인 形勢.

・司祭를 代身하여, 洗禮를 베푸는 일.

22. 어색(語塞)하지 않고 品位가 있으며 깔끔하게 잘 다듬어진 데서 느껴지는 멋.

23. 사람의 힘으로는 抵抗하거나 막아낼 수 없는 힘.

外部의 事件에서 去來 觀念上의 可能한 注意와 豫防으로도 막을 수 없는 일.

24.「문 앞이 저자를 이룸」찾아오는 사람이 많음.

문전약시(門前若市), 문정여시(門庭如市)
천객만래(千客萬來), 호한위천(戶限爲穿)
↔ 문외가설작라(門外可設雀羅)
십년한창(十年寒窓)

## 세 로 열 쇠

1. 중국 唐나라 때 官吏를 登用하는 試驗에서 人物評價의 基準으로 삼은 것.

身手), 말씨, 文筆, 判斷力 등.

2. 東洋畵에서, 윤곽선(輪郭線)을 그리지 않고 먹이나 물감을 찍어서 한 붓에 그리는 畫法.

3. 子息을 사랑하는 情.

지독지애(舐犢之愛), 연독지정(吮犢之情)
노우지독(老牛舐犢)

4. 學識이 넓고 學問에 精通하며 재주가 많음.

박대정심(博大精深), 박학다식(博學多識)
견다식광(見多識廣), 다재다능(多才多能)
무불통달(無不通達), 무불통지(無不通知)
팔방미인(八方美人)
↔ 과문천식(寡聞淺識), 천학과문(淺學寡聞)

9. 군더더기가 없는 本來의 이야기.

11. 國家의 稅入과 歲出의 決算 및 公務員의 職務에 관한 監察을 主任務로 하는 國家機關.

12. 얼굴 皮膚가 老化하여 생긴 잔줄.

옷이나 종이 따위의 구김살.

15. 바위 밑의 오래된 佛像.

암하고불(巖下古佛)

산골에 사는 착하기만 하고 進就性이 없는 江原道 사람을 卑下하여 이르는 말.

16. 이미 이루어진 權勢와 힘. 또는 그것을 잡은 集團.

17. 「이제까지 들어 본 적이 없음」 아주 놀랍고 획기적(劃期的)인 일.

미증유(未曾有), 파천황(破天荒)
미문지사(未聞之事), 문소미문(聞所未聞)
문소불문(聞所不聞), 전고소무(前古所無)
희대미문(稀代未聞)

19. 「불을 켠 초에 선을 긋고 촛불이 그 곳까지 타는 동안 詩를 지음」 詩文을 빨리 지음을 이르는 말.

각촉부시(刻燭賦詩), 각촉위시(刻燭爲詩)
격발성시(擊鉢成詩), 봉장풍월(逢場風月)
천언입성(千言立成), 횡삭부시(橫槊賦詩)

| | | | | | | | | |
|---|---|---|---|---|---|---|---|---|
| 1 | | | 2 | ■ | 3 | | | 4 |
| | ■ | ■ | 5 | | | ■ | ■ | |
| | ■ | 6 | | ■ | 7 | | ■ | |
| 8 | 9 | ■ | 10 | 11 | | ■ | 12 | |
| ■ | 13 | | ■ | | ■ | 14 | | ■ |
| 15 | | ■ | 16 | | 17 | ■ | 18 | 19 |
| | ■ | 20 | | ■ | 21 | | ■ | |
| | ■ | ■ | 22 | | | ■ | ■ | |
| 23 | | | | ■ | 24 | | | |

# 여든다섯 번째

## 가 로 열 쇠

1. 「입에 겨우 풀칠함」 가난한 살림에서 그저 겨우 먹고 살아가는 방책(方策).
   구복지계(口腹之計), 구생지계(口生之計)
   비하정사(鼻下政事), 생도지방(生道之方)
   자신지책(資身之策), 취식지계(取食之計)
   호구지계(糊口之計), 호구지방(糊口之方)
   호식지책(糊食之策)

3. 품은 怨恨을 반드시 풀고자 애씀.
   교아절치(咬牙切齒), 와신상담(臥薪嘗膽)
   원수치부(怨讐置簿), 절치부심(切齒腐心)
   절치액완(切齒扼腕), 좌신현담(坐薪懸膽)
   칠신위라(漆身爲癩), 칠신탄탄(漆身呑炭)
   필지어서(筆之於書), 함담서빙(銜膽栖冰)
   함분축원(含憤蓄怨)
   현담어좌와(懸膽於坐臥)

5. 어떤 기간을 둘로 나누었을 때, 그 앞의 折半 其間.

6. 要求나 주는 것 따위를 拒絶하여 물리침. 퇴척(退斥)

7. 어떤 機會나 時期가 닥쳐옴.
   • 外部에서 전해져 들어옴.

8. 自身의 形便이나 處地, 本分 따위를 스스로 깨달음.
   • 自己 自身을 意識하는 狀態.

10. 헤엄을 칠 때 발등으로 물 위를 연달아 치는 일.

12. 어떤 일이 일어나기 바로 前.
   • 네모반듯하고 긴 논밭.

13. 불에 태운다는 뜻으로, 屍體를 火葬하는 일. 肉身을 元來 이루어진 곳으로 돌려보낸다는 意味가 있다.

14. 動物의 體型을 이루고 支撑하는 뼈.
   • 매처럼 날쌔게 공격(攻擊)함.

15. 놋쇠나 구리로 만든 작은 솥. 노구솥

16. 故障 나거나 허름한 것을 고치는 데 드는 費用.

18. 억울(抑鬱)하거나 딱한 事情을 하소연하여 도와주기를 懇切히 바람.

20. 自立性과 分離性을 가진 말의 最小單位. 어사(語詞), 낱말

21. 밤 零時부터 낮 열두 시까지 사이.
   午前

22. 원뿌리에서 갈라져 나간 뿌리.

23. 「四方을 둘러보아도 親戚이 없음」 依支할 만한 사람이 아무도 없음.
   고독지옥(孤獨地獄), 고립무의(孤立無依)
   무원고립(無援孤立), 천애고아(天涯孤兒)
   혈혈단신(孑孑單身), 형단영척(形單影隻)
   사고무인(四顧無人), 사고무탁(四顧無托)

24. 「뼈가 없는 좋은 사람」 줏대 없이 두루뭉술하고 순하여 남의 脾胃를 다 맞추는 사람.
   두루춘풍(- -春風), 사면춘풍(四面春風)
   사시춘풍(四時春風), 접인춘풍(接人春風)
   호호선생(好好先生), 무등호인(無等好人)

## 세 로 열 쇠

1.「아비는 범인데 새끼는 개 같음」아버지는 훌륭하나 아들은 그렇지 못함.

↔ 견부호자(犬父虎子)

2. 冊床 앞에 앉아 글공부만 하여 世上일을 잘 모르는 사람을 낮잡아 이르는 말.

책상양반(冊床兩班), 백면서생(白面書生)

3. 글씨를 쓰는 데 使用하는 여러 가지 道具.

4. 어떤 動機가 있어 이제까지 가졌던 마음가짐을 버리고 完全히 달라짐.

심기회전(心機廻轉), 혁도역려(革圖易慮)

9. 벼, 보리의 뿌리를 잘라 먹는 곤충(昆蟲).

· 남의 것을 뜯어먹고 사는 사람.

11. 못을 박거나 빼는 데 쓰는 연장. 마치

12. 곧바로 날아와 目標物에 命中한 彈丸이나 爆彈.

直接的으로 致命的인 被害를 주거나 打擊을 가하는 일.

15.「몹시 마음속으로 애를 쓰며 속을 태움」마음을 수고롭게 하고 생각을 너무 많이 함.

경경고침(耿耿孤枕), 경경불매(耿耿不寐)
고심참담(故心慘憺), 망자재배(芒刺在背)
불안침석(不安寢席), 수색만면(愁色滿面)
식불감미(食不甘味), 여좌침석(如坐針席)
오매불망(寤寐不忘), 우우불매(憂鬱不寐)
전전긍긍(戰戰兢兢), 전전복침(輾轉伏枕)
전전불매(輾轉不寐), 좌불안석(坐不安席)
좌립불안(坐立不安), 측석이좌(側席而坐)
침불안석(寢不安席), 침식불안(寢食不安)

16.「물과 물고기의 關係」서로 떨어질 수 없는 매우 親密한 사이.

수어지교(水魚之交), 관포지교(管鮑之交)
군신수어(君臣水魚), 유어유수(猶魚有水)

17. 뜻밖의 긴급(緊急)한 事態가 發生했을 때 이를 解決하기 위하여 軍警이나 公務員 등이 平素보다 強化하는 勤務.

19. 하늘을 怨望하고 사람을 탓함.

지아자기천호(知我者其天乎)

↔ 불원천불우인(不怨天不尤人)

자원자애(自怨自艾)

# 여든여섯 번째

## 가 로 열 쇠

1.「엎드려 땅에 머리를 댐」容恕를 빌기 위해 머리를 숙이고 몸을 낮춤.

저두평신(低頭平身), 고두사은(叩頭謝恩)
궐각계수(厥角稽首), 돈수재배(頓首再拜)
면관돈수(免冠頓首), 백배사은(百拜謝恩)
슬행돈수(膝行頓首)

3. 앞으로 잘 될 希望이나 展望.

전도유망(前途有望), 도남붕익(圖南鵬翼)
만리붕익(萬里鵬翼), 붕정만리(鵬程萬里)
승풍파랑(乘風破浪), 장풍파랑(長風波浪)
전도유위(前途有爲), 전정만리(前程萬里)
전진지망(前進之望)

5. 必要하거나 重要한 部分만 뽑아서 내놓은 案件.

6. 要求나 提議 따위를 받아들이지 않고 물리침.

사절(謝絶) ↔ 용인(容認), 응낙(應諾)

7.「손안에 잡아 쥠」파악(把握).

판세나 權力 따위를 完全히 휘어잡음.
무엇을 마음대로 할 수 있게 됨.

8. 남의 일에 關與함.

• 自己보다 職責이 높은 사람.

10. 미리 생각하거나 準備하지 못한 일.

12. 어떤 것과 關聯된 모든 것. 온갖

• 境界의 가장자리.

13. 程度나 境地가 점점 높아짐.

• 思想이나 理論이 깊이가 있고 오묘(奧妙)해짐.

14. 겉으로 드러나지 않은 일의 속 內容.

15. 新聞이나 雜誌 따위에서 어떠한 사실(事實)을 알리는 글.

• 特定한 器械를 다루는 技術이 있는 사람.

16. 問題가 있다고 判斷되는 事案을 監督하고 調査하는 部署.

18.「한 번 입 밖에 낸 말을 도로 입속에 넣음」約束한 말을 지키지 아니함.

부약(負約), 위약(違約), 위언(僞言)

20. 말로 거들거나 깨우쳐 주어서 도움. 또는 그런 말. 권고(勸告), 도움말

21. 서로 만나서 이야기하거나 意見을 나눔. 면어(面語), 면오(面晤), 면화(面話)

22. 도움이 되게 함.

봉사(奉仕), 공헌(貢獻)

• 물건(物件)들을 갖추어 바라지함.

23. 條理가 없이 이것저것 되는대로 지껄임. 콩팔칠팔

고망언지(姑妄言之), 교문작자(咬文嚼字)
반복소인(反覆小人), 설삼도사(說三道四)
솔구이발(率口而發), 식언이비(食言而肥)
신구개하(信口開河), 이삼기덕(二三其德)
횡수설거(橫竪設去), 횡수설화(橫竪說話)
↔ 부이세어(附耳細語), 불이어자(不異語者)

24. 근육(筋肉)이 끊어지고 뼈가 갈라지는 듯한 苦痛스러운 拷問.

## 세 로 열 쇠

1.「平地에서 넘어져 다침」뜻밖의 不幸한 일을 겪음.

무망지화(毋望之禍), 일조지환(一朝之患)
졸지풍파(猝地風波), 지어지앙(池魚之殃)
청천벽력(靑天霹靂), 홀지풍파(忽地風波)
횡래지액(橫來之厄), 평지풍파(平地風波)
평지돌풍(平地突風), 평지파란(平地波瀾)

2. 머리채를 잡고 휘두르며 싸움.

두발부리
의관열파(衣冠裂破), 이전투구(泥田鬪狗)

3. 서울의 城안과 성 밖을 속되게 이르는 말.

4. 아득하게 넓고 멀어 끝이 없음.

광대무변(廣大無邊), 궁천극지(窮天極地)
망망감여(茫茫堪輿), 무궁무진(無窮無盡)
일망무애(一望無涯), 천양무궁(天壤無窮)
천양무궁(天壤無窮), 호호탕탕(浩浩蕩蕩)
망무제애(茫無際涯)

9. 특별(特別)히 마음에 두고 있는 일.

11. 서로 議論하여 問題를 解決해 주거나 궁금증을 풀어주는 일을 專門으로 하는 사람.

12. 銅像이나 記念碑 따위를 다 만든 뒤에 完工을 公布하는 儀式.

15. 남들이 흔히 할 수 없는 奇妙한 꾀가 自由自在로 나옴.

이도살삼사(二桃殺三士)

16.「달콤한 말과 이로운 이야기」귀에 솔깃하도록 남의 비위(脾胃)를 맞추거나 이로운 條件으로 꾀는 말.

아부(阿附) ↔ 고언(苦言)
구밀복검(口蜜腹劍), 교언영색(巧言令色)
권상요목(勸上搖木), 면종배훼(面從背毁)
소리장도(笑裏藏刀), 소중유검(笑中有劍)
양두구육(羊頭狗肉), 화언교어(花言巧語)

17. 일면지분(一面之分)도 못 되는 교분(交分)으로, 얼굴만 알고 交際는 얕은 사이.

구두지교(口頭之交), 노상안면(路上顔面)
세리지교(勢利之交), 시도지교(市道之交)
오집지교(烏集之交), 반면지교(半面之交)
반면지식(半面之識)

19.「말속에 뼈가 있음」例事로운 말속에 깊은 속뜻이 숨어 있음.

담언미중(談言微中), 언외지의(言外之意)
언중유언(言中有言), 언중유향(言中有響)

# 여든일곱 번째

## 가 로 열 쇠

1.「발이 땅에 닿지 않음」일이 급하여 빨리 걷거나 달아남.

불고이주(不顧而走), 망야도주(罔夜逃走)
인유도주(引誘逃走), 전지도지(顚之倒之)
탈신도주(脫身逃走)

3.「알에서 깨기 위해 알 속의 새끼와 밖의 어미가 함께 알껍데기를 쪼아야 함」어떤 일을 이루기 위해 協力해야 함.

줄탁동시(啐啄同時), 줄탁지기(啐啄之機)
쵀탁동시(啐啄同時)

5. 炭酸水에 糖分과 香料를 넣은 淸凉飮料.

・사과즙을 발효(醱酵)시켜 만든 독한 술.

6. 急所를 正統으로 맞힌 총알.

7. 앞장서서 이끎.

・報道 記事에서, 그 內容의 核心을 담은 첫머리의 짧은 句節.

8. 서둘러 급히 나아감.

目的이나 理想 따위를 급히 實現하고자 함.

10. 땅을 파고 들어가는 데 쓰는 器械.

굴착기(掘鑿機)

12. 작고 가늘어 변변치 못함.

・살림이 보잘것없고 몹시 가난함.

13. 보고 있는 앞.

・對面하여 전하여 줌.

・국물을 적게 하여 민어를 짭짤하게 끓인 飮食.

14. 自己의 것으로 所有하여 누림.

소수(消受)

・香氣로운 냄새가 나는 化粧用 기름.

15. 겨울에도 잎이 떨어지지 않는 나무.

산의 북쪽에 자라는 나무.

16. 事務나 事件 등을 節次에 따라 整理하여 치르거나 마무리하기 위해 構成된 팀.

18. 한집에서 거느리고 함께 사는 食口.

식솔(食率)

'아내'를 낮추어 이르는 말.

가권(家眷), 가속(家屬)

20. 겨울철에 북쪽에서 불어오는 찬 바람.

21. 面前에서 꾸짖어 나무람.

・얼굴을 쳐들어 앞을 볼 수 있도록, 두 손을 등 뒤로 돌려 묶음.

22. 땅 위로 높다랗게 건너질러 놓은 다리.

23.「서로 거스름이 없는 벗」허물없는 매우 가까운 親舊.

막역지교(莫逆之交), 노소동락(老少同樂)
망년지교(忘年之交), 망년지우(忘年之友)
망형지교(忘形之交), 저구지교(杵臼之交)
지기지우(知己之友), 포의지교(布衣之交)

24.「모래 위에 세운 누각」基礎가 튼튼하지 못하여 오래가지 못할 일이나 事物.

공중누각(空中樓閣), 신기루(蜃氣樓)

해시신루(海市蜃樓)

## 세 로 열 쇠

1.「맨발로 뛰어도 따라가지 못함」能力 · 力量 · 材質 따위가 두드러져 도저히 다른 사람이 따라가지 못할 程度임.

역불급(力不及), 만부부당(萬夫不當)

망진막급(望塵莫及), 불감생의(不敢生意)
비이소사(匪夷所思), 숙습난당(熟習難當)
안고공탁(顔苦孔卓), 안고수비(眼高手卑)
앙망불급(仰望不及), 역부종심(力不從心)
중인불승(中人弗勝), 탁호난급(卓乎難及)

2. 죽을 때까지 抗拒하여 굽히지 아니함.

결사반대(決死反對), 결사항전(決死抗戰)
만사불사(萬死不辭), 사차불피(死且不避)
저사위한(抵死爲限), 지사위한(至死爲限)
충불피위(忠不避危)
지사불피용야(知死不辟勇也)

3. 여러 사람이 兩便으로 나뉘어 굵은 밧줄을 마주 당겨 勝負를 겨루는 놀이.

4.「사슴을 잡을 때 뒷발을 먼저 잡고 뿔을 잡음」앞뒤에서 敵을 몰아침.

두 英雄이 對峙하여 勢力을 다툼.

의각지세(犄角之勢), 좌우협공(左右挾攻)

다함공격(多艦攻擊)

9. 본디 그대로의 참된 모습이나 內容.

본체(本體), 정체(正體), 실체(實體)

11. 차가운 것이 몸에 닿거나 무서움을 느낄 때, 또는 오줌을 눈 뒤에 으스스 떠는 몸짓.

몹시 귀찮거나 싫증이 나서 끔찍할 때 몸을 떠는 것. 신물, 넌더리

12. 一定한 領土에 대한 該當 國家의 管轄權.

15. 흐리고 어두우며 고요하고 쓸쓸함.

분위기(雰圍氣) 따위가 어둡고 쓸쓸함.

막천적지(寞天寂地), 천지적료(天地寂寥)

16.「찬바람과 궂은 비」좋지 않은 날씨나, 몹시 처량(凄涼)하고 비참(悲慘)한 身世를 비유하는 말.

비풍참우(悲風慘雨), 상가지구(喪家之狗)

17. 本이 되지 않는 남의 말이나 行動이 도리어 自身의 人格을 修養하는 데 도움을 주는 境遇.

공옥이석(攻玉以石), 이인위감(以人爲鑑)
이인투어(以蚓投魚), 이장격단(以長擊短)
전거복철(前車覆轍), 죽두목설(竹頭木屑)
타산지석(他山之石)
삼인행필유아사(三人行必有我師)

19.「묶어서 높은 곳에 올려 둠」한쪽에 치워 놓고 쓰지 않음을 이르는 말.

치지도외(置之度外), 치지망역(置之忘域)

# 여든여덟 번째

## 가 로 열 쇠

1. 말을 가리지 않고 함부로 함.
이기언무책(易其言無責)
↔ 수구여병(守口如甁), 지자불언(知者不言)
폐구장설(閉口藏舌)

3. 일을 쉽게 생각하고, 便安하게만 處理하려는 態度로 더 뜻있는 일을 妄覺함.
보신주의(補身主義), 복지부동(伏地不動)
복지안동(伏地眼動), 작문정치(作文政治)
탁상공론(卓上空論), 탁상행정(卓上行政)

5. 고농도(高濃度)의 황산(黃酸)과 질산(窒酸) 따위를 포함(包含)하여 내리는 비.

6. 사람의 어깨에서 팔까지 또는 궁둥이에서 다리까지의 양쪽 部分.

7. 事件 따위를 判決하여 그 結果를 보임.

8. 電線이나 철사(鐵絲)를 切斷하는 데 쓰는 道具.

10. 아주 작은 部分까지 細細하게 미치는 것.

12. 뜻밖의 갑작스러운 판국.

13. 事情이나 形便 따위를 어림쳐서 헤아림. 침량(斟量), 유추(類推)

14. 본보기가 되거나 내세울 만한 것.
맵시나 모양새.

15. 自身의 態度나 行動을 스스로 反省함.
・本來 타고난 性格이나 性品.
천성(天性)

16. 무엇에 얽매여서 몸과 마음을 마음대로 움직일 수 없음. 속박(束縛)

18. 지붕을 이는 데에 쓰기 위하여 흙을 굽거나 시멘트 따위를 굳혀서 만든 建築 資材.

20. 여럿 가운데 어떤 것을 가려서 뽑음.
・百姓을 바르고 어질게 잘 다스리는 政治.

21. 깊고 너그러운 마음씨.
관용(寬容), 도량

22. 船舶을 建造하거나 修理하는 施設에 使用되는 물에 뜨는 船着場.

23. 미리 期約하여 다 잘된 일이 그 時期에 임하여 틀어짐.

24. 存續과 滅亡, 또는 生存과 死亡이 決定되는 아주 切迫한 境遇나 時期.
생사기로(生死岐路), 사생존몰(死生存沒)
사생지지(死生之地), 존망지기(存亡之機)

## 세 로 열 쇠

1. '없다'와 같이 쓰여, 너무 엄청나게 뜻밖이어서 기가 막힘의 뜻.

어이, 맷돌 손잡이

2. 「산을 뽑을 만큼 매우 힘이 세고 氣槪는 世上을 덮을 만큼 雄大함」 아주 뛰어난 氣運, 또는 놀라운 氣象.

겸인지력(兼人之力), 과인지력(過人之力)
괴뢰지사(魁壘之士), 발산거정(拔山擧鼎)
여력과인(膂力過人), 역능강정(力能扛鼎)
역예우미(逆曳牛尾), 예우각행(曳牛却行)
오획지력(烏獲之力), 웅비지사(熊羆之士)
천근역사(千斤力士), 항우장사(項羽壯士)
역발산기개세(力拔山氣蓋世)

3. 옳고 그름을 判斷하지 않고 無條件 받아들이는 것.

4. 「싸움에 한 번 패하여 땅에 떨어짐」 餘地없이 敗하여 다시 일어날 수 없게 됨.

대두불기(擡頭不起), 위미부진(萎靡不振)
장와불기(長臥不起), 재기불능(再起不能)
↔ 권토중래(捲土重來), 동산재기(東山再起)
사회부연(死灰復燃)

9. 事物이 넓게 퍼지는 性質.

11. 몸에 傷處를 입은 사람.

12. 보잘것없을 程度로 分量이나 規模가 작은 일.

· 地位가 변변하지 못하거나 자질구레한 사람을 속되게 이르는 말.

15. 各自의 自由에 맡겨서 干涉하지 않는 것.

· 政府가 産業에 關하여 放任主義를 取하여 國民 各自의 自由에 맡기는 일.

16. 生活이나 意識이 깨끗하지 못하고 썩을 대로 썩음.

초목구부(草木俱腐), 후목분토(朽木糞土)

17. 「이 世上에 나보다 尊貴한 사람이 없음」 自己만 잘 났다고 自負하는 獨善的인 態度를 비유하는 말.

망자존대(妄自尊大), 무법무천(無法無天)
방약무인(傍若無人), 안하무인(眼下無人)
오만불손(傲慢不遜), 일인독존(一人獨尊)
자칭천자(自稱天子)

19. 「누운 龍과 鳳凰의 새끼」 누운 용은 風雲을 만나 하늘로 올라가는 힘을 가지고 있고, 봉황의 새끼는 將次 자라서 반드시 큰 봉황이 됨.

복룡봉추(伏龍鳳雛), 불비불명(不飛不鳴)
용구봉추(龍駒鳳雛), 잠용물용(潛龍勿用)

| 1 |  |  | 2 | ■ | 3 |  |  | 4 |
|---|---|---|---|---|---|---|---|---|
|  | ■ | ■ | 5 |  |  | ■ | ■ |  |
|  | ■ | 6 |  | ■ | 7 |  | ■ |  |
| 8 | 9 | ■ | 10 | 11 |  | ■ | 12 |  |
| ■ | 13 |  | ■ |  | ■ | 14 |  | ■ |
| 15 |  | ■ | 16 |  | 17 | ■ | 18 | 19 |
|  | ■ | 20 |  | ■ | 21 |  | ■ |  |
|  | ■ | ■ | 22 |  |  | ■ | ■ |  |
| 23 |  |  |  | ■ | 24 |  |  |  |

# 여든아홉 번째

## 가 로 열 쇠

1. 「까마귀 새끼가 자라서 늙은 어미에게 먹이를 물어다 주는 孝」 子息이 자라서 어버이의 恩惠에 보답(報答)하는 孝誠.

반의지희(斑衣之戲), 오조사정(烏鳥私情)
삼지지례(三枝之禮), 원걸종양(願乞終養)

3. 「피할 곳이 없는 盜賊을 쫓지 말라」 궁경(窮境)에 빠진 사람은 쳐서 빼앗지 말라는 말.

곤수유투(困獸猶鬪), 구급도장(狗急跳墻)
궁서설묘(窮鼠囓猫), 궁조입회(窮鳥入懷)
금곤복거(禽困覆車), 박어부득(迫於不得)
수궁즉설(獸窮則齧), 위사필궐(圍師必闕)
조궁즉탁(鳥窮則啄), 궁구물추(窮寇勿追)
궁구물박(窮寇勿迫)

5. 社會나 文化에 束縛되지 않은, 있는 그대로의 사람.

6. 살아가는 限平生의 期間.
- 生活하는 形便.

7. 危險을 무릅쓰고 어떠한 일을 함.

도박, 섭위(涉危), 섭험(涉險)

8. 朝廷에서 임금이 태어난 날에 베풀던 宴會.

조정에서, 節日에 베푸는 연회.

10. 날마다 일어나거나 늘 있는 일.

예사(例事), 다반사(茶飯事)

12. 罪를 지은 사람을 獄에 가둠.

수감(收監), 계옥(繫獄)

13. 그릇되어 理致에 어긋남.

와류(訛謬)

14. 어떤 잘못이나 失手에 대하여 구실을 대며 그 까닭을 말함.

옳고 그름을 가려 事理를 밝힘.
- 이름을 달리 바꿈. 또는 그렇게 바꾼 이름.

15. 사람으로서 마땅히 지켜야 할 道理.
- 사람이 많이 사는 동네.
- 이웃 마을.
- 風俗이 아름다운 시골.

16. 학생의 아버지나 兄.

學生의 保護者.

18. 聖스럽고 거룩한 일.
- 일을 이룸. 또는 일이 이루어짐.

20. 여럿 중 어떤 對象을 가려서 뽑음.

21. 부끄러움을 씻음.

앙갚음, 분풀이, 복수(復讐)

22. 思想, 趣味, 傾向 등이 같은 사람들끼리 모여 編輯, 發行하는 雜誌.

23. 俗世의 慣習이나 規律 따위를 無視하고 放浪하면서 自由奔放한 삶을 사는 詩人이나 藝術家.

24. 以前에도 없었고 앞으로도 없음.

고금절무(古今絶無), 관전절후(冠前絶後)
광전절후(曠前絶後), 전무후무(前無後無)
전소미유(前所未有), 존무이상(尊無二上)
↔ 비비개시(比比皆是)

## 세 로 열 쇠

1. 「굽은 나무뿌리와 울퉁불퉁한 나무의 마디」 얽히고설키어 處理하기에 困難한 事件. 반착(盤錯), 반결(盤結)

미봉만환(彌縫漫漶), 연권창낭(攣券搶囊)

2. 「孝子는 날을 아낌」 될 수 있는 한 오랫동안 孝誠을 다하여 父母를 섬기고자 하는 마음.

풍수지탄(風樹之歎)

수욕정이풍부지(樹欲靜而風不止)

3. 運이 없는 사람이 꾸미는 일은 모두 失敗함.

일이 뜻한 대로 잘 이루어지지 않음.

부득의(不得意), 계란유골(鷄卵有骨)

남행북주(南行北走), 사불여의(事不如意)

소불여의(少不如意), 유의막수(有意莫遂)

4. 「金으로 지은 밥과 玉으로 만든 飯饌」 훌륭한 飮食을 비유하는 말.

금의옥식(錦衣玉食), 미의투식(靡衣媮食)

식육부귀(食肉富貴), 이랍대신(以蠟代薪)

일식만전(一食萬錢), 취옥분계(炊玉焚桂)

후복옥식(侯服玉食), 취찬금옥(炊饌金玉)

9. 나선(螺線) 模樣으로 빙빙 도는 바람.

어떤 氣勢가 세차게 일어 사람들의 感情이나 關心 따위가 송두리째 휘몰리는 狀態.

선풍(旋風), 용올림, 양각풍(羊角風)

11. 위층을 이루는 부분.

↔ 하층부(下層部)

12. 일의 狀況이나 性質 따위가 確實하거나 分明한 것.

物體 따위가 속까지 환히 비치는 性質.

15. 善을 행하면 선의 결과가, 惡을 행하면 악의 結果가 반드시 뒤따른다는 말.

출호이반호이(出乎爾反乎爾), 보과(報果)

종과득과(種瓜得瓜), 종두득두(種豆得豆)

16. 머리털은 희게 세었으나 얼굴은 아이와 같음.

傳說 따위에 나오는 神仙의 얼굴.

17. 「반딧불과 눈빛으로 이룬 功」 가난을 이겨내며 반딧불과 눈빛으로 글을 읽어 가며 苦生 속에서 工夫하여 이룬 功을 일컫는 말.

손강영설(孫康映雪), 차윤취형(車胤聚螢)

치형손설(車螢孫雪), 형창설안(螢窓雪案)

19. 「죽더라도 썩어 없어지지 않음」 몸은 죽어 없어져도 名聲만은 그대로 後世에 길이 전함을 이르는 말.

불후공적(不朽功績), 불후지방(不朽之芳)

만세지업(萬世之業), 천고불후(千古不朽)

# 아흔 번째

## 가 로 열 쇠

1. 代代로 우리나라에서 살면서, 약탈(掠奪)을 일삼던 日本 海賊.

3. 「그루터기를 지켜 토끼를 기다림」 고지식하고 융통성(融通性)이 없어 舊習과 前例만 固執함.
각주구검(刻舟求劍), 격혜소양(隔鞋搔癢)
노이무공(勞而無功), 망낙와시(望落臥柿)
미생지신(尾生之信), 벌성지부(伐性之斧)
사행삭질(射幸數跌), 숙시주의(熟柹主義)
요행만일(僥倖萬一)

5. 自己 本來의 바른 精神.

6. 누워 있는 부처.

7. 程度나 實力 따위가 생각보다 어지간히.

8. 큰 물결이 서로 부딪쳐 솟구치는 것.
• 氣勢나 思潮 따위가 매우 거세게 일어남.

10. 말솜씨가 能爛한 사람.

12. 땅속이나 큰 덩치의 흙, 돌 더미 따위에 묻혀 있는 것을 찾아서 파냄.

13. 다른 사람들을 볼 낯이 없거나 스스로 떳떳하지 못함.
부끄러움, 치욕(恥辱)

14. 玉의 얼룩진 흔적(痕迹). 흠(欠), 티
어떤 事物이나 일에서 잘못되거나 不完全한 部分.

15. 거리의 티끌과 먼지.
• 몸의 氣運이 다하여 없어짐.

16. 어떤 일이나 思想에 있어 그 時代의 다른 사람보다 앞선 사람.

18. 하고 싶은 마음이나 慾求 따위가 기우는 方向.
지취(志趣), 의취(意趣)

20. 健康을 지키고 維持하는 일. 病의 豫防, 治療 따위로 사람의 건강과 生命을 保護하고 增進하는 일.

21. 어떤 뜻깊은 일이나 훌륭한 人物 등을 오래도록 잊지 않고 마음에 간직함.
추념(追念)

22. 形勢나 局面 따위가 從前과 많이 달라지는 時機.

23. 興亡을 걸고 온 힘을 다하여 마지막 勝負를 겨룸.
일결자웅(一決雌雄), 일결승부(一決勝負)
재차일거(在此一擧), 건곤일척(乾坤一擲)
일척도건곤(一擲賭乾坤)

24. 「때늦은 恨歎」 時期가 늦어 機會를 놓쳤음을 안타까워하는 歎息.
망양지탄(望洋之歎), 비육지탄(髀肉之嘆)
후시지탄(後時之嘆), 실우치구(失牛治廐)
우자다회(愚者多悔), 조지약차(早知若此)

## 세 로 열 쇠

1. 「토끼가 죽으면 토끼를 잡던 사냥개도 필요 없게 되어 主人에게 삶아 먹힘」 必要할 때는 쓰고 필요 없을 때는 야박(野薄)하게 버림을 比喩하는 말.

교토사주구팽(狡兔死走狗烹)
적국파모신망(敵國破謨臣亡)
야수이진엽구팽(野獸已盡獵烹)
감탄고토(甘呑苦吐), 득어망전(得魚忘筌)
득토망제(得兔忘蹄), 조진궁장(鳥盡弓藏)
토사견기(兔死犬飢)

2. 도저히 돕거나 구하여 주는 것이 不可能한 사람. 또는 그런 狀態.

하우불이(下愚不移)

3. 몸과 마음을 닦아 修養하고 집안을 다스림. 수기치인(修己治人)

4. 「교활(狡猾)한 토끼는 굴을 세 개 파놓음」 自身의 安全을 위하여 미리 몇 가지 대비책(對備策).

견기이작(見機而作), 만전지책(萬全之策)
상토주무(桑土綢繆), 안불망위(安不忘危)
유비무환(有備無患), 음우지비(陰雨之備)
자전지계(自全之計), 주무미우(綢繆未雨)
교토삼굴(狡兔三窟), 교토삼혈(狡兔三穴)

9. 「江이나 바다를 등지고 치는 陣」 目的을 성취(成就)하기 위하여 더 물러설 수 없음.

파부침주(破釜沈舟), 제하분주(濟河焚舟)

11. 野球의 投球나 排球의 서브에서, 飛行하는 공의 進行 方向이 變化하는 공.

12. 발로 밟고 지나갈 때 남는 痕迹.

・지나온 過去의 歷程을 비유함.

15. 처음부터 끝까지 한결같음.

다반향초(茶半香初), 동조공관(同條共貫)
맥락관통(脈絡貫通), 수미상응(首尾相應)
수미일관(首尾一貫), 여출일구(如出一口)
유종지미(有終之美), 일맥상통(一脈相通)
일이관지(一以貫之), 철두철미(徹頭徹尾)
초지일관(初志一貫)

16. 「天地를 뒤집음」 天下의 난(亂)을 平定함, 또는 나라의 나쁜 風習을 대번에 크게 고침. 기명유신(其命維新)

서정쇄신(庶政刷新), 함여유신(咸與惟新)

17. 「스스로 속임」 自身의 信條나 良心에 벗어나는 일을 無意識的으로 행하거나 意識하면서 强行하는 境遇.

자기기인(自欺欺人), 엄목포작(掩目捕雀)

19. 「그 자리에 모인 사람들이 다 즐거워하나 自己만은 구석을 향하여 恨歎함」 좋은 機會를 만나지 못함을 한탄하는 말.

구반상실(狗飯橡實), 장벽무의(墻壁無依)

| 1 |  |  | 2 | ■ | 3 |  |  | 4 |
|---|---|---|---|---|---|---|---|---|
|  | ■ | ■ | 5 |  |  | ■ | ■ |  |
|  | ■ | 6 |  | ■ | 7 |  | ■ |  |
| 8 | 9 | ■ | 10 | 11 |  | ■ | 12 |  |
| ■ | 13 |  | ■ |  | ■ | 14 |  | ■ |
| 15 |  | ■ | 16 |  | 17 | ■ | 18 | 19 |
|  | ■ | 20 |  | ■ | 21 |  | ■ |  |
|  | ■ | ■ | 22 |  |  | ■ | ■ |  |
| 23 |  |  |  | ■ | 24 |  |  |  |

# 아흔한 번째

## 가 로 열 쇠

1. 知識이 많고 事理에 밝은 사람은 그 재주와 지식을 감추어 말을 함부로 하지 않음.

3. 「東에서 구하고 西에서 빌림」 여러 곳에서 빚을 짐.

동추서대(東推西貸), 동서대취(東西貸取)
여위부과(如蝟負瓜), 동서개걸(東西丐乞)

5. 物件을 消費者에게 直接 팔 때의 價格. 소비자가(消費者價)

6. 사람의 一平生 運數.

운명(運命)

7. 큰 利益.

널리 이롭게 함.
광익(廣益)

8. 어떤 사람이나 事物을 다른 사람이나 사물로 代身하여 바꿈.

10. 주로 韓藥材를 파는 장사.

12. 아직 다 갖추지 못한 狀態에 있음.

불비(不備) ↔ 완비(完備)
• 모두 다 써 버리거나 虛費함.

13. 知識水尊이 낮거나 因襲에 젖은 사람을 가르쳐서 깨우침.

개화(開化), 격몽(擊蒙) 계도(啓導), 발몽(發蒙)

14. 못마땅하게 여겨 탓하거나 不平을 품고 미워함.

탓, 지청구, 꾸지람, 꾸중

15. 和暢한 봄의 景致.

젊은 時節. 춘광(春光), 소광(韶光)
• 建物이나 物件 등에 붙은 불을 끔.
• 짤막한 이야기.

16. 오랜 期間에 걸쳐 懲役을 사는 사람. 무기수(無期囚)

18. 「사람의 물결」 수많은 사람을 이르는 말. 인산(人山), 인총(人叢)

인산인해(人山人海)

20. 損傷되기 以前의 狀態로 回復되게 함.

• 남에게 받은 害나 怨恨을 갚음.

21. 滿足스럽지 않아 언짢거나 不快함.

불평(不平), 불복(不服)

22. 미리 정해진 자리.

23. 서로의 利益과 損害에 影響을 미치는 關係.

24. 아무리 높은 權勢라도 10년을 가지 못함.

극성즉패(極盛則敗), 도유승강(道有升降)
물극필반(物極必反), 세무십년(勢無十年)
영고성쇠(榮枯盛衰), 염량세태(炎凉世態)
합구필분(合久必分)
천무삼일청(天無三日晴)
취우부종일(驟雨不終日)
화무십일홍(花無十日紅)
화무백일홍 인무천일호(花無百日紅 人無千日好)

## 세 로 열 쇠

1. 「芝草와 蘭草의 사귐」 벗 사이의 높고 맑은 사귐을 이르는 말.

고산유수(高山流水), 교칠지교(膠漆之交)
금란지교(金蘭之交), 금석지교(金石之交)
기이단금(基利斷金), 단금지교(斷金之交)
담수지교(淡水之交), 막역지교(莫逆之交)
백아파금(伯牙破琴), 수어지교(水魚之交)
지기지우(知己之友)

2. 「말하고 웃는 것이 泰然함」 걱정이나 놀라운 일이 있어도 보통 때와 같이 웃고 떠들며 平素의 態度를 잃지 않음.

담소자약(談笑自若), 부동성색(不動聲色)
태연무심(泰然無心), 태연자약(泰然自若)
↔ 경혼미정(驚魂未定), 대경실색(大驚失色)
면여토색(面如土色), 아연실색(啞然失色)

3. 「같은 값이면 다홍치마」 값이 같거나 똑같은 努力을 들인다면 좀 더 낫고 便利한 것을 택함을 比喩하는 말.

'같은 값이면 검정소를 잡아먹는다'

4. 걸음의 발자국과 발자국 사이의 거리.

보폭(步幅)

9. 낱낱의 部分이 一定한 原理에 의하여 계통적(系統的)으로 統一된 것으로 됨.

11. 코안의 神經이 刺戟을 받아 갑자기 코로 숨을 내뿜는 일.

분체(噴嚔)

12. 「아직 따라 죽지 못한 사람」 男便이 죽고 홀로된 여자(女子).

과부(寡婦), 홀어미

15. 힘, 思想, 感情 따위가 서로 엉켜 昏亂스러운 狀態를 比喩하는 말.

와동(渦動), 와중(渦中)

16. 어떤 일이 오래 繼續되기를 꾀하는 計策. 장구지책(長久之策)

만년지계(萬年之計), 백년대계(百年大計)
완구지계(完久之計), 지구지계(持久之計)
장구지책(長久之策)

17. 「손에서 冊을 놓지 않음」 늘 책을 가까이하여 學問을 熱心히 함.

과골삼천(踝骨三穿), 우각괘서(牛角掛書)
위편삼절(韋編三絶), 주경야송(晝耕夜誦)
현두자고(懸頭刺股), 형설지공(螢雪之功)

19. 女子의 나이 16세. '瓜'자를 破字하면 '八'이 두 개로 '二 곱하기 八'은 16이기 때문.

男子의 나이 64세. '八'이 두 개로 곱하면 64이기 때문.

과만(瓜滿), 과년(瓜年), 파과(破瓜)

| | | | | | | | | |
|---|---|---|---|---|---|---|---|---|
| 1 | | | 2 | ■ | 3 | | | 4 |
| | ■ | ■ | 5 | | | ■ | ■ | |
| | ■ | 6 | | ■ | 7 | | ■ | |
| 8 | 9 | ■ | 10 | 11 | | ■ | 12 | |
| ■ | 13 | | ■ | | ■ | 14 | | ■ |
| 15 | | ■ | 16 | | 17 | ■ | 18 | 19 |
| | ■ | 20 | | ■ | 21 | | ■ | |
| | ■ | ■ | 22 | | | ■ | ■ | |
| 23 | | | | ■ | 24 | | | |

# 아흔두 번째

## 가 로 열 쇠

1. 「봄철 개구리와 가을의 매미 시끄러운 울음소리」 겨울 날씨와 늙은이의 근력(筋力)이 좋은 것은 믿을 것이 못 된다는 속담. 쓸모없는 言論을 비유하는 말.

선조와명(蟬噪蛙鳴), 와명선조(蛙鳴蟬噪)

증격지설(矰繳之說), 기레기

↔ 창언정론(昌言正論)

3. 「듣고도 못 들은 체를 함」 아무리 귀를 기울이고 들어도 들리지 않음.

시이불견(視而不見), 청이불문(聽而不聞)

5. 개에게 身體를 물려서 입은 상처(傷處).

6. 事物, 現象 따위를 觀察하거나 判斷하는 立場.

굳게 支持함.

• 어떤 事物을 判斷하거나 觀察하는 입장.

7. 豫定하거나 必要한 數量보다 많은 狀態.

8. 어떤 일을 精誠스러운 마음이 없이 대충 하는 것.

• 경건(敬虔)한 精誠.

10. 銃이나 활을 매우 잘 쏘는 사람.

12. 어떤 일이나 關係가 良好한 狀態로 바뀜.

病의 症勢가 나아짐.

• 싸우기를 좋아함. 호투(好鬪)

13. 評判이 높아서 世上에 널리 알려진 이름.

14. 才能이나 學識, 技術 따위가 남보다 特히 뛰어남을 比喩的으로 이르는 말.

짐승의 머리에 있는 뿔.

15. 聖賢들이 儒敎의 思想과 敎理를 써 놓은 冊.

• 慶事스러운 兆朕.

16. 윤(潤)이 나는 자개 조각을 여러 가지 模樣으로 박아 넣거나 붙이고 옻을 바르는 일.

18. 生物體를 이루고 있는 構造上, 技能上의 基本 單位.

• 어떤 團體나 組織의 最小 構成單位.

20. 어떤 勢力이나 對象을 쳐서 쓰러뜨리거나 거꾸러뜨림.

• 行政 區域上 自己가 속하지 않은 도.

21. 잘난 체하며 업신여기는 건방진 態度.

• 萬의 곱절이라는 뜻으로, 많은 數를 比喩的으로 이르는 말.

22. 一定한 곳에 자리를 잡고 머물러 사는 곳.

23. 國民이 權利를 가짐과 同時에 스스로 권리를 行事하는 政治 形態.

데모크라시(democracy)

24. 「머리털을 잡고 먹은 것을 토해 냄」 民心을 거두어 잡고 政務를 보살피기에 暫時도 便安함이 없음.

토포착발(吐哺捉髮), 토포악발(吐哺握發)

## 세 로 열 쇠

1. 「봄날의 추위와 늙은이의 健康함」 겨울 날씨와 늙은이의 筋力이 좋은 것은 못 믿는다는 俗談. 事物이 오래가지 못함을 比喩함.

토자미파(兎子尾巴), 춘화노골(春花老骨)

약어유부중(若魚遊釜中)

2. 「앞을 내다보는 眼目」 다가올 일을 豫測하는 밝은 知慧.

천리안(千里眼), 명견만리(明見萬里)

심모원려(深謀遠慮), 전감소연(前鑑昭然)

조지지사(蚤知之士), 좌지천리(坐知千里)

↔ 서목촌광(鼠目寸光), 일엽장목(一葉障目)

3. 젊은 나이에 男便이 먼저 죽어서 혼자된 女子.

상부(孀婦), 청상(靑孀), 미망인(未亡人)

청상과부(靑孀寡婦), 청춘과부(靑春寡婦)

백주지조(栢舟之操)

동뢰연과부(同牢宴寡婦)

4. 글 짓는 재주와 글씨 쓰는 재주를 다 갖춤.

9. 公的 機關이나 團體 등이 一定 事項에 대한 方針이나 見解를 公表하는 文書.

11. 個人이 私私로이 주조(鑄造)한 돈.

12. 양쪽의 力量이 비슷해서 낫고 못함이 없이 맞선 氣勢.

난형난제(難兄難弟), 막상막하(莫上莫下)

춘란추국(春蘭秋菊), 백중지세(伯仲之勢)

15. 世上과 나라를 다스리고 百姓을 救濟함. 경제(經濟), 경국제민(經國濟民)

경국제세(經國濟世), 광제창생(廣濟蒼生)

구세제민(救世濟民), 박시제중(博施濟衆)

보국안민(輔國安民), 부국안민(富國安民)

이국편민(利國便民), 이식위수(以食爲首)

제세경방(濟世經邦), 제세지재(濟世之才)

제폭구민(除暴救民), 포항창진(浦項倉鎭)

16. 다른 사람이 하는 일이나 行動을 特別한 目的意識 없이 따라 하는 行爲.

미투이즘(metooism)

17. 朝鮮 時代, 아내를 내쫓을 수 있는 理由가 되는 일곱 가지의 허물.

시부모(媤父母)에게 불손(不遜)· 無子息 · 行實 淫行 · 투기(妬忌) · 몹쓸 병 · 말이 많음 · 도둑질 등.

칠출(七出).

19. 「으르렁대는 호랑이가 개펄에 빠짐」 큰소리만 치고 일은 이루지 못함을 말함.

유지첨엽(有枝添葉), 침소봉대(針小棒大)

허장성세(虛張聲勢), 호왈백만(號曰百萬)

# 아흔세 번째

## 가 로 열 쇠

1. 「대개는 같고 差異가 거의 없음」 두 가지 以上의 對象이 어슷비슷함.

난백난중(難伯難仲), 막상막하(莫上莫下)
백중지세(伯仲之勢), 용호상박(龍虎相搏)
우열난분(優劣難分), 차상차하(差上差下)
차선차후(差先差後), 천편일률(千篇一律)
춘란추국(春蘭秋菊), 호각지세(互角之勢)

3. 이러기도, 저러기도 어려워 形便이 딱함.

간어제초(間於齊楚), 사제사초(事齊事楚)
절영우면(絶纓優面), 진퇴유곡(進退維谷)

5. 矯導所의 規則을 잘 지켜 다른 죄수의 龜鑑이 되는 罪囚.

6. 어떤 對象에 취한 듯 빠져들어 헤어나지 못함.

・功勞 없이 벼슬을 함.

7. 굳게 믿거나 생각하는 바.

・예전에, 臣下가 임금에게 自己를 낮추어 가리키던 말.

8. 마음에 꺼려서 싫어하거나 금함.

어떤 社會에서 不淨한 것으로 생각되는 것에 대한 接觸을 信仰的인 次元에서 禁하는 風習. 터부.

10. 삶의 意義나 目的, 價値 등에 대한 見解나 立場.

12. 일이 進行되는 正常的인 方向과 段階.

・남을 속이는 奸詐한 속임수나 手段.

13. 社會의 一般 構成員에게 共同으로 속하거나 두루 關係되는 것.

14. 불을 뿜는 듯한 雄辯.

15. 겉만 보기 좋게 꾸며내는 일.

16. 산, 언덕, 길 등의 한쪽으로 기울어진 면.

18. 事物이 지닌 값이나 쓸모.

20. 서로 가깝게 지내는 좋은 情分.

21. 確信으로 自信 있게 말함.

22. 食用으로 쓰기 위해 살이 찌도록 기른 소.

23. 「邊方에 사는 老人의 말(馬)」 世上萬事는 變化가 많아 어느 것이 禍가 되고, 福이 될지 예측(豫測)하기 어려워 災殃도 슬픔이 못 되고, 복도 기뻐할 것이 아님.

새옹화복(塞翁禍福), 고락병행(苦樂竝行)
고진감래(苦盡甘來), 북수실마(北叟失馬)
전화위복(轉禍爲福)

24. 두 편이 서로 낫고 못함이 없는 處地임. 피장부아장부(皮丈夫我丈夫)

피차일반(彼此一般), 난형난제(難兄難弟)
오십보백보(五十步百步)

## 세 로 열 쇠

1. 「소를 마주하고 거문고를 탐」 어리석은 사람에게 깊은 理致를 말해 주어도 所用이 없음.

우이독경(牛耳讀經), 마이동풍(馬耳東風)
우후투추(牛後投芻), 추풍과이(秋風過耳)
우이탄금(牛耳彈琴)

2. 「생김대로 사람을 취함」 사람의 어질고 어질지 못함을 보는 데 그 사람의 德의 與否는 考慮하지 않고, 다만 容貌의 美醜만을 보고 정하는 行爲.

견모상마(見毛相馬), 이모상마(以毛相馬)
이언거인(以言擧人), 부귀재천(富貴在天)

3. 「모두가 運數에 달린 일」 사람의 힘으로는 어쩔 수 없음을 이르는 말.

운수소관(運數所關), 막비명야(莫非命也)
부귀재천(富貴在天)

4. 똑똑한 사람이 어리석은 사람처럼 보이며 살기가 힘듦.

대교약졸(大巧若拙)

9. 土木이나 建築 따위의 일을 始作할 때 치르는 儀式.

11. 한 個人이나 民族의 살아온 過程.

12. 形式的으로 옳은 것처럼 꾸미지만 그 本質은 그릇된 論理로, 거짓을 참인 것처럼 꾸미는 論法을 잘하는 사람.

소피스트(sophist)

15. 마음에 없는 말로써 그럴듯하게 꾸며 남의 脾胃를 맞춤. 겉치레, 눈치레

외면수습(外面收拾), 검려지기(黔驢之技)
부화방종(浮華放縱), 수식변폭(修飾邊幅)

16. 「가벼운 비단옷과 살찐 말」 호사(豪奢)스러운 차림새를 이르는 말.

경장비마(輕裝肥馬), 경구비마(輕裘肥馬)
비마경구(肥馬輕裘)

17. 「얼굴에 쇠가죽을 발랐음」 몹시 뻔뻔스러움을 비유하는 말.

철면피(鐵面皮), 강안(强顔)
전안(靦顔), 파렴치(破廉恥)
과렴선치(寡廉鮮恥), 후안무치(厚顔無恥)
↔ 박면피(剝面皮)

19. 「배냇니를 다 갈지 못하고 머리는 다박머리임」 아직 나이가 어림.

치발불급(齒髮不及)

| 1 |  |  | 2 | ■ | 3 |  |  | 4 |
|---|---|---|---|---|---|---|---|---|
|  | ■ | ■ | 5 |  |  | ■ | ■ |  |
|  | ■ | 6 |  | ■ | 7 |  | ■ |  |
| 8 | 9 | ■ | 10 | 11 |  | ■ | 12 |  |
| ■ | 13 |  | ■ |  | ■ | 14 |  | ■ |
| 15 |  | ■ | 16 |  | 17 | ■ | 18 | 19 |
|  | ■ | 20 |  | ■ | 21 |  | ■ |  |
|  | ■ | ■ | 22 |  |  | ■ | ■ |  |
| 23 |  |  |  | ■ | 24 |  |  |  |

# 아흔네 번째

## 가 로 열 쇠

1. 표면(表面)에 빗살 같은 줄이 새겨지거나 그어져 있는 新石器 時代의 토기.
   빗살무늬 토기(土器)

3. 「달걀로 돌을 침」 아주 약한 것으로 매우 강한 것에 對抗하려는 어리석음.
   당랑거철(螳螂拒轍), 당비당거(螳臂當車)
   배수거신(杯水車薪), 배수구거(杯水救車)
   부자양력(不自量力), 사문부산(使蚊負山)
   일목난지(一木難支), 한강투석(漢江投石)

5. 上訴審의 하나로, 第二審 判決에 不服하여 大法院에 再審을 要求한 事件의 審判. 제삼심(第三審)

6. 「하늘을 만짐」 아주 높음.

7. 政權이나 體制 따위를 무너지게 함.

8. 競技나 競走 따위에서 이겨 첫째가 됨.

10. 恭敬하고 두려워하는 마음.

12. 어려운 일을 겪거나 그런 處地에 놓임.
   • 예수가 十字架에 못 박힐 때 당한 苦難.

13. 問題에 대한 對策이나 方案 따위를 窮理하여 찾아냄.

14. 越等한 힘이나 재주 따위로 남을 꼼짝 못 하게 함.

15. 두려워하고 꺼림.
   • 잡(雜)스러운 여러 가지의 놀이.

16. 어떤 事物이 나온 根本이나 出處.

18. 벌어진 일의 狀態나 일의 되어 가는 形便.

20. 물 따위가 세차게 솟아오르거나 끓어오름.
   • 힘이나 氣勢 따위가 세차게 북받쳐 오름.

21. 외람(猥濫)된 일. 남사

22. 좋은 종이로 붙인, 便紙紙로 쓰이는 두루마리.

23. 도움이 될 만한 가까운 親戚.
   기공친(期功親), 시마이상친(緦麻以上親)
   당내지친(堂內至親), 강근지족(强近之族)
   유복지친(有服之親), 지정지간(至情之間)

24. 日常生活의 모든 禮儀와 節次.

## 세 로 열 쇠

1. 「바람으로 머리를 빗고 빗물로 沐浴함」 客地를 放浪하며 온갖 苦生을 겪음.

목우즐풍(沐雨櫛風), 풍환우빈(風鬟雨鬢)
비풍참우(悲風慘雨), 조진모초(朝秦暮楚)
풍상고초(風霜苦楚), 풍찬노숙(風餐露宿)

2. 생각이나 着想이 普通 사람은 쉽게 想像할 수 없을 程度로 奇拔하고 엉뚱함.

돌돌괴사(咄咄怪事), 돌돌괴기(咄咄怪奇)
석파천경(石破天驚), 심외지사(心外之事)
증소불의(曾所不意)

3. 마음에서 마음으로 전하게 되면 모든 것을 理解하고 깨닫게 됨.

교외별전(教外別傳), 심심상인(心心相印)
염화미소(拈華微笑)

4. 「앉은 자리가 따뜻할 겨를이 없음」 자리나 住所를 자주 옮기거나 매우 바쁘게 돌아다니는 것을 比喩하는 말.

묵돌불검(墨突不黔), 좌석미난(座席未煖)
재가무일(在家無日), 석불급난(席不及暖)

9. 動力을 利用하여 사람이나 짐을 위 아래로 실어 나르는 裝置.

엘리베이터(elevator)

11. 같은 目的을 達成하기 위해 다투는 相對方.

12. 清貧, 淨潔, 順從을 誓約하고 修道院에서 獨身으로 修道 生活을 하는 男子.

15. 겉으로는 부드럽고 순하나 속은 곧고 꿋꿋함. 내강외유(內剛外柔)

강유겸전(剛柔兼全), 면리장침(綿裏藏針)
외유중강(外柔中剛), 외허내실(外虛內實)

16. 親分이 두텁지 않은 사람이 친분이 두터운 사람 사이를 멀어지게 하지 못한다는 말.

17. 「青出於藍의 名譽」 弟子나 後輩가 스승이나 先輩보다 낫다는 評判을 얻는 名譽를 이르는 말.

청출어람(青出於藍), 후생각고(後生角高)
청출어람이청어람(青出於藍而青於藍)

19. 너무 굳거나 빳빳하면 꺾어지기가 쉬움.

목강즉절(木强則折)

| 1 |  |  | 2 | ■ | 3 |  |  | 4 |
|---|---|---|---|---|---|---|---|---|
|  | ■ | ■ | 5 |  |  | ■ | ■ |  |
|  | ■ | 6 |  | ■ | 7 |  | ■ |  |
| 8 | 9 | ■ | 10 | 11 |  | ■ | 12 |  |
| ■ | 13 |  | ■ |  | ■ | 14 |  | ■ |
| 15 |  | ■ | 16 |  | 17 | ■ | 18 | 19 |
|  | ■ | 20 |  | ■ | 21 |  | ■ |  |
|  | ■ | ■ | 22 |  |  | ■ | ■ |  |
| 23 |  |  |  | ■ | 24 |  |  |  |

# 아흔다섯 번째

## 가 로 열 쇠

1.「가는 길은 각각 다르나 닿는 곳은 같음」方法은 다르지만, 歸着하는 結果는 같음을 이르는 말.

기귀일야(其歸一也), 이곡동공(異曲同工)

3. 어진 德을 쌓고 어진 일을 많이 함.

근열원래(近悅遠來), 덕화만방(德化萬方)

시우지화(時雨之化), 요풍순우(堯風舜雨)

인언이박(仁言利博), 인집앙류(鱗集仰流)

5. 物體의 겉면을 갈아 부드럽게 하거나 녹을 문질러 닦는 데에 쓰는 천이나 종이.

사지(沙紙), 사포(砂布), 연마지(研磨紙)

6. 缺陷이나 問題를 解決하기 위해 提示된 適切한 方法.

病을 治療하는 方法을 提示함.

7. 후벼서 구멍을 뚫음.

・깊이 살펴 研究함.

8. 自己의 權利나 資格, 物件 따위를 쓰지 않거나 버림.

하려던 일을 途中에 그만두어 버림.

・뿌리를 單位로 한 草木의 낱개를 세는 단위.

10. 一定한 數量을 다 채우고 남은 것.

・값을 치르고 남아 돌려주는 돈.

거스름

12. 남을 부추기어 어떤 思想을 갖게 하거나 行動을 하도록 助長함. 유동(誘動)

・神仙이 산다는 산골.

13. 말하고 있는 바로 이때.

당금(當今), 금시(今時)

14. 일을 해 나가는 態度가 매우 모질고 끈덕짐. 또는 그런 사람.

度量이 몹시 좁음.

殘忍하고 끔찍스러움.

15. 罪囚를 다른 矯導所로 옮김.

・스승의 遺骸를 넣은 棺을 法堂으로 옮김.

16. 밭에서 收穫한 生蔘을 끓는 물에 데쳐서 乾燥한 삼.

18. 정해진 基準에 따라 여럿을 先後로 區分하여 羅列한 것.

20. 업신여기거나 비웃는 態度로 批評함.

가평(苛評), 혹평(酷評)

21.「살을 긁어내고 뼈를 발라냄」否定的이거나 나쁜 것들을 찾아 없앰.

결척(抉剔), 파라척결(爬羅剔抉)

22. 性的인 慾求를 解消하고 싶은 衝動.

23. 거의 죽게 되어, 죽을지 살지 모를 地境임.

반사지경(半死之境), 아사선상(餓死線上)

인귀상반(人鬼相半), 치지사지(置之死地)

24. 아니꼬울 程度로 吝嗇한 사람을 얕잡아 이르는 말.

수전노(守錢奴), 구두쇠, 노랑이

유재아귀(有財餓鬼)

## 세 로 열 쇠

1. 「橫暴한 사람으로 횡포한 사람을 바꿈」 暴力을 폭력으로 다스림.

이독공독(以毒攻毒), 이독제독(以毒制毒)
이독치독(以毒治毒), 이약제약(以藥制藥)
이약치약(以藥治藥), 이열치열(以熱治熱)

2. 「周나라 武王이 殷나라를 征伐한 뒤, 말과 소를 놓아줌」 다시는 戰爭을 하지 않음.

방우귀마(放牛歸馬), 권갑도기(卷甲韜旗)
매검매우(賣劍買牛), 소봉주거(銷鋒鑄鐻)
언무수문(偃武修文), 투병식과(投兵息戈)

3. 立春 뒤에 오는 첫 甲子日에 비가 오면, 그해 봄에 크게 가물어서 千里의 넓은 논밭이 다 赤地가 된다는 말.

4. 「사람과 말(馬)이 한가지로 같음」 같은 境遇에 처했을 때, 微物이라도 疏忽하게 대하지 말아야 함.

9. 처음 해 보는 일이나 처음 보는 對象, 場所 따위가 낯설게 느껴지지 않는 現象. 데자뷰(dejavu)

11. 예수의 十字架 受難과 復活, 昇天을 內容으로 한 演劇.

12. 먼저 와 닿은 順序.

도착순(到着順)

15. 「두 가지 規律이 서로 反對됨」 서로 矛盾되는 두 命題가 同等한 妥當性을 가지고 主張되는 일.

도문담불(屠門談佛), 자가당착(自家撞着)
모순당착(矛盾撞着), 창가책례(娼家責禮)
안티노미(Antinomy),
패러독스(Paradox)

16. 太平한 時代의 훌륭하고 좋은 일.

17. 「키가 아직 석 자밖에 자라지 않은 아이」 철모르는 어린아이.

19. 「쥐의 肝과 벌레의 팔」 쓸모없고 하찮은 사람이나 物件.

무용지물(無用之物), 도견와계(陶犬瓦鷄)
복배지모(腹背之毛), 부췌현우(附贅縣疣)
부화낭예(浮花浪蕊), 오서오능(鼯鼠五能)
유획석전(猶獲石田), 잉여인간(剩餘人間)
저력지재(樗櫟之才), 천하지구(天下之坵)
후목분장(朽木糞牆)

# 아흔여섯 번째

## 가 로 열 쇠

1. 政治를 펴는 道理나 나라를 다스리는 바탕이 되는 秩序가 무너지고 解弛한 것.

강기폐이(綱紀廢弛), 어란토붕(魚爛土崩)

토경어란(土傾魚爛)

도덕적해이(道德的解弛)

3. 말이나 態度 따위가 희미(稀微)하고 흐려 分明하지 않음.

알쏭달쏭, 불투명(不透明), 긴가민가

퍼지이론(fuzzy theory)

5. 어떤 團體에서 會員들의 安否나 動靜 따위를 알리는 油印物.

6. 五官 및 感覺 器官의 작용.

肉體的 快感, 특히 性的인 감각을 刺戟하는 作用.

7. 事物의 中心이 되는 重要한 部分.

神經 器官 가운데, 신경 細胞가 모여 있는 部分.

8. 지은 罪나 잘못한 일에 대하여 꾸짖거나 罰하지 않고 너그러이 보아줌.

・남에게 雇傭되어 글씨를 쓰는 일.

10. 방바닥을 바르는 데 쓰는 마감용 종이.

12. 어떤 일이 일어나거나 變化하도록 만드는 決定的인 原因이나 機會.

13. 사람의 本性에서 우러나는 네 가지 마음.

측은지심(惻隱之心), 수오지심(羞惡之心)

사양지심(辭讓之心), 시비지심(是非之心)

・일어난 事件이나 事故.

・비스듬히 자름.

・敵對者라는 뜻으로, 하나님과 對立하여 存在하는 惡을 人格化하여 이르는 말.

14.「그림자조차 없어짐」발길을 딱 끊음.

15. 仔細하게 봄.

・새해의 첫머리.

16. 가톨릭 敎會에서, 洗禮를 받는 사람에게 聖人의 이름을 따서 새로 붙여 주는 이름. 영명(靈名), 성명(聖名)

18.「등의 뒤」어떤 對象이나 集團의 뒤쪽.

어떤 일의 드러나지 않은 裏面.

20. 懇切히 바라며 구함. 갈망(渴望)

21. 속속들이 꿰뚫어 밑바닥까지 빈틈이나 부족함이 없음.

투철(透徹) ↔ 소홀(疏忽)

22. 美人의 貞淑하고 아름다운 걸음걸이.

금련보(金蓮步)

23.「불쌍히 여겨 언짢아하는 마음」사단(四端)의 하나.

긍휼(矜恤), 연민(憐憫)

대자대비(大慈大悲), 시민여상(視民如傷)

애인휼민(愛人恤民)

24. 一身上에 關聯된 처處地나 형形便을 한숨 쉬며 恨歎함.

신세타령(身世--), 넋두리, 푸념,

하소연

## 세 로 열 쇠

1. 「性品이 억세고 비꼬여서 自己의 智慧와 재주만 씀」 남의 말을 듣지 않고 자기 멋대로 行動함.

고집불통(固執不通), 종회여류(從懷如流)

산계야목(山鷄野鶩), 수석침류(漱石枕流)

우이호자용(愚而好自用)

2. 젊은 사람이 나이 많은 사람을 無禮한 言行으로 능욕(凌辱)하고 업신여김.

3. 매우 사랑하고 所重히 여기는 模樣.

경지옥엽(瓊枝玉葉), 금지옥엽(金枝玉葉)

옥수경지(玉樹瓊枝)

4. 「하늘과 땅 사이에 가득 찬 넓고 큰 元氣」 거침없이 넓고 큰 氣概. 公明正大하여 조금도 부끄럼 없는 勇氣.

지대지강(至大至剛)

9. 歷史的 사事實이나 神話, 傳說, 英雄의 事績을 사실 그대로 쓴 時.

11. 法院에서 비슷하고 同一한 訴訟 事件에 대하여 행한 裁判의 先例.

12. 「넘침을 경계하는 잔」 술잔을 가득 채워서 마시지 못하도록 술이 어느 程度까지 차면 옆의 구멍으로 새게 되어 있는 잔(盞).

15. 世上의 일은 變化가 심하여 미리 헤아리기 어려움.

변화난측(變化難測), 인심난측(人心難測)

16. 歲月이 매우 오래됨.

연구세심(年久歲深), 연구월심(年久月深)

연심세월(年深歲月), 만고천추(萬古千秋)

17. 聰明하고 사리에 밝아 일을 잘 處理하여 自己 몸을 保存.

每事에 法道를 지켜 穩全하게 處身하는 態度.

내청외탁(內淸外濁), 일룡일사(一龍一蛇)

19. 時期에 늦어 機會를 놓쳤음을 안타까워하는 마음. 만시지탄(晩時之歎)

갈이천정(渴而穿井), 능성적중(綾城謫中)

대한색구(大寒索裘), 실우치구(失牛治廐)

우자다회(愚者多悔), 우후송산(雨後送傘)

임갈굴정(臨渴掘井), 조지약차(早知若此)

과연후능개(過然後能改)

# 아흔일곱 번째

## 가 로 열 쇠

1. 「눈먼 거북이 물에 뜬 나무를 붙잡음」 어려운 形便에 뜻밖의 幸運을 만나 어려움을 면하게 됨을 이르는 말.

무망지복(毋望之福), 사공중곡(射空中鵠)
십년일득(十年一得), 절처봉생(絶處逢生)
주장낙토(走獐落兎), 천재일우(千載一遇)
행이득면(倖而得免)
↔ 졸지풍파(猝地風波), 홀지풍파(忽地風波)

3. 「自己의 줄로 자기 몸을 옭아 묶음」 자기가 한 말과 行動에 자기 自身이 困難하게 됨.

무승자박(無繩自縛), 양호후환(養虎後患)
위법자폐(爲法自弊), 인과응보(因果應報)
자작지얼(自作之孽), 작법자폐(作法自斃)

5. 形勢나 勢力 따위가 한창 旺盛한 時期. 최성기(最盛期). ↔ 퇴조기(退潮期)

6. 자기의 能力을 믿음으로써 갖는 堂堂함.

- 贊成하는 뜻. 찬의(贊意)

7. 몰래 사람을 죽임.
밀살(密殺), 암해(暗害)

8. 어떠한 限界나 標準을 뛰어넘음.
초탈(超脫), 초일(超逸) ↔ 내재(內在)

10. 이른 새벽닭이 울 때.
달구리, 닭울녘

12. 男女 間에 서로 그리워하는 마음.
연정(戀情)

- 불쌍하게 여기는 마음. 또는 구슬픈 心情.

13. 天下를 다스리는 것. 영륜(營綸)

- 自轉車로 하는 競技.

14. 마음에 懇切히 생각하고 祈願함.
소망(所望), 소원(所願)

15. 冊, 新聞, 雜誌 등의 글을 읽는 사람.

- 남에게 依支하지 않는 自己 혼자.
- 다른 子息이 없이 단 하나뿐인 아들.

16. 程度가 지나칠 정도로 돌보고 보살핌.
자모유패자(慈母有敗子)

18. 썩 가까운 앞날.

- 밀물과 썰물. 미세기, 조수(潮水)
- 아침밥과 저녁밥. 옹손(饔飧), 조석반

20. 自身에게 恩惠를 베푼 사람.

- 俗世를 떠나 草野에 묻혀 사는 사람.

21. 地主를 代理하여 小作權을 管理하는 사람. 사음(舍音), 농감(農監)

22. 일이 잘 이루어지도록 도와주기 위해 짜인 사람들의 組織.

23. 「맑게 갠 하늘에서 떨어지는 벼락」 突發的인 事態나 事變.

글씨의 劃에 드러나는 힘이 세참.
졸지풍파(猝地風波), 평지풍파(平地風波)
평지낙상(平地落傷), 평지파란(平地波瀾)

24. 백거이(白居易)의 詩에서 由來한 말로, 거문고, 술, 시를 아울러 이르는 말.

## 세 로 열 쇠

1. 「사나운 범이 풀숲에 엎드려 있음」 英雄은 一時的으로 숨어 있어도, 때가 되면 世上에 드러나게 마련이라는 말.

불비불명(不飛不鳴), 삼년불비(三年不蜚)
와룡봉추(臥龍鳳雛), 일명경인(一鳴驚人)
잠용불용(潛龍不用)

2. 눈앞에 보이는 한때만을 생각하는 꾀.

고식책(姑息策), 고식지계(姑息之計)
갈택이어(竭澤而漁), 구차미봉(苟且彌縫)
권의지계(權宜之計), 미봉만환(彌縫漫漶)
하석상대(下石上臺), 할고담복(割股啖腹)

3. 어떤 생각을 되풀이함으로써 自己自身에게 暗示를 주는 일.

↔ 타자암시(他者暗示)

4. 많이 알지만 精通하지는 못함.

널리 알되 能熟하거나 精密하지 못함.

9. 國境이나 境界線을 넘는 사람.

11. 기쁜 奇別이나 消息.

낭보(朗報), 희보(喜報), 희소식(喜消息)

12. 슬프게 怨望하는 투(套)의 목소리.

15. 「홀로 푸르고 푸름」 홀로 높은 節槪를 지켜 늘 변함이 없음.

낙락장송(落落長松), 독청독성(獨淸獨醒)
상풍고절(霜風高節), 설중송백(雪中松柏)
세한고절(歲寒孤節), 세한삼우(歲寒三友)
세한송백(歲寒松柏), 송죽지절(松竹之節)
여송지성(如松之盛), 오상고절(傲霜孤節)
전수일절(全守一節)

↔ 거세개탁(擧世皆濁)

16. 普通 사람보다 훨씬 센 힘.

금분마(擒奔馬), 겸인지력(兼人之力)
괴뢰지사(魁壘之士), 발산개세(拔山蓋世)
발산거정(拔山擧鼎), 삼두육비(三頭六臂)
악래다력(惡來多力), 여력과인(膂力過人)
역능강정(力能扛鼎), 역예우미(逆曳牛尾)
예우각행(曳牛却行), 오획지력(烏獲之力)
웅비지사(熊羆之士), 천근역사(千斤力士)
항우장사(項羽壯士), 회천만일(廻天挽日)
역발산기개세(力拔山氣蓋世)

17. 「호 나라의 말은 北風이 불 때마다 머리를 들어 북쪽을 바라봄」 故鄕을 몹시 그리워함. 호마의북풍(胡馬依北風)

월조소남지(越鳥巢南枝)
수구초심(首丘初心), 호사수구(狐死首丘)

19. 도마뱀이 龍과 模樣이 비슷하다 하여 잡아다가 甁에 넣어 祈雨祭를 지내던 일.

동자석척제(童子蜥蜴祭)
사의기우(蛇醫祈雨)

# 아흔여덟 번째

## 가 로 열 쇠

1. 사람으로서의 禮節을 차릴 줄 모름.
제 몸에 벌어지는 일을 모를 만큼 精神을 잃은 狀態.
불성인사(不省人事)

3. 남을 깊이 믿어 그가 하자는 대로 함.
언청계종(言聽計從), 수행축대(隨行逐隊)
↔ 각득기소(各得其所), 각종기지(各從其志)

5. 사람을 쓰는 데 支出되는 費用.

6. 어떤 일을 이루려는 積極的인 마음.
特定 目的의 達成을 志向하는 人間의 意識的인 努力.

7. 하늘이 베푼 恩惠.

8. 紙幣 또는 돈이나 物品을 交換할 수 있는 종이로 된 證書를 發行함.

10. 산속에서 풀뿌리, 나뭇잎, 열매 따위를 먹고사는 몸에 털이 많은 自然人.

12. 曲이 進行되는 時間을 세는 基本 單位.
土器를 만들 때 바탕흙을 두드려 단단하게 하는 데 쓰던 연장.

13. 物資나 資金 등이 매우 귀해져서 달리거나 없어짐.

14. 매우 빠르게 發展하거나 進步함.
힘차게 앞으로 뛰어나감.

15. 어떤 일에 對處할 수 있는 아주 뛰어난 좋은 생각. 묘책(妙策)

16. 어떤 일을 하기 위하여 全體的인 짜임과 順序를 생각하고 세운 案.

18. 무엇에 대하여 민감(敏感)하게 느끼거나 認識하고 反應하는 能力.

20. 「눈과 속눈썹」 미첩(眉睫)

21. 일어나는 횟수가 매우 잦음.
• 변변하지 못한 제수(祭需).

22. 完全하지는 않아도 그 程度면 좋겠다는 肯定에 가까운 承諾.

23. 무릎을 치며 歎服하여 稱讚함.
격절칭상(擊節稱賞), 구각춘풍(口角春風)
극구찬송(極口讚頌), 대찬불이(大讚不已)
만구칭찬(萬口稱讚)
칭지불용구(稱之不容口)

24. 한갓 헛되게 애만 쓰고 아무 보람이 없음. 도로무익(徒勞無益)
금의야행(錦衣夜行), 노이무공(勞而無功)
도비심력(徒費心力), 암중순목(暗中瞬目)
야행피수(夜行被繡), 의수야행(衣繡夜行)
종정구인(從井救人)

## 세 로 열 쇠

1. 「활시위를 당길 뿐 쏘지 않음」學問을 가르침에 있어서 工夫하는 方法만을 가르치고 仔細한 풀이는 일러주지 않아 스스로 깨닫도록 하는 것을 比喩하는 말.

교자채신(敎子採薪), 일경지훈(一經之訓)

2. 남의 훌륭하고 아름다운 점을 도와서 더욱 빛나게 해 줌.

3. 「말(言)이 千里를 낢」말이 몹시 빠르고 멀리 전하여 퍼짐을 이름.

사마난추(駟馬難追), 사불급설(駟不及舌)
설망어검(舌芒於劍), 설저유부(舌底有斧)
수구여병(守口如甁), 악사천리(惡事千里)
이속우원(耳屬于垣)

4. 「龍과 범의 모습」英雄豪傑의 資質.

기연장자(頎然長者), 봉의귀중(丰儀貴重)
선풍도골(仙風道骨), 신채영발(神采英拔)
여풍호준(麗風豪俊), 영자삽상(英姿颯爽)
옥골선풍(玉骨仙風), 용장봉자(龍章鳳姿)
헌헌장부(軒軒丈夫)

9. 어떤 行動을 하도록 勸 하는 것을 글로 적어 놓은 것.

11. 實際로 있었던 狀態.

實地에 있어서.

12. 세차게 밀고 나아가는 느낌.

15. 젊은 나이에 타고난 빼어난 品格과 재주.

16. 飯饌 數에 따른 상차림의 하나.

장류, 조치류의 기본 飯饌에 숙채(熟菜), 생채(生菜) 두 가지, 구이 두 가지, 조림, 전류, 마른반찬, 회(膾)류의 아홉 가지 飯饌을 갖추어 차린 상.

17. 「가난한 生活을 하면서도 便安한 마음으로 道를 지키며 즐김」苟且하고 窮塞하면서도 그것에 拘束되지 않고 平安하게 즐기는 마음으로 살아감.

안분지족(安分知足), 단사표음(簞食瓢飮)
빈이낙도(貧而樂道), 소림일지(巢林一枝)
언서음하(偃鼠飮河), 청빈낙도(淸貧樂道)
↔ 계학지욕(谿壑之慾), 득롱망촉(得隴望蜀)

19. 주는 것을 拒絶하여 물리치는 일은 恭遜하지 못한 것임.

과공비례(過恭非禮), 은근무례(慇懃無禮)

# 아흔아홉 번째

## 가 로 열 쇠

1.「鶴의 목처럼 목을 길게 빼고 기다림」애타게 기다림.

학기(鶴企), 학립(鶴立), 학망(鶴望)

갈민대우(渴民待雨), 교족인령(翹足引領)

일일삼추(一日三秋), 촌음약세(寸陰若歲)

학립기저(鶴立企佇)

일각여삼추(一刻如三秋)

3.「살주머니와 밥통」하는 일 없이 먹고 놀기만 하는 사람을 嘲弄하는 말.

반낭주대(飯囊酒帒), 반갱주낭(飯坑酒囊)

목우인의(木偶人衣), 의가반낭(衣架飯囊)

주대반낭(酒袋飯囊), 주옹반낭(酒甕飯囊)

행시주육(行尸走肉)

5.「한 솥의 밥을 먹음」한집에서 같이 삶.

6. 어떤 行動이나 일에서 나타나는 否定的인 現象이나 해로운 要所.

7. 사람들과 어울려 世上에서 살아가는 일.

8. 사람의 몸에서, 목의 아래 끝에서 팔의 위 끝에 이르는 部分.

옷소매가 붙은 솔기와 깃 사이의 부분.

짐승의 앞다리나 새의 날개가 붙은 윗부분.

10. 죽기를 覺悟하고 있는 힘을 다해서 싸움에 임할 決心으로 나선 무리.

12. 잘못이나 失手가 없도록 말이나 行動에 神經을 씀. 주의(注意)

13. 이미 저질러 놓은 일이나 짓.

짓거리, 업, 所爲, 所作, 소행머리

• 밤길을 감.

• 물의 흐름을 거슬러 올라감.

14. 이리저리 비추어 보아 알맞게 考慮함.

• 부끄럽게 여김.

15. 一定 期間마다 부어 나가는 돈.

할부금(割賦金)

稅金이나 費用 따위를 매겨서 負擔하게 한 金額. 부과금(賦課金)

16. 미리 정해 놓거나 받아 놓은 날짜.

18. 相對便이 이쪽 편의 뜻을 따르도록 깨우쳐 말함. 설복(說服), 세복(說服)

20. 어떤 一定한 制限을 받지 않고 마음대로 하는 것. 수의(隨意), 자의(恣意)

21. 自己의 일을 反省하며 깊이 살핌.

늘 마음속으로 생각함.

22. 戰爭을 겪거나 전쟁이 벌어지고 있는 形便이나 環境.

23. 부끄러워하고 뉘우치는 마음.

수오지심(羞惡之心), 염우염치(廉隅廉恥)

회개지심(悔改之心), 회지막급(悔之莫及)

24.「어둠 속에서 손을 더듬어 찾음」確實한 方法을 모른 채 일의 실마리를 찾아내려 함을 이르는 말.

구반문촉(毆槃文燭), 군맹무상(群盲撫象)
맹완단청(盲玩丹靑), 촌촌전진(寸寸前進)
남대문입납(南大門入納)

## 세 로 열 쇠

1. 「수레바퀴 자국에 괸 물의 붕어」 매우 危急한 處地에 있거나 몹시 고단하고 옹색(壅塞)한 사람.

거철부어(車轍鮒魚), 고어지사(枯魚之肆)
도소지양(屠所之羊), 불면정조(不免鼎俎)
어유부중(魚遊釜中), 조상지어(俎上之魚)
철부지급(轍鮒之急), 철중린(轍中鱗)
녹사불택음(鹿死不擇音)

2. 많은 사람이나 여러 集團이 하나의 目標를 위하여 크게 하나로 뭉침.

일심동귀(一心同歸), 일치단결(一致團結)
↔ 사분오열(四分五裂)

3. 僧侶가 고기를 먹고 아내를 가짐.

대처육식(帶妻肉食), 대처승인(對妻僧人)
대처승(帶妻僧), 화택승(火宅僧)

4. 「이리는 本來의 野性이 있어 좀처럼 길들지 않음」 信義가 없는 사람은 쉽게 敎化할 수 없음.

양호상신(養虎傷身), 양호후환(養護後患)
양훼성사(養虺成蛇)

9. 남의 不幸을 보고 몹시 痛快해 함.

11. 말귀를 제대로 못 알아듣는 사람.
• 45세가 停年이라는 말의 줄임말.

12. 어떤 일, 事件을 거짓으로 꾸몄다는 所聞.

15. 하늘을 우러러보나 땅을 굽어보나 良心에 부끄러운 것이 없음.

각답실지(脚踏實地), 광명정대(光明正大)
금영무참(衾影無慚), 내성불구(內省不疚)
무괴어심(無愧於心), 불괴옥루(不愧屋漏)
불구암실(不欺闇室), 앙천부지(仰天俯地)
↔ 완둔무치(頑鈍無恥), 파계무참(破戒無慙)

16. 마음을 굳게 다지고 어떤 한 가지 일에 온 마음을 씀.

용지불분(用志不分), 일심정념(一心正念)
전심치지(專心致志), 취정회신(聚精會神)

17. 精神을 集中하면 화살이 바위를 뚫음.

금석위개(金石爲開), 기정천석(寄情泉石)
사석위호(射石爲虎), 멸시음우(滅矢飮羽)
성관금석(誠貫金石), 성심성의(誠心誠意)
염력철암(念力徹巖), 중석몰촉(中夕沒鏃)

19. 일이 뜻대로 이루어져 뽐내는 氣色.

득의양양(得意揚揚), 만면희색(滿面喜色)
수무족도(手舞足蹈), 심만의족(心滿意足)
의기양양(意氣揚揚), 주저만지(躊躇滿志)
지고기양(趾高氣揚), 토기양미(吐氣揚眉)
호기만장(豪氣萬丈)

# 백 번째

## 가 로 열 쇠

1. 忠誠스러운 마음과 의로운 膽力.
   명연의경(命緣義輕), 사생취의(捨生取義)
   충신의사(忠臣義士), 파사현정(破邪顯正)

3. 「學問이나 知識이 未熟하고 才能이 변변치 않음」 學者가 自己의 學識을 謙遜하게 이르는 말.
   삼동문사(三冬文史), 옹종지재(擁腫之材)
   천학단재(天學短才)

5. 兩便이 서로 特別한 便宜와 利益을 주고받는 性質.

6. 어떤 個人이나 集團의 편을 들어 감싸거나 保護함.
   - 나는 듯이 빠르게 달리는 범.
   - 슬퍼하면서 울부짖음.

7. 解決하기 어려운 問題. 난문(難問)

8. 「간과 쓸개」 '속마음'을 比喩하는 말.
   - 서로 정답게 이야기를 주고받음. 또는 그 이야기.

10. 글씨나 그림 따위를 지우는 데 쓰는 物件.

12. 끊이지 않고 繼續하여 이어진 狀態.

13. 깨어져서 조각조각 부서짐. 악살

14. 自然界를 支配하고 있는 原理와 規則.
    아프거나 病에 걸린 몸을 잘 調理함.
    代身하여 處理하고 다스림.

15. 타고난 아름다운 性品.
   - 兄弟나 姉妹의 딸

16. 무엇에 대하여 알고 있는 程度.

18. 漸次 나이가 들어 늙어 감.
   - 슬기로운 꾀. 지략(智略), 지술(智術)

20. 重要하고 높은 地位에 있는 사람.
   - 事物이나 事件이 成立되는 까닭. 또는 條件이 되는 要所.

21. 좋은 글을 가려서 뽑음.

22. 一定한 目的을 이뤄낸 일에 관한 이야기 ↔ 실패담(失敗談)

23. 官廳이나 公的인 일을 핑계하여 私私로운 利益을 꾀함.
    가공영사(假公營私), 가공제사(假公濟私)
    손인리기(損人利己)
    ↔ 국궁진췌(鞠躬盡瘁), 견위수명(見危授命)
    대의멸친(大義滅親), 멸사봉공(滅私奉公)
    선공후사(先公後私), 지공무사(至公無私)

24. 쉽게 고칠 수 없거나 고쳐지지 않는, 根本이 되는 法이나 規定.
    금과옥조(金科玉條), 금석지전(金石之典)
    불역지법(不易之法)

## 세 로 열 쇠

1. 「벌레의 앞발과 쥐의 간」 아주 하찮고 작은 物件을 比喻하는 말.

도견와계(陶犬瓦鷄), 변무지지(騈拇枝指)
복배지모(腹背之毛), 부췌현우(附贅縣疣)
부화낭예(浮花浪蕊), 오서오능(鼯鼠五能)
서간충비(鼠肝蟲臂)

2. 「호랑이도 제 말을 하면 옴」 이야기에 오른 사람이 마침 그곳에 나타난다는 말로, 남에 관해 함부로 말하지 말라는 말.

금옥이음(金玉爾音), 부이세어(附耳細語)
구시화문(口是禍門), 수구여병(守口如甁)
백일무담인(白日無談人)

3. 타고난 性品은 고치기 어려움.

고황지질(膏肓之疾)
품성불가개(稟性不可改)

4. 어떤 處地나 일에서 벗어나기가 힘듦.

9. 급하게 뛰어서 달려가는 것.

달음박질, 뜀박질

11. 푸성귀를 다듬은 후에 골라 놓는 겉대.

12. 「두 나무의 가지가 닿아서 결이 서로 통함」 和睦한 夫婦, 또는 사랑하는 戀人.

금슬지락(琴瑟之樂), 비익조(比翼鳥)

15. 「살얼음과 밟는 것과 같음」 아주 危險한 짓을 함을 이름. 이빙(履氷)

여림심연(如臨深淵), 전긍리박(戰兢履薄)
박빙여림(薄氷如臨), 섭우춘빙(涉于春氷)
약도호미(若蹈虎尾), 약섭대수(若涉大水)
약섭연수(若涉淵水, 약섭춘빙(若涉春氷)
임심리박(臨深履薄), 호미난방(虎尾難放)

16. 무슨 일이 自己 혼자의 힘으로 이루어지지 않고 남에게 힘입어 이루어짐.

차도살인(借刀殺人), 차수행주(借水行舟)
차풍사선(借風駛船), 호가호위(狐假虎威)
↔ 독행독보(獨行獨步), 자립자영(自立自營)

17. 「고기를 파는 저자에서 佛教를 論함」 말과 行動이 周圍環境과 맞지 않음.

남원북철(南轅北轍), 모순당착(矛盾撞着)
이율배반(二律背反), 자가당착(自家撞着)
창가책례(娼家責禮)

19. 다른 이들을 해치기 위해 없는 事實을 꾸며내 벌이는 거짓 宣傳.

권모술수(權謀術數), 설검순창(舌劍脣鎗)
적설소성(赤舌燒城), 중상모략(中傷謀略)
침윤지참(浸潤之譖), 풍진지언(風塵之言)
호구참언(虎口讒言), 흑색선전(黑色宣傳)
마타도어(matador)

# 정 답

## 첫 번째

| 결 | 자 | 해 | 지 |  | 발 | 본 | 색 | 원 |
|---|---|---|---|---|---|---|---|---|
| 초 |  |  | 부 | 평 | 초 |  |  | 천 |
| 보 |  | 참 | 작 |  | 와 | 중 |  | 징 |
| 은 | 근 |  | 족 | 두 | 리 |  | 순 | 수 |
|  | 거 | 물 |  | 름 |  | 관 | 찰 |  |
| 전 | 지 |  | 통 | 성 | 명 |  | 대 | 항 |
| 화 |  | 좌 | 천 |  | 지 | 적 |  | 룡 |
| 위 |  |  | 지 | 배 | 적 |  |  | 유 |
| 복 | 배 | 지 | 수 |  | 견 | 강 | 부 | 회 |

## 두 번째

| 견 | 리 | 사 | 의 |  | 불 | 쏘 | 시 | 개 |
|---|---|---|---|---|---|---|---|---|
| 물 |  |  | 기 | 준 | 치 |  |  | 과 |
| 생 |  | 먼 | 저 |  | 하 | 오 |  | 천 |
| 심 | 사 |  | 상 | 소 | 문 |  | 능 | 선 |
|  | 이 | 름 |  | 매 |  | 입 | 장 |  |
| 진 | 비 |  | 세 | 상 | 사 |  | 질 | 색 |
| 천 |  | 자 | 태 |  | 면 | 면 |  | 은 |
| 동 |  |  | 인 | 동 | 초 |  |  | 행 |
| 지 | 역 | 감 | 정 |  | 가 | 격 | 파 | 괴 |

## 세 번째

| 감 | 탄 | 고 | 토 |  | 격 | 화 | 소 | 양 |
|---|---|---|---|---|---|---|---|---|
| 중 |  |  | 사 | 글 | 세 |  |  | 약 |
| 지 |  | 갈 | 구 |  | 지 | 독 |  | 고 |
| 와 | 각 |  | 팽 | 만 | 감 |  | 단 | 구 |
|  | 설 | 빔 |  | 성 |  | 낱 | 말 |  |
| 무 | 이 |  | 동 | 성 | 애 |  | 마 | 희 |
| 지 |  | 묘 | 기 |  | 급 | 보 |  | 로 |
| 령 |  |  | 부 | 윤 | 옥 |  |  | 애 |
| 이 | 언 | 진 | 여 |  | 오 | 비 | 이 | 락 |

## 네 번째

| 전 | 통 | 문 | 화 |  | 좌 | 충 | 우 | 돌 |
|---|---|---|---|---|---|---|---|---|
| 관 |  |  | 불 | 이 | 익 |  |  | 연 |
| 예 |  | 야 | 단 |  | 분 | 쟁 |  | 변 |
| 우 | 주 |  | 행 | 위 | 자 |  | 길 | 이 |
|  | 체 | 계 |  | 원 |  | 혼 | 잡 |  |
| 만 | 성 |  | 사 | 회 | 면 |  | 이 | 빨 |
| 리 |  | 자 | 리 |  | 면 | 허 |  | 가 |
| 타 |  |  | 사 | 대 | 부 |  |  | 숭 |
| 국 | 치 | 민 | 욕 |  | 절 | 굿 | 공 | 이 |

## 다섯 번째

| 지 | 록 | 위 | 마 |  | 군 | 신 | 유 | 의 |
|---|---|---|---|---|---|---|---|---|
| 족 |  |  | 부 | 랑 | 자 |  |  | 식 |
| 불 |  | 친 | 위 |  | 불 | 화 |  | 동 |
| 욕 | 망 |  | 침 | 체 | 기 |  | 차 | 원 |
|  | 부 | 아 |  | 류 |  | 개 | 선 |  |
| 지 | 석 |  | 기 | 지 | 창 |  | 책 | 동 |
| 적 |  | 감 | 회 |  | 해 | 소 |  | 문 |
| 지 |  |  | 비 | 정 | 상 |  |  | 소 |
| 아 | 유 | 구 | 용 |  | 전 | 인 | 미 | 답 |

## 여섯 번째

| 권 | 모 | 술 | 수 |  | 백 | 아 | 절 | 현 |
|---|---|---|---|---|---|---|---|---|
| 위 |  |  | 어 | 린 | 년 |  |  | 화 |
| 주 |  | 백 | 지 |  | 하 | 자 |  | 식 |
| 의 | 결 |  | 교 | 황 | 청 |  | 유 | 물 |
|  | 의 | 의 |  | 천 |  | 낙 | 인 |  |
| 천 | 문 |  | 여 | 행 | 백 |  | 물 | 음 |
| 생 |  | 진 | 출 |  | 낙 | 관 |  | 덕 |
| 배 |  |  | 일 | 부 | 일 |  |  | 양 |
| 필 | 기 | 도 | 구 |  | 고 | 금 | 독 | 보 |

## 일곱 번째

| 양 | 상 | 군 | 자 |  | 의 | 기 | 투 | 합 |
|---|---|---|---|---|---|---|---|---|
| 두 |  |  | 수 | 서 | 원 |  |  | 리 |
| 구 |  | 정 | 성 |  | 면 | 책 |  | 주 |
| 육 | 성 |  | 가 | 치 | 관 |  | 정 | 의 |
|  | 폭 | 동 |  | 어 |  | 들 | 통 |  |
| 경 | 력 |  | 문 | 지 | 방 |  | 성 | 역 |
| 세 |  | 눈 | 치 |  | 약 | 점 |  | 지 |
| 제 |  |  | 주 | 임 | 무 |  |  | 사 |
| 민 | 족 | 주 | 의 |  | 인 | 의 | 예 | 지 |

## 여덟 번째

| 우 | 화 | 등 | 선 |  | 저 | 승 | 사 | 자 |
|---|---|---|---|---|---|---|---|---|
| 생 |  |  | 사 | 구 | 체 |  |  | 초 |
| 마 |  | 연 | 좌 |  | 온 | 돌 |  | 지 |
| 사 | 태 |  | 우 | 울 | 증 |  | 수 | 종 |
|  | 동 | 안 |  | 렁 |  | 우 | 호 |  |
| 생 | 기 |  | 미 | 증 | 유 |  | 신 | 사 |
| 년 |  | 회 | 복 |  | 지 | 침 |  | 미 |
| 월 |  |  | 잠 | 망 | 경 |  |  | 율 |
| 일 | 방 | 통 | 행 |  | 성 | 심 | 성 | 의 |

## 아홉 번째

| 위 | 편 | 삼 | 절 |  | 고 | 육 | 지 | 계 |
|---|---|---|---|---|---|---|---|---|
| 기 |  |  | 체 | 험 | 담 |  |  | 유 |
| 일 |  | 근 | 절 |  | 준 | 수 |  | 정 |
| 발 | 판 |  | 명 | 분 | 론 |  | 조 | 난 |
|  | 옥 | 고 |  | 포 |  | 작 | 물 |  |
| 불 | 선 |  | 매 | 도 | 인 |  | 주 | 선 |
| 문 |  | 난 | 관 |  | 면 | 요 |  | 전 |
| 가 |  |  | 육 | 각 | 수 |  |  | 포 |
| 지 | 레 | 짐 | 작 |  | 심 | 사 | 숙 | 고 |

## 열 번째

| 좌 | 면 | 우 | 고 |  | 득 | 실 | 상 | 반 |
|---|---|---|---|---|---|---|---|---|
| 단 |  |  | 금 | 기 | 어 |  |  | 근 |
| 고 |  | 운 | 동 |  | 망 | 신 |  | 착 |
| 사 | 과 |  | 연 | 고 | 지 |  | 단 | 절 |
|  | 부 | 위 |  | 량 |  | 전 | 말 |  |
| 충 | 족 |  | 미 | 주 | 알 |  | 마 | 포 |
| 언 |  | 매 | 사 |  | 랑 | 화 |  | 락 |
| 역 |  |  | 여 | 승 | 방 |  |  | 지 |
| 이 | 전 | 투 | 구 |  | 귀 | 공 | 자 | 형 |

## 열한 번째

| 임 | 기 | 응 | 변 |  | 구 | 이 | 지 | 학 |
|---|---|---|---|---|---|---|---|---|
| 전 |  |  | 화 | 문 | 석 |  |  | 수 |
| 무 |  | 위 | 난 |  | 차 | 등 |  | 고 |
| 퇴 | 보 |  | 측 | 우 | 기 |  | 절 | 대 |
|  | 수 | 필 |  | 주 |  | 규 | 제 |  |
| 대 | 파 |  | 고 | 인 | 돌 |  | 미 | 덕 |
| 의 |  | 설 | 명 |  | 연 | 쇄 |  | 치 |
| 명 |  |  | 대 | 이 | 변 |  |  | 주 |
| 분 | 골 | 쇄 | 신 |  | 이 | 기 | 주 | 의 |

## 열두 번째

| 백 | 전 | 노 | 장 |  | 적 | 수 | 공 | 권 |
|---|---|---|---|---|---|---|---|---|
| 척 |  |  | 생 | 명 | 수 |  |  | 토 |
| 간 |  | 덤 | 불 |  | 성 | 화 |  | 중 |
| 두 | 부 |  | 사 | 상 | 가 |  | 근 | 래 |
|  | 족 | 적 |  | 차 |  | 반 | 대 |  |
| 기 | 분 |  | 맹 | 비 | 난 |  | 화 | 폐 |
| 둥 |  | 용 | 모 |  | 신 | 념 |  | 포 |
| 서 |  |  | 단 | 기 | 적 |  |  | 파 |
| 방 | 자 | 고 | 기 |  | 자 | 주 | 독 | 립 |

## 열세 번째

| 아 | 전 | 인 | 수 |  | 일 | 편 | 단 | 심 |
|---|---|---|---|---|---|---|---|---|
| 비 |  |  | 수 | 식 | 어 |  |  | 기 |
| 규 |  | 추 | 방 |  | 탁 | 주 |  | 일 |
| 환 | 멸 |  | 관 | 상 | 수 |  | 고 | 전 |
|  | 실 | 망 |  | 대 |  | 개 | 성 |  |
| 청 | 환 |  | 산 | 성 | 비 |  | 능 | 침 |
| 렴 |  | 연 | 고 |  | 대 | 략 |  | 소 |
| 결 |  |  | 수 | 염 | 발 |  |  | 봉 |
| 백 | 년 | 하 | 청 |  | 괄 | 목 | 상 | 대 |

## 열네 번째

| 천 | 신 | 만 | 고 |  | 청 | 운 | 지 | 지 |
|---|---|---|---|---|---|---|---|---|
| 경 |  |  | 무 | 명 | 천 |  |  | 피 |
| 지 |  | 테 | 마 |  | 백 | 색 |  | 지 |
| 위 | 서 |  | 개 | 시 | 일 |  | 색 | 기 |
|  | 릿 | 지 |  | 운 |  | 제 | 안 |  |
| 삭 | 발 |  | 가 | 동 | 언 |  | 경 | 과 |
| 발 |  | 수 | 렴 |  | 어 | 휘 |  | 문 |
| 위 |  |  | 주 | 기 | 도 |  |  | 불 |
| 승 | 승 | 장 | 구 |  | 단 | 도 | 직 | 입 |

## 열다섯 번째

| 조 | 삼 | 모 | 사 |  | 공 | 명 | 정 | 대 |
|---|---|---|---|---|---|---|---|---|
| 문 |  |  | 상 | 관 | 성 |  |  | 언 |
| 석 |  | 비 | 누 |  | 야 | 수 |  | 장 |
| 사 | 색 |  | 각 | 축 | 전 |  | 험 | 담 |
|  | 목 | 적 |  | 재 |  | 연 | 구 |  |
| 무 | 인 |  | 계 | 자 | 백 |  | 가 | 득 |
| 사 |  | 회 | 피 |  | 아 | 부 |  | 도 |
| 안 |  |  | 학 | 구 | 파 |  |  | 다 |
| 일 | 촉 | 즉 | 발 |  | 금 | 과 | 옥 | 조 |

## 열여섯 번째

| 가 | 재 | 도 | 구 |  | 단 | 말 | 마 | 적 |
|---|---|---|---|---|---|---|---|---|
| 사 |  |  | 사 | 춘 | 기 |  |  | 재 |
| 노 |  | 만 | 일 |  | 지 | 배 |  | 정 |
| 동 | 사 |  | 생 | 중 | 계 |  | 역 | 량 |
|  | 용 | 돈 |  | 지 |  | 포 | 부 |  |
| 내 | 자 |  | 원 | 상 | 태 |  | 족 | 쇄 |
| 리 |  | 완 | 화 |  | 산 | 맥 |  | 신 |
| 막 |  |  | 소 | 리 | 북 |  |  | 분 |
| 길 | 흉 | 화 | 복 |  | 두 | 메 | 산 | 골 |

## 열일곱 번째

| 연 | 목 | 구 | 어 |  | 일 | 거 | 양 | 득 |
|---|---|---|---|---|---|---|---|---|
| 독 |  |  | 인 | 내 | 심 |  |  | 어 |
| 지 |  | 경 | 지 |  | 동 | 정 |  | 망 |
| 정 | 신 |  | 공 | 동 | 체 |  | 안 | 전 |
|  | 빙 | 자 |  | 호 |  | 추 | 락 |  |
| 인 | 성 |  | 조 | 인 | 식 |  | 사 | 건 |
| 과 |  | 점 | 령 |  | 언 | 어 |  | 곤 |
| 응 |  |  | 모 | 통 | 이 |  |  | 감 |
| 보 | 릿 | 고 | 개 |  | 비 | 익 | 연 | 리 |

## 열여덟 번째

| 나 | 부 | 랭 | 이 |  | 풍 | 전 | 등 | 촉 |
|---|---|---|---|---|---|---|---|---|
| 그 |  |  | 이 | 삼 | 년 |  |  | 처 |
| 넷 |  | 견 | 제 |  | 거 | 래 |  | 봉 |
| 길 | 일 |  | 이 | 미 | 지 |  | 낭 | 패 |
|  | 자 | 질 |  | 술 |  | 미 | 만 |  |
| 비 | 리 |  | 근 | 사 | 남 |  | 파 | 노 |
| 밀 |  | 부 | 근 |  | 북 | 녘 |  | 발 |
| 번 |  |  | 부 | 아 | 통 |  |  | 대 |
| 호 | 중 | 천 | 지 |  | 일 | 촉 | 즉 | 발 |

## 열아홉 번째

| 금 | 란 | 지 | 교 |  | 만 | 병 | 통 | 치 |
|---|---|---|---|---|---|---|---|---|
| 의 |  |  | 조 | 련 | 사 |  |  | 산 |
| 환 |  | 재 | 주 |  | 무 | 산 |  | 치 |
| 향 | 후 |  | 의 | 구 | 심 |  | 애 | 수 |
|  | 보 | 람 |  | 릉 |  | 진 | 휼 |  |
| 학 | 자 |  | 공 | 지 | 문 |  | 금 | 권 |
| 철 |  | 장 | 담 |  | 예 | 속 |  | 토 |
| 지 |  |  | 의 | 금 | 부 |  |  | 중 |
| 부 | 양 | 의 | 무 |  | 흥 | 진 | 비 | 래 |

## 스무 번째

| 경 | 천 | 동 | 지 |  | 생 | 로 | 병 | 사 |
|---|---|---|---|---|---|---|---|---|
| 거 |  |  | 원 | 예 | 사 |  |  | 색 |
| 망 |  | 편 | 지 |  | 존 | 재 |  | 당 |
| 동 | 시 |  | 통 | 신 | 망 |  | 분 | 쟁 |
|  | 가 | 시 |  | 작 |  | 범 | 위 |  |
| 원 | 지 |  | 피 | 로 | 연 |  | 기 | 운 |
| 두 |  | 피 | 톤 |  | 말 | 단 |  | 수 |
| 커 |  |  | 치 | 마 | 연 |  |  | 소 |
| 피 | 라 | 미 | 드 |  | 시 | 종 | 일 | 관 |

## 스물한 번째

| 포 | 호 | 빙 | 하 |  | 절 | 치 | 부 | 심 |
|---|---|---|---|---|---|---|---|---|
| 복 |  |  | 문 | 리 | 대 |  |  | 사 |
| 절 |  | 맞 | 불 |  | 빈 | 축 |  | 위 |
| 도 | 취 |  | 치 | 도 | 곤 |  | 동 | 언 |
|  | 수 | 준 |  | 화 |  | 사 | 의 |  |
| 치 | 장 |  | 신 | 선 | 육 |  | 안 | 목 |
| 준 |  | 창 | 출 |  | 대 | 역 |  | 가 |
| 지 |  |  | 내 | 무 | 반 |  |  | 주 |
| 맹 | 모 | 단 | 기 |  | 낭 | 만 | 주 | 의 |

## 스물두 번째

| 종 | 횡 | 무 | 진 |  | 전 | 전 | 반 | 측 |
|---|---|---|---|---|---|---|---|---|
| 묘 |  |  | 수 | 용 | 자 |  |  | 빙 |
| 사 |  | 구 | 성 |  | 상 | 태 |  | 퇴 |
| 직 | 모 |  | 찬 | 송 | 가 |  | 분 | 석 |
|  | 가 | 입 |  | 신 |  | 세 | 계 |  |
| 꼭 | 지 |  | 무 | 소 | 외 |  | 선 | 거 |
| 두 |  | 신 | 뢰 |  | 화 | 제 |  | 지 |
| 각 |  |  | 지 | 린 | 내 |  |  | 중 |
| 시 | 정 | 잡 | 배 |  | 빈 | 부 | 귀 | 천 |

## 스물세 번째

| 용 | 두 | 사 | 미 |  | 앙 | 천 | 이 | 타 |
|---|---|---|---|---|---|---|---|---|
| 불 |  |  | 대 | 다 | 수 |  |  | 면 |
| 용 |  | 유 | 난 |  | 신 | 탁 |  | 자 |
| 설 | 진 |  | 도 | 우 | 미 |  | 관 | 건 |
|  | 일 | 탈 |  | 수 |  | 굉 | 음 |  |
| 천 | 보 |  | 무 | 리 | 수 |  | 증 | 질 |
| 진 |  | 옹 | 위 |  | 원 | 인 |  | 풍 |
| 난 |  |  | 무 | 보 | 수 |  |  | 경 |
| 만 | 전 | 지 | 책 |  | 구 | 미 | 속 | 초 |

## 스물네 번째

| 합 | 과 | 교 | 수 |  | 풍 | 창 | 파 | 벽 |
|---|---|---|---|---|---|---|---|---|
| 종 |  |  | 하 | 천 | 수 |  |  | 항 |
| 연 |  | 가 | 친 |  | 지 | 민 |  | 궁 |
| 횡 | 포 |  | 병 | 아 | 리 |  | 향 | 촌 |
|  | 장 | 난 |  | 리 |  | 변 | 수 |  |
| 형 | 지 |  | 방 | 수 | 천 |  | 병 | 폐 |
| 설 |  | 진 | 휼 |  | 종 | 류 |  | 의 |
| 지 |  |  | 지 | 리 | 산 |  |  | 파 |
| 공 | 개 | 경 | 쟁 |  | 삼 | 십 | 이 | 립 |

## 스물다섯 번째

| 순 | 국 | 선 | 사 |  | 의 | 기 | 충 | 천 |
|---|---|---|---|---|---|---|---|---|
| 망 |  |  | 필 | 경 | 사 |  |  | 재 |
| 치 |  | 품 | 귀 |  | 소 | 환 |  | 일 |
| 한 | 탄 |  | 정 | 보 | 통 |  | 전 | 우 |
|  | 산 | 보 |  | 편 |  | 민 | 초 |  |
| 평 | 수 |  | 부 | 성 | 애 |  | 전 | 와 |
| 지 |  | 위 | 작 |  | 매 | 물 |  | 신 |
| 풍 |  |  | 위 | 탁 | 모 |  |  | 상 |
| 파 | 렴 | 치 | 범 |  | 호 | 언 | 장 | 담 |

## 스물여섯 번째

| 백 | 중 | 지 | 간 |  | 생 | 자 | 필 | 멸 |
|---|---|---|---|---|---|---|---|---|
| 면 |  |  | 세 | 공 | 물 |  |  | 문 |
| 서 |  | 잡 | 지 |  | 학 | 문 |  | 지 |
| 생 | 명 |  | 재 | 정 | 적 |  | 호 | 화 |
|  | 문 | 제 |  | 체 |  | 광 | 기 |  |
| 바 | 대 |  | 심 | 성 | 암 |  | 심 | 정 |
| 리 |  | 계 | 산 |  | 행 | 위 |  | 의 |
| 스 |  |  | 유 | 대 | 감 |  |  | 투 |
| 타 | 이 | 틀 | 곡 |  | 찰 | 떡 | 궁 | 합 |

## 스물일곱 번째

| 교 | 우 | 이 | 신 |  | 애 | 오 | 라 | 지 |
|---|---|---|---|---|---|---|---|---|
| 언 |  |  | 미 | 개 | 지 |  |  | 방 |
| 영 |  | 교 | 양 |  | 중 | 론 |  | 자 |
| 색 | 인 |  | 요 | 충 | 지 |  | 유 | 치 |
|  | 절 | 정 |  | 성 |  | 연 | 대 |  |
| 백 | 미 |  | 중 | 도 | 파 |  | 감 | 읍 |
| 사 |  | 귀 | 추 |  | 죽 | 비 |  | 참 |
| 청 |  |  | 가 | 라 | 지 |  |  | 마 |
| 송 | 도 | 삼 | 절 |  | 세 | 시 | 풍 | 속 |

## 스물여덟 번째

| 천 | 차 | 만 | 별 |  | 실 | 사 | 구 | 시 |
|---|---|---|---|---|---|---|---|---|
| 붕 |  |  | 유 | 실 | 수 |  |  | 사 |
| 지 |  | 밑 | 천 |  | 요 | 령 |  | 여 |
| 탁 | 아 |  | 지 | 도 | 자 |  | 조 | 귀 |
|  | 우 | 익 |  | 박 |  | 품 | 바 |  |
| 천 | 성 |  | 취 | 사 | 반 |  | 심 | 판 |
| 하 |  | 먼 | 지 |  | 대 | 상 |  | 타 |
| 제 |  |  | 무 | 계 | 급 |  |  | 지 |
| 일 | 확 | 천 | 금 |  | 부 | 르 | 주 | 아 |

## 스물아홉 번째

| 도 | 탄 | 지 | 고 |  | 방 | 계 | 회 | 사 |
|---|---|---|---|---|---|---|---|---|
| 원 |  |  | 장 | 래 | 성 |  |  | 용 |
| 결 |  | 지 | 난 |  | 대 | 칭 |  | 절 |
| 의 | 거 |  | 명 | 상 | 곡 |  | 방 | 도 |
|  | 머 | 슴 |  | 대 |  | 격 | 랑 |  |
| 도 | 리 |  | 우 | 방 | 국 |  | 벽 | 토 |
| 로 |  | 민 | 주 |  | 태 | 연 |  | 붕 |
| 무 |  |  | 유 | 목 | 민 |  |  | 와 |
| 공 | 존 | 공 | 영 |  | 안 | 면 | 방 | 해 |

## 서른 번째

| 천 | 자 | 만 | 홍 |  | 중 | 목 | 환 | 시 |
|---|---|---|---|---|---|---|---|---|
| 의 |  |  | 안 | 질 | 환 |  |  | 의 |
| 무 |  | 협 | 박 |  | 자 | 격 |  | 적 |
| 봉 | 변 |  | 명 | 주 | 실 |  | 시 | 절 |
|  | 두 | 뇌 |  | 도 |  | 무 | 한 |  |
| 일 | 리 |  | 기 | 형 | 아 |  | 부 | 근 |
| 언 |  | 참 | 고 |  | 이 | 마 |  | 검 |
| 반 |  |  | 만 | 만 | 디 |  |  | 노 |
| 구 | 곡 | 간 | 장 |  | 어 | 림 | 짐 | 작 |

## 서른한 번째

| 초 | 근 | 목 | 피 |  | 취 | 사 | 선 | 택 |
|---|---|---|---|---|---|---|---|---|
| 지 |  |  | 장 | 딴 | 지 |  |  | 남 |
| 일 |  | 여 | 파 |  | 무 | 안 |  | 택 |
| 관 | 심 |  | 장 | 학 | 금 |  | 수 | 녀 |
|  | 미 | 궁 |  | 술 |  | 고 | 뇌 |  |
| 문 | 안 |  | 운 | 지 | 법 |  | 부 | 담 |
| 전 |  | 푼 | 수 |  | 원 | 칙 |  | 소 |
| 성 |  |  | 소 | 유 | 권 |  |  | 자 |
| 시 | 종 | 일 | 관 |  | 근 | 검 | 절 | 약 |

## 서른두 번째

| 허 | 장 | 성 | 세 |  | 부 | 탕 | 도 | 화 |
|---|---|---|---|---|---|---|---|---|
| 심 |  |  | 속 | 임 | 수 |  |  | 중 |
| 탄 |  | 각 | 오 |  | 청 | 산 |  | 지 |
| 회 | 담 |  | 계 | 엄 | 령 |  | 복 | 병 |
|  | 금 | 욕 |  | 폐 |  | 노 | 고 |  |
| 일 | 질 |  | 관 | 물 | 대 |  | 풍 | 토 |
| 취 |  | 예 | 능 |  | 장 | 악 |  | 착 |
| 월 |  |  | 검 | 사 | 장 |  |  | 왜 |
| 장 | 삼 | 이 | 사 |  | 이 | 전 | 투 | 구 |

## 서른세 번째

| 구 | 상 | 유 | 취 |  | 적 | 소 | 성 | 대 |
|---|---|---|---|---|---|---|---|---|
| 밀 |  |  | 침 | 출 | 수 |  |  | 동 |
| 복 |  | 찰 | 나 |  | 단 | 서 |  | 단 |
| 검 | 토 |  | 팔 | 등 | 신 |  | 동 | 결 |
|  | 악 | 명 |  | 받 |  | 주 | 장 |  |
| 재 | 질 |  | 간 | 이 | 복 |  | 군 | 화 |
| 생 |  | 대 | 두 |  | 지 | 위 |  | 룡 |
| 비 |  |  | 지 | 도 | 부 |  |  | 점 |
| 누 | 란 | 지 | 세 |  | 동 | 북 | 공 | 정 |

## 서른네 번째

| 옥 | 신 | 각 | 신 |  | 보 | 마 | 향 | 거 |
|---|---|---|---|---|---|---|---|---|
| 골 |  |  | 진 | 휼 | 금 |  |  | 익 |
| 선 |  | 잣 | 대 |  | 자 | 연 |  | 심 |
| 풍 | 토 |  | 사 | 투 | 리 |  | 격 | 언 |
|  | 착 | 각 |  | 쟁 |  | 배 | 려 |  |
| 초 | 민 |  | 미 | 사 | 일 |  | 문 | 항 |
| 부 |  | 면 | 목 |  | 엽 | 기 |  | 룡 |
| 득 |  |  | 수 | 송 | 편 |  |  | 유 |
| 삼 | 고 | 초 | 려 |  | 주 | 주 | 총 | 회 |

## 서른다섯 번째

| 후 | 시 | 지 | 탄 |  | 일 | 도 | 양 | 단 |
|---|---|---|---|---|---|---|---|---|
| 안 |  |  | 지 | 식 | 인 |  |  | 도 |
| 무 |  | 복 | 지 |  | 이 | 웃 |  | 직 |
| 치 | 안 |  | 간 | 이 | 역 |  | 편 | 입 |
|  | 도 | 덕 |  | 다 |  | 타 | 파 |  |
| 불 | 감 |  | 지 | 지 | 도 |  | 성 | 촌 |
| 여 |  | 관 | 행 |  | 중 | 용 |  | 철 |
| 일 |  |  | 일 | 천 | 하 |  |  | 살 |
| 견 | 문 | 일 | 치 |  | 차 | 도 | 살 | 인 |

## 서른여섯 번째

| 벼 | 락 | 부 | 자 |  | 가 | 시 | 버 | 시 |
|---|---|---|---|---|---|---|---|---|
| 슬 |  |  | 가 | 로 | 수 |  |  | 비 |
| 아 |  | 해 | 당 |  | 요 | 금 |  | 곡 |
| 치 | 안 |  | 착 | 신 | 자 |  | 요 | 직 |
|  | 정 | 도 |  | 세 |  | 냄 | 새 |  |
| 전 | 세 |  | 연 | 대 | 순 |  | 지 | 왕 |
| 정 |  | 계 | 속 |  | 회 | 복 |  | 래 |
| 가 |  |  | 부 | 전 | 공 |  |  | 한 |
| 위 | 편 | 삼 | 절 |  | 연 | 공 | 서 | 열 |

## 서른일곱 번째

| 소 | 탐 | 대 | 실 |  | 맹 | 호 | 복 | 초 |
|---|---|---|---|---|---|---|---|---|
| 중 |  |  | 학 | 살 | 자 |  |  | 망 |
| 유 |  | 조 | 사 |  | 정 | 부 |  | 착 |
| 검 | 약 |  | 상 | 소 | 문 |  | 수 | 호 |
|  | 시 | 간 |  | 작 |  | 제 | 재 |  |
| 귀 | 중 |  | 예 | 인 | 선 |  | 민 | 요 |
| 양 |  | 유 | 행 |  | 견 | 제 |  | 산 |
| 살 |  |  | 연 | 고 | 지 |  |  | 요 |
| 이 | 목 | 수 | 습 |  | 명 | 경 | 지 | 수 |

## 서른여덟 번째

| 자 | 포 | 자 | 기 |  | 복 | 룡 | 봉 | 추 |
|---|---|---|---|---|---|---|---|---|
| 화 |  |  | 진 | 열 | 장 |  |  | 추 |
| 자 |  | 명 | 맥 |  | 거 | 품 |  | 원 |
| 찬 | 미 |  | 진 | 저 | 리 |  | 황 | 혼 |
|  | 투 | 혼 |  | 수 |  | 난 | 무 |  |
| 반 | 리 |  | 휴 | 지 | 통 |  | 지 | 구 |
| 수 |  | 특 | 수 |  | 개 | 혁 |  | 메 |
| 기 |  |  | 동 | 자 | 중 |  |  | 도 |
| 앙 | 부 | 일 | 귀 |  | 문 | 필 | 도 | 적 |

## 서른아홉 번째

| 오 | 비 | 삼 | 척 |  | 저 | 두 | 평 | 신 |
|---|---|---|---|---|---|---|---|---|
| 월 |  |  | 당 | 서 | 기 |  |  | 세 |
| 동 |  | 군 | 불 |  | 압 | 권 |  | 한 |
| 주 | 모 |  | 기 | 본 | 권 |  | 규 | 탄 |
|  | 조 | 건 |  | 격 |  | 긴 | 장 |  |
| 난 | 리 |  | 부 | 적 | 합 |  | 각 | 성 |
| 화 |  | 아 | 귀 |  | 종 | 식 |  | 호 |
| 지 |  |  | 재 | 공 | 연 |  |  | 사 |
| 맹 | 모 | 삼 | 천 |  | 횡 | 설 | 수 | 설 |

## 마흔 번째

| 양 | 질 | 호 | 피 |  | 동 | 주 | 상 | 구 |
|---|---|---|---|---|---|---|---|---|
| 호 |  |  | 발 | 작 | 성 |  |  | 상 |
| 유 |  | 피 | 좌 |  | 동 | 취 |  | 유 |
| 환 | 영 |  | 임 | 사 | 본 |  | 착 | 취 |
|  | 빈 | 축 |  | 상 |  | 남 | 용 |  |
| 천 | 관 |  | 훈 | 계 | 조 |  | 감 | 동 |
| 진 |  | 미 | 명 |  | 족 | 옹 |  | 족 |
| 난 |  |  | 장 | 딴 | 지 |  |  | 방 |
| 만 | 휘 | 군 | 상 |  | 혈 | 색 | 소 | 뇨 |

## 마흔한 번째

| 이 | 심 | 전 | 심 |  | 과 | 유 | 불 | 급 |
|---|---|---|---|---|---|---|---|---|
| 율 |  |  | 복 | 마 | 전 |  |  | 진 |
| 배 |  | 먼 | 지 |  | 지 | 탄 |  | 주 |
| 반 | 성 |  | 우 | 수 | 리 |  | 선 | 의 |
|  | 희 | 사 |  | 상 |  | 몰 | 입 |  |
| 호 | 롱 |  | 차 | 기 | 작 |  | 견 | 원 |
| 부 |  | 잔 | 재 |  | 심 | 취 |  | 로 |
| 견 |  |  | 두 | 레 | 삼 |  |  | 대 |
| 자 | 유 | 재 | 량 |  | 일 | 등 | 공 | 신 |

## 마흔두 번째

| 택 | 일 | 단 | 자 |  | 근 | 로 | 역 | 작 |
|---|---|---|---|---|---|---|---|---|
| 피 |  |  | 고 | 사 | 본 |  |  | 사 |
| 창 |  | 취 | 급 |  | 팔 | 매 |  | 도 |
| 생 | 식 |  | 금 | 자 | 탑 |  | 개 | 방 |
|  | 충 | 동 |  | 판 |  | 신 | 선 |  |
| 황 | 이 |  | 추 | 기 | 경 |  | 책 | 임 |
| 천 |  | 궤 | 도 |  | 박 | 수 |  | 시 |
| 후 |  |  | 지 | 도 | 부 |  |  | 졸 |
| 토 | 박 | 이 | 말 |  | 허 | 허 | 벌 | 판 |

## 마흔세 번째

| 현 | 모 | 양 | 처 |  | 직 | 무 | 유 | 기 |
|---|---|---|---|---|---|---|---|---|
| 군 |  |  | 변 | 리 | 사 |  |  | 진 |
| 고 |  | 횃 | 불 |  | 광 | 장 |  | 맥 |
| 투 | 서 |  | 경 | 계 | 선 |  | 선 | 진 |
|  | 낭 | 패 |  | 량 |  | 점 | 거 |  |
| 마 | 당 |  | 평 | 화 | 안 |  | 구 | 제 |
| 구 |  | 정 | 화 |  | 전 | 향 |  | 자 |
| 잡 |  |  | 주 | 지 | 사 |  |  | 백 |
| 이 | 타 | 주 | 의 |  | 고 | 성 | 방 | 가 |

## 마흔네 번째

| 장 | 생 | 불 | 사 |  | 자 | 작 | 자 | 수 |
|---|---|---|---|---|---|---|---|---|
| 중 |  |  | 대 | 반 | 격 |  |  | 중 |
| 득 |  | 범 | 주 |  | 지 | 연 |  | 유 |
| 실 | 소 |  | 의 | 구 | 심 |  | 흥 | 행 |
|  | 외 | 경 |  | 설 |  | 막 | 판 |  |
| 인 | 감 |  | 일 | 수 | 유 |  | 선 | 무 |
| 사 |  | 현 | 장 |  | 복 | 지 |  | 남 |
| 이 |  |  | 월 | 간 | 지 |  |  | 독 |
| 동 | 서 | 대 | 취 |  | 친 | 생 | 지 | 녀 |

## 마흔다섯 번째

| 분 | 기 | 충 | 천 |  | 아 | 관 | 망 | 명 |
|---|---|---|---|---|---|---|---|---|
| 서 |  |  | 고 | 용 | 주 |  |  | 철 |
| 갱 |  | 무 | 마 |  | 머 | 루 |  | 보 |
| 유 | 산 |  | 비 | 구 | 니 |  | 위 | 신 |
|  | 더 | 미 |  | 성 |  | 승 | 화 |  |
| 고 | 미 |  | 입 | 원 | 비 |  | 감 | 격 |
| 금 |  | 칭 | 찬 |  | 상 | 징 |  | 강 |
| 독 |  |  | 소 | 도 | 시 |  |  | 천 |
| 보 | 금 | 자 | 리 |  | 국 | 무 | 총 | 리 |

## 마흔여섯 번째

| 애 | 지 | 휼 | 지 |  | 정 | 혜 | 쌍 | 수 |
|---|---|---|---|---|---|---|---|---|
| 좌 |  |  | 인 | 공 | 치 |  |  | 미 |
| 애 |  | 건 | 달 |  | 권 | 유 |  | 상 |
| 우 | 세 |  | 사 | 고 | 력 |  | 호 | 응 |
|  | 정 | 국 |  | 고 |  | 구 | 들 |  |
| 박 | 제 |  | 무 | 학 | 자 |  | 갑 | 판 |
| 물 |  | 귀 | 신 |  | 손 | 질 |  | 관 |
| 군 |  |  | 불 | 사 | 신 |  |  | 사 |
| 자 | 주 | 독 | 립 |  | 신 | 세 | 타 | 령 |

## 마흔일곱 번째

| 전 | 광 | 석 | 화 |  | 수 | 렴 | 청 | 정 |
|---|---|---|---|---|---|---|---|---|
| 관 |  |  | 조 | 형 | 미 |  |  | 문 |
| 예 |  | 선 | 풍 |  | 상 | 식 |  | 일 |
| 우 | 연 |  | 월 | 계 | 관 |  | 방 | 침 |
|  | 판 | 단 |  | 명 |  | 해 | 독 |  |
| 전 | 장 |  | 경 | 시 | 청 |  | 면 | 우 |
| 수 |  | 자 | 중 |  | 산 | 실 |  | 유 |
| 조 |  |  | 미 | 증 | 유 |  |  | 부 |
| 사 | 대 | 성 | 인 |  | 수 | 서 | 양 | 단 |

## 마흔여덟 번째

| 추 | 원 | 보 | 본 |  | 치 | 부 | 구 | 멍 |
|---|---|---|---|---|---|---|---|---|
| 처 |  |  | 제 | 작 | 국 |  |  | 텅 |
| 낭 |  | 개 | 입 |  | 거 | 점 |  | 구 |
| 중 | 견 |  | 납 | 세 | 지 |  | 호 | 리 |
|  | 인 | 제 |  | 도 |  | 다 | 소 |  |
| 녹 | 차 |  | 미 | 가 | 입 |  | 문 | 지 |
| 음 |  | 소 | 생 |  | 도 | 량 |  | 레 |
| 방 |  |  | 지 | 지 | 선 |  |  | 짐 |
| 초 | 목 | 지 | 신 |  | 매 | 수 | 공 | 작 |

## 마흔아홉 번째

| 삼 | 사 | 일 | 언 |  | 금 | 강 | 불 | 괴 |
|---|---|---|---|---|---|---|---|---|
| 성 |  |  | 비 | 상 | 구 |  |  | 발 |
| 국 |  | 추 | 천 |  | 폐 | 쇄 |  | 개 |
| 문 | 헌 |  | 리 | 허 | 설 |  | 반 | 발 |
|  | 정 | 보 |  | 가 |  | 순 | 환 |  |
| 부 | 사 |  | 후 | 원 | 자 |  | 점 | 호 |
| 창 |  | 국 | 회 |  | 연 | 륜 |  | 시 |
| 부 |  |  | 막 | 막 | 조 |  |  | 우 |
| 수 | 오 | 지 | 심 |  | 건 | 원 | 중 | 보 |

## 쉰 번째

| 좌 | 우 | 청 | 촉 |  | 능 | 문 | 능 | 필 |
|---|---|---|---|---|---|---|---|---|
| 석 |  |  | 견 | 출 | 지 |  |  | 묵 |
| 미 |  | 철 | 폐 |  | 처 | 참 |  | 지 |
| 난 | 민 |  | 일 | 상 | 사 |  | 천 | 연 |
|  | 토 | 착 |  | 고 |  | 복 | 부 |  |
| 크 | 기 |  | 눈 | 대 | 중 |  | 적 | 막 |
| 로 |  | 괴 | 물 |  | 병 | 폐 |  | 후 |
| 스 |  |  | 바 | 라 | 지 |  |  | 교 |
| 바 | 라 | 밀 | 다 |  | 여 | 세 | 무 | 섭 |

## 쉰한 번째

| 백 | 전 | 노 | 장 |  | 무 | 풍 | 지 | 대 |
|---|---|---|---|---|---|---|---|---|
| 절 |  |  | 두 | 개 | 골 |  |  | 령 |
| 불 |  | 사 | 은 |  | 호 | 응 |  | 숙 |
| 굴 | 복 |  | 미 | 망 | 인 |  | 몰 | 수 |
|  | 사 | 찰 |  | 국 |  | 오 | 염 |  |
| 이 | 본 |  | 유 | 사 | 시 |  | 치 | 세 |
| 실 |  | 선 | 언 |  | 대 | 피 |  | 답 |
| 직 |  |  | 비 | 부 | 착 |  |  | 족 |
| 고 | 사 | 성 | 어 |  | 오 | 십 | 소 | 백 |

## 쉰두 번째

| 화 | 중 | 지 | 병 |  | 애 | 인 | 휼 | 민 |
|---|---|---|---|---|---|---|---|---|
| 전 |  |  | 가 | 벼 | 이 |  |  | 첩 |
| 위 |  | 공 | 상 |  | 불 | 식 |  | 혜 |
| 복 | 귀 |  | 사 | 이 | 비 |  | 면 | 힐 |
|  | 순 | 사 |  | 상 |  | 고 | 역 |  |
| 임 | 자 |  | 중 | 지 | 하 |  | 성 | 쇠 |
| 시 |  | 체 | 벌 |  | 모 | 양 |  | 죽 |
| 변 |  |  | 주 | 머 | 니 |  |  | 가 |
| 통 | 가 | 지 | 의 |  | 카 | 리 | 스 | 마 |

## 쉰세 번째

| 즐 | 풍 | 목 | 우 |  | 나 | 들 | 이 | 객 |
|---|---|---|---|---|---|---|---|---|
| 겨 |  |  | 문 | 제 | 작 |  |  | 반 |
| 찻 |  | 영 | 현 |  | 굴 | 레 |  | 위 |
| 기 | 술 |  | 답 | 변 | 서 |  | 진 | 주 |
|  | 주 | 체 |  | 별 |  | 왜 | 풍 |  |
| 존 | 정 |  | 양 | 성 | 애 |  | 경 | 빙 |
| 계 |  | 태 | 두 |  | 매 | 판 |  | 탄 |
| 관 |  |  | 마 | 름 | 모 |  |  | 지 |
| 청 | 룡 | 열 | 차 |  | 호 | 흡 | 지 | 간 |

## 쉰네 번째

| 중 | 추 | 월 | 병 |  | 물 | 약 | 자 | 효 |
|---|---|---|---|---|---|---|---|---|
| 과 |  |  | 입 | 맷 | 상 |  |  | 제 |
| 부 |  | 만 | 고 |  | 객 | 점 |  | 충 |
| 적 | 극 |  | 황 | 제 | 주 |  | 쇄 | 신 |
|  | 대 | 항 |  | 보 |  | 해 | 자 |  |
| 척 | 화 |  | 순 | 자 | 산 |  | 질 | 정 |
| 구 |  | 기 | 치 |  | 명 | 세 |  | 문 |
| 폐 |  |  | 지 | 층 | 수 |  |  | 금 |
| 요 | 계 | 지 | 세 |  | 청 | 양 | 고 | 추 |

## 쉰다섯 번째

| 다 | 사 | 다 | 난 |  | 일 | 장 | 춘 | 몽 |
|---|---|---|---|---|---|---|---|---|
| 국 |  |  | 신 | 봉 | 자 |  |  | 매 |
| 적 |  | 공 | 적 |  | 천 | 직 |  | 정 |
| 군 | 축 |  | 자 | 본 | 금 |  | 가 | 책 |
|  | 산 | 적 |  | 풀 |  | 심 | 판 |  |
| 초 | 가 |  | 육 | 이 | 오 |  | 대 | 안 |
| 도 |  | 자 | 산 |  | 장 | 착 |  | 면 |
| 순 |  |  | 주 | 홍 | 칠 |  |  | 몰 |
| 시 | 산 | 혈 | 해 |  | 부 | 지 | 기 | 수 |

## 쉰여섯 번째

| 절 | 차 | 탁 | 마 |  | 위 | 지 | 삼 | 잡 |
|---|---|---|---|---|---|---|---|---|
| 체 |  |  | 구 | 석 | 기 |  |  | 고 |
| 절 |  | 손 | 발 |  | 의 | 안 |  | 단 |
| 명 | 예 |  | 방 | 정 | 식 |  | 골 | 자 |
|  | 정 | 설 |  | 화 |  | 백 | 판 |  |
| 소 | 지 |  | 밀 | 수 | 입 |  | 지 | 갑 |
| 신 |  | 상 | 봉 |  | 후 | 진 |  | 론 |
| 공 |  |  | 교 | 차 | 보 |  |  | 을 |
| 양 | 두 | 구 | 육 |  | 자 | 승 | 자 | 박 |

## 쉰일곱 번째

| 파 | 기 | 환 | 송 |  | 막 | 역 | 지 | 교 |
|---|---|---|---|---|---|---|---|---|
| 란 |  |  | 무 | 기 | 강 |  |  | 학 |
| 만 |  | 고 | 백 |  | 지 | 조 |  | 상 |
| 장 | 승 |  | 열 | 사 | 병 |  | 파 | 장 |
|  | 강 | 령 |  | 학 |  | 수 | 렴 |  |
| 종 | 이 |  | 부 | 자 | 재 |  | 치 | 정 |
| 과 |  | 갱 | 신 |  | 택 | 일 |  | 당 |
| 득 |  |  | 지 | 주 | 근 |  |  | 방 |
| 과 | 격 | 분 | 자 |  | 무 | 력 | 시 | 위 |

## 쉰여덟 번째

| 관 | 존 | 민 | 비 |  | 고 | 금 | 무 | 쌍 |
|---|---|---|---|---|---|---|---|---|
| 후 |  |  | 기 | 부 | 금 |  |  | 두 |
| 장 |  | 침 | 윤 |  | 동 | 향 |  | 마 |
| 자 | 각 |  | 신 | 고 | 서 |  | 격 | 차 |
|  | 축 | 출 |  | 급 |  | 파 | 동 |  |
| 계 | 장 |  | 수 | 화 | 기 |  | 기 | 타 |
| 수 |  | 연 | 습 |  | 상 | 처 |  | 도 |
| 나 |  |  | 사 | 우 | 나 |  |  | 타 |
| 무 | 릉 | 도 | 원 |  | 팔 | 자 | 소 | 관 |

## 쉰아홉 번째

| 적 | 반 | 하 | 장 |  | 처 | 풍 | 고 | 우 |
|---|---|---|---|---|---|---|---|---|
| 자 |  |  | 중 | 의 | 성 |  |  | 국 |
| 생 |  | 양 | 보 |  | 자 | 격 |  | 충 |
| 존 | 엄 |  | 옥 | 상 | 옥 |  | 감 | 정 |
|  | 지 | 게 |  | 징 |  | 파 | 탄 |  |
| 인 | 척 |  | 합 | 성 | 어 |  | 사 | 막 |
| 명 |  | 멸 | 시 |  | 깨 | 도 |  | 후 |
| 재 |  |  | 일 | 고 | 동 |  |  | 교 |
| 천 | 편 | 일 | 률 |  | 무 | 불 | 간 | 섭 |

## 예순 번째

| 문 | 무 | 백 | 관 |  | 경 | 정 | 직 | 행 |
|---|---|---|---|---|---|---|---|---|
| 질 |  |  | 대 | 도 | 시 |  |  | 막 |
| 빈 |  | 가 | 지 |  | 대 | 개 |  | 행 |
| 빈 | 틈 |  | 전 | 시 | 회 |  | 열 | 의 |
|  | 서 | 류 |  | 네 |  | 행 | 패 |  |
| 일 | 리 |  | 사 | 마 | 귀 |  | 감 | 축 |
| 장 |  | 과 | 시 |  | 책 | 략 |  | 수 |
| 일 |  |  | 장 | 식 | 사 |  |  | 금 |
| 이 | 팔 | 청 | 춘 |  | 유 | 동 | 인 | 구 |

## 예순한 번째

| 낭 | 득 | 허 | 명 |  | 위 | 리 | 천 | 극 |
|---|---|---|---|---|---|---|---|---|
| 중 |  |  | 불 | 고 | 기 |  |  | 악 |
| 지 |  | 겸 | 허 |  | 의 | 무 |  | 무 |
| 추 | 적 |  | 득 | 도 | 식 |  | 압 | 도 |
|  | 십 | 장 |  | 읍 |  | 서 | 슬 |  |
| 가 | 자 |  | 도 | 지 | 사 |  | 형 | 편 |
| 정 |  | 동 | 학 |  | 채 | 근 |  | 의 |
| 교 |  |  | 군 | 납 | 업 |  |  | 주 |
| 육 | 두 | 문 | 자 |  | 자 | 본 | 주 | 의 |

## 예순두 번째

| 촛 | 불 | 집 | 회 |  | 가 | 설 | 항 | 담 |
|---|---|---|---|---|---|---|---|---|
| 대 |  |  | 생 | 다 | 지 |  |  | 소 |
| 다 |  | 처 | 지 |  | 가 | 닥 |  | 자 |
| 리 | 본 |  | 망 | 아 | 지 |  | 만 | 약 |
|  | 보 | 람 |  | 우 |  | 만 | 년 |  |
| 송 | 기 |  | 파 | 라 | 오 |  | 설 | 화 |
| 백 |  | 비 | 리 |  | 십 | 상 |  | 용 |
| 지 |  |  | 목 | 재 | 소 |  |  | 월 |
| 무 | 쇠 | 목 | 숨 |  | 백 | 지 | 상 | 태 |

## 예순세 번째

| 근 | 주 | 자 | 적 |  | 경 | 제 | 활 | 동 |
|---|---|---|---|---|---|---|---|---|
| 시 |  |  | 진 | 사 | 시 |  |  | 족 |
| 안 |  | 농 | 성 |  | 대 | 강 |  | 방 |
| 적 | 발 |  | 산 | 악 | 회 |  | 당 | 뇨 |
|  | 기 | 본 |  | 재 |  | 무 | 위 |  |
| 만 | 인 |  | 유 | 성 | 추 |  | 성 | 숙 |
| 경 |  | 훈 | 시 |  | 상 | 담 |  | 호 |
| 창 |  |  | 유 | 학 | 열 |  |  | 충 |
| 파 | 기 | 상 | 종 |  | 일 | 희 | 일 | 비 |

## 예순네 번째

| 청 | 렴 | 결 | 백 |  | 적 | 년 | 회 | 포 |
|---|---|---|---|---|---|---|---|---|
| 송 |  |  | 지 | 중 | 수 |  |  | 연 |
| 녹 |  | 허 | 위 |  | 공 | 적 |  | 탄 |
| 죽 | 절 |  | 임 | 명 | 권 |  | 극 | 우 |
|  | 대 | 목 |  | 산 |  | 윤 | 기 |  |
| 부 | 자 |  | 화 | 물 | 차 |  | 심 | 혈 |
| 귀 |  | 단 | 서 |  | 탈 | 피 |  | 견 |
| 다 |  |  | 지 | 오 | 피 |  |  | 소 |
| 남 | 가 | 일 | 몽 |  | 탈 | 지 | 분 | 유 |

## 예순다섯 번째

| 구 | 절 | 양 | 장 |  | 최 | 후 | 통 | 첩 |
|---|---|---|---|---|---|---|---|---|
| 우 |  |  | 두 | 반 | 장 |  |  | 첩 |
| 일 |  | 성 | 은 |  | 기 | 록 |  | 준 |
| 모 | 방 |  | 미 | 지 | 수 |  | 요 | 령 |
|  | 어 | 폐 |  | 지 |  | 과 | 실 |  |
| 대 | 선 |  | 대 | 세 | 남 |  | 금 | 기 |
| 서 |  | 넝 | 마 |  | 부 | 록 |  | 축 |
| 특 |  |  | 불 | 참 | 여 |  |  | 통 |
| 필 | 생 | 즉 | 사 |  | 대 | 중 | 문 | 화 |

## 예순여섯 번째

| 설 | 부 | 화 | 용 |  | 설 | 쉰 | 낭 | 축 |
|---|---|---|---|---|---|---|---|---|
| 폐 |  |  | 미 | 기 | 상 |  |  | 조 |
| 구 |  | 곤 | 봉 |  | 가 | 락 |  | 발 |
| 폐 | 허 |  | 탕 | 화 | 상 |  | 수 | 명 |
|  | 깨 | 도 |  | 약 |  | 추 | 세 |  |
| 보 | 비 |  | 피 | 고 | 인 |  | 미 | 궁 |
| 헤 |  | 취 | 항 |  | 문 | 책 |  | 심 |
| 미 |  |  | 고 | 고 | 학 |  |  | 면 |
| 안 | 하 | 무 | 인 |  | 자 | 업 | 자 | 득 |

## 예순일곱 번째

| 다 | 다 | 익 | 선 |  | 개 | 화 | 사 | 상 |
|---|---|---|---|---|---|---|---|---|
| 재 |  |  | 고 | 압 | 선 |  |  | 부 |
| 다 |  | 자 | 유 |  | 장 | 난 |  | 상 |
| 능 | 사 |  | 예 | 비 | 군 |  | 정 | 조 |
|  | 이 | 해 |  | 이 |  | 혁 | 신 |  |
| 병 | 비 |  | 반 | 성 | 문 |  | 대 | 처 |
| 인 |  | 액 | 면 |  | 민 | 원 |  | 녀 |
| 양 |  |  | 미 | 군 | 정 |  |  | 우 |
| 요 | 시 | 찰 | 인 |  | 부 | 전 | 자 | 승 |

## 예순여덟 번째

| 금 | 구 | 폐 | 설 |  | 불 | 실 | 척 | 촌 |
|---|---|---|---|---|---|---|---|---|
| 곤 |  |  | 중 | 대 | 문 |  |  | 전 |
| 복 |  | 내 | 사 |  | 가 | 두 |  | 척 |
| 거 | 세 |  | 우 | 승 | 지 |  | 덕 | 택 |
|  | 마 | 력 |  | 자 |  | 사 | 색 |  |
| 동 | 포 |  | 반 | 승 | 낙 |  | 질 | 겁 |
| 량 |  | 야 | 생 |  | 미 | 담 |  | 보 |
| 지 |  |  | 반 | 고 | 지 |  |  | 따 |
| 재 | 야 | 인 | 사 |  | 액 | 세 | 서 | 리 |

## 예순아홉 번째

| 견 | 부 | 호 | 자 |  | 정 | 경 | 유 | 착 |
|---|---|---|---|---|---|---|---|---|
| 문 |  |  | 승 | 전 | 보 |  |  | 월 |
| 발 |  | 문 | 자 |  | 기 | 능 |  | 선 |
| 검 | 찰 |  | 박 | 물 | 관 |  | 배 | 후 |
|  | 과 | 로 |  | 류 |  | 실 | 수 |  |
| 삼 | 상 |  | 시 | 비 | 조 |  | 진 | 영 |
| 십 |  | 고 | 발 |  | 율 | 법 |  | 양 |
| 삼 |  |  | 주 | 둥 | 이 |  |  | 실 |
| 인 | 문 | 학 | 자 |  | 시 | 기 | 상 | 조 |

## 일흔 번째

| 창 | 씨 | 개 | 명 |  | 무 | 실 | 역 | 행 |
|---|---|---|---|---|---|---|---|---|
| 송 |  |  | 경 | 쟁 | 사 |  |  | 주 |
| 녹 |  | 저 | 지 |  | 격 | 자 |  | 좌 |
| 죽 | 지 |  | 수 | 요 | 자 |  | 너 | 와 |
|  | 명 | 찰 |  | 라 |  | 찬 | 스 |  |
| 문 | 도 |  | 요 | 사 | 이 |  | 레 | 일 |
| 일 |  | 면 | 요 |  | 해 | 소 |  | 진 |
| 지 |  |  | 무 | 취 | 득 |  |  | 흑 |
| 십 | 장 | 생 | 문 |  | 실 | 버 | 타 | 운 |

## 일흔한 번째

| 사 | 문 | 난 | 적 |  | 금 | 시 | 초 | 문 |
|---|---|---|---|---|---|---|---|---|
| 기 |  |  | 선 | 천 | 성 |  |  | 일 |
| 충 |  | 증 | 여 |  | 옥 | 쇄 |  | 지 |
| 천 | 적 |  | 경 | 영 | 진 |  | 가 | 십 |
|  | 토 | 론 |  | 업 |  | 본 | 능 |  |
| 마 | 마 |  | 대 | 주 | 교 |  | 성 | 지 |
| 애 |  | 자 | 질 |  | 목 | 표 |  | 리 |
| 석 |  |  | 신 | 장 | 세 |  |  | 멸 |
| 불 | 치 | 하 | 문 |  | 가 | 장 | 행 | 렬 |

## 일흔두 번째

| 토 | 진 | 간 | 담 |  | 해 | 로 | 동 | 혈 |
|---|---|---|---|---|---|---|---|---|
| 사 |  |  | 수 | 면 | 제 |  |  | 풍 |
| 구 |  | 천 | 지 |  | 경 | 우 |  | 혈 |
| 팽 | 배 |  | 교 | 두 | 보 |  | 여 | 우 |
|  | 우 | 려 |  | 타 |  | 혐 | 의 |  |
| 자 | 자 |  | 막 | 대 | 기 |  | 주 | 문 |
| 매 |  | 가 | 중 |  | 득 | 도 |  | 무 |
| 결 |  |  | 대 | 기 | 권 |  |  | 겸 |
| 연 | 례 | 행 | 사 |  | 자 | 리 | 보 | 전 |

## 일흔세 번째

| 절 | 장 | 보 | 단 |  | 자 | 부 | 월 | 족 |
|---|---|---|---|---|---|---|---|---|
| 차 |  |  | 사 | 재 | 기 |  |  | 탈 |
| 탁 |  | 옹 | 호 |  | 기 | 대 |  | 불 |
| 마 | 음 |  | 장 | 본 | 인 |  | 계 | 급 |
|  | 모 | 양 |  | 서 |  | 암 | 영 |  |
| 비 | 론 |  | 다 | 방 | 면 |  | 배 | 경 |
| 상 |  | 걱 | 정 |  | 상 | 황 |  | 조 |
| 계 |  |  | 다 | 짐 | 육 |  |  | 부 |
| 엄 | 동 | 설 | 한 |  | 갑 | 론 | 을 | 박 |

## 일흔네 번째

| 보 | 국 | 안 | 민 |  | 동 | 용 | 주 | 선 |
|---|---|---|---|---|---|---|---|---|
| 첩 |  |  | 고 | 종 | 명 |  |  | 풍 |
| 여 |  | 고 | 민 |  | 이 | 웃 |  | 도 |
| 비 | 판 |  | 지 | 성 | 인 |  | 몰 | 골 |
|  | 타 | 격 |  | 선 |  | 오 | 염 |  |
| 양 | 지 |  | 연 | 설 | 조 |  | 치 | 욕 |
| 심 |  | 매 | 일 |  | 충 | 격 |  | 거 |
| 선 |  |  | 연 | 구 | 소 |  |  | 순 |
| 언 | 즉 | 시 | 야 |  | 기 | 절 | 초 | 풍 |

## 일흔다섯 번째

| 탐 | 권 | 낙 | 세 |  | 아 | 전 | 인 | 수 |
|---|---|---|---|---|---|---|---|---|
| 화 |  |  | 시 | 장 | 기 |  |  | 시 |
| 봉 |  | 돌 | 풍 |  | 장 | 점 |  | 변 |
| 접 | 착 |  | 속 | 임 | 수 |  | 진 | 통 |
|  | 수 | 요 |  | 대 |  | 임 | 종 |  |
| 동 | 비 |  | 마 | 지 | 막 |  | 일 | 부 |
| 북 |  | 당 | 부 |  | 무 | 리 |  | 위 |
| 공 |  |  | 위 | 생 | 가 |  |  | 부 |
| 정 | 문 | 일 | 침 |  | 내 | 유 | 외 | 강 |

## 일흔여섯 번째

| 손 | 자 | 삼 | 우 |  | 불 | 고 | 지 | 죄 |
|---|---|---|---|---|---|---|---|---|
| 톱 |  |  | 이 | 론 | 가 |  |  | 상 |
| 여 |  | 고 | 독 |  | 측 | 근 |  | 첨 |
| 물 | 살 |  | 경 | 고 | 성 |  | 범 | 죄 |
|  | 풍 | 조 |  | 대 |  | 단 | 골 |  |
| 점 | 경 |  | 종 | 사 | 자 |  | 한 | 창 |
| 입 |  | 전 | 횡 |  | 유 | 혹 |  | 상 |
| 가 |  |  | 자 | 취 | 방 |  |  | 지 |
| 경 | 국 | 대 | 제 |  | 임 | 기 | 응 | 변 |

## 일흔일곱 번째

| 유 | 비 | 무 | 환 |  | 탁 | 호 | 난 | 급 |
|---|---|---|---|---|---|---|---|---|
| 전 |  |  | 골 | 절 | 상 |  |  | 전 |
| 무 |  | 약 | 탈 |  | 일 | 선 |  | 직 |
| 죄 | 상 |  | 태 | 동 | 기 |  | 천 | 하 |
|  | 실 | 력 |  | 성 |  | 보 | 수 |  |
| 호 | 감 |  | 무 | 명 | 천 |  | 답 | 보 |
| 형 |  | 시 | 장 |  | 인 | 류 |  | 과 |
| 호 |  |  | 봉 | 제 | 공 |  |  | 습 |
| 제 | 비 | 뽑 | 기 |  | 노 | 불 | 습 | 유 |

## 일흔여덟 번째

| 종 | 과 | 득 | 과 |  | 물 | 유 | 본 | 말 |
|---|---|---|---|---|---|---|---|---|
| 두 |  |  | 유 | 인 | 구 |  |  | 류 |
| 금 |  | 염 | 불 |  | 나 | 열 |  | 지 |
| 족 | 멸 |  | 급 | 선 | 무 |  | 은 | 폐 |
|  | 빈 | 발 |  | 발 |  | 우 | 연 |  |
| 언 | 자 |  | 오 | 대 | 양 |  | 중 | 간 |
| 어 |  | 고 | 비 |  | 부 | 담 |  | 목 |
| 유 |  |  | 이 | 즈 | 음 |  |  | 수 |
| 희 | 로 | 애 | 락 |  | 억 | 조 | 창 | 생 |

## 일흔아홉 번째

| 노 | 승 | 발 | 검 |  | 국 | 치 | 민 | 욕 |
|---|---|---|---|---|---|---|---|---|
| 심 |  |  | 거 | 주 | 민 |  |  | 구 |
| 초 |  | 탈 | 선 |  | 개 | 념 |  | 불 |
| 사 | 고 |  | 풍 | 토 | 병 |  | 낭 | 만 |
|  | 고 | 집 |  | 론 |  | 시 | 비 |  |
| 지 | 학 |  | 동 | 자 | 삼 |  | 벽 | 촌 |
| 사 |  | 불 | 량 |  | 인 | 심 |  | 음 |
| 불 |  |  | 지 | 구 | 성 |  |  | 약 |
| 굴 | 신 | 자 | 재 |  | 호 | 각 | 지 | 세 |

## 여든 번째

| 기 | 절 | 초 | 풍 |  | 일 | 벌 | 백 | 계 |
|---|---|---|---|---|---|---|---|---|
| 고 |  |  | 전 | 산 | 망 |  |  | 명 |
| 만 |  | 대 | 등 |  | 무 | 게 |  | 구 |
| 장 | 착 |  | 촉 | 진 | 제 |  | 제 | 도 |
|  | 용 | 서 |  | 실 |  | 징 | 조 |  |
| 비 | 감 |  | 등 | 성 | 이 |  | 업 | 무 |
| 둘 |  | 댓 | 글 |  | 일 | 반 |  | 소 |
| 기 |  |  | 개 | 화 | 경 |  |  | 고 |
| 파 | 란 | 중 | 첩 |  | 백 | 년 | 가 | 기 |

## 여든한 번째

| 명 | 약 | 관 | 화 |  | 불 | 요 | 불 | 급 |
|---|---|---|---|---|---|---|---|---|
| 불 |  |  | 불 | 성 | 실 |  |  | 전 |
| 허 |  | 분 | 단 |  | 기 | 척 |  | 직 |
| 전 | 부 |  | 행 | 세 | 본 |  | 고 | 하 |
|  | 조 | 처 |  | 면 |  | 특 | 성 |  |
| 저 | 리 |  | 야 | 장 | 공 |  | 능 | 청 |
| 양 |  | 별 | 반 |  | 동 | 안 |  | 빈 |
| 촉 |  |  | 무 | 반 | 주 |  |  | 낙 |
| 번 | 문 | 욕 | 례 |  | 최 | 소 | 한 | 도 |

## 여든두 번째

| 결 | 자 | 해 | 지 |  | 문 | 경 | 지 | 교 |
|---|---|---|---|---|---|---|---|---|
| 초 |  |  | 어 | 원 | 학 |  |  | 목 |
| 보 |  | 유 | 지 |  | 예 | 측 |  | 세 |
| 은 | 퇴 |  | 처 | 세 | 술 |  | 여 | 가 |
|  | 직 | 접 |  | 면 |  | 등 | 장 |  |
| 봉 | 자 |  | 육 | 구 | 만 |  | 부 | 탁 |
| 고 |  | 파 | 산 |  | 고 | 작 |  | 호 |
| 파 |  |  | 주 | 세 | 불 |  |  | 난 |
| 직 | 독 | 직 | 해 |  | 후 | 회 | 막 | 급 |

## 여든세 번째

| 우 | 후 | 죽 | 순 |  | 원 | 후 | 취 | 월 |
|---|---|---|---|---|---|---|---|---|
| 문 |  |  | 망 | 신 | 자 |  |  | 진 |
| 현 |  | 배 | 치 |  | 구 | 경 |  | 승 |
| 답 | 청 |  | 한 | 시 | 름 |  | 위 | 선 |
|  | 사 | 건 |  | 추 |  | 변 | 화 |  |
| 용 | 진 |  | 급 | 선 | 무 |  | 감 | 동 |
| 두 |  | 추 | 진 |  | 궁 | 핍 |  | 공 |
| 사 |  |  | 주 | 업 | 무 |  |  | 이 |
| 미 | 시 | 기 | 의 |  | 진 | 퇴 | 유 | 곡 |

## 여든네 번째

| 신 | 출 | 귀 | 몰 |  | 애 | 증 | 후 | 박 |
|---|---|---|---|---|---|---|---|---|
| 언 |  |  | 선 | 구 | 자 |  |  | 학 |
| 서 |  | 현 | 묘 |  | 지 | 원 |  | 다 |
| 판 | 본 |  | 법 | 감 | 정 |  | 주 | 재 |
|  | 격 | 변 |  | 사 |  | 시 | 름 |  |
| 암 | 담 |  | 기 | 원 | 전 |  | 살 | 촉 |
| 하 |  | 농 | 성 |  | 대 | 세 |  | 각 |
| 노 |  |  | 세 | 련 | 미 |  |  | 부 |
| 불 | 가 | 항 | 력 |  | 문 | 전 | 성 | 시 |

## 여든다섯 번째

| 호 | 구 | 지 | 책 |  | 필 | 욕 | 감 | 심 |
|---|---|---|---|---|---|---|---|---|
| 부 |  |  | 상 | 반 | 기 |  |  | 기 |
| 견 |  | 척 | 퇴 |  | 도 | 래 |  | 일 |
| 자 | 각 |  | 물 | 장 | 구 |  | 직 | 전 |
|  | 다 | 비 |  | 도 |  | 골 | 격 |  |
| 노 | 귀 |  | 수 | 리 | 비 |  | 탄 | 원 |
| 심 |  | 단 | 어 |  | 상 | 오 |  | 천 |
| 초 |  |  | 지 | 주 | 근 |  |  | 우 |
| 사 | 고 | 무 | 친 |  | 무 | 골 | 호 | 인 |

## 여든여섯 번째

| 평 | 신 | 저 | 두 |  | 장 | 진 | 지 | 망 |
|---|---|---|---|---|---|---|---|---|
| 지 |  |  | 발 | 췌 | 안 |  |  | 무 |
| 낙 |  | 거 | 부 |  | 장 | 악 |  | 애 |
| 상 | 관 |  | 예 | 상 | 외 |  | 제 | 반 |
|  | 심 | 화 |  | 담 |  | 내 | 막 |  |
| 기 | 사 |  | 감 | 사 | 반 |  | 식 | 언 |
| 책 |  | 조 | 언 |  | 면 | 담 |  | 중 |
| 종 |  |  | 이 | 바 | 지 |  |  | 유 |
| 횡 | 설 | 수 | 설 |  | 분 | 근 | 착 | 골 |

## 여든일곱 번째

| 족 | 불 | 리 | 지 |  | 줄 | 탁 | 동 | 기 |
|---|---|---|---|---|---|---|---|---|
| 탈 |  |  | 사 | 이 | 다 |  |  | 각 |
| 불 |  | 된 | 불 |  | 리 | 드 |  | 지 |
| 급 | 진 |  | 굴 | 진 | 기 |  | 영 | 세 |
|  | 면 | 전 |  | 저 |  | 향 | 유 |  |
| 음 | 목 |  | 처 | 리 | 반 |  | 권 | 속 |
| 음 |  | 삭 | 풍 |  | 면 | 박 |  | 지 |
| 적 |  |  | 고 | 가 | 교 |  |  | 고 |
| 막 | 역 | 지 | 우 |  | 사 | 상 | 누 | 각 |

## 여든여덟 번째

| 어 | 불 | 택 | 발 |  | 무 | 사 | 안 | 일 |
|---|---|---|---|---|---|---|---|---|
| 처 |  |  | 산 | 성 | 비 |  |  | 패 |
| 구 |  | 활 | 개 |  | 판 | 시 |  | 도 |
| 니 | 퍼 |  | 세 | 부 | 적 |  | 졸 | 지 |
|  | 짐 | 작 |  | 상 |  | 본 | 때 |  |
| 자 | 성 |  | 부 | 자 | 유 |  | 기 | 와 |
| 유 |  | 선 | 정 |  | 아 | 량 |  | 룡 |
| 방 |  |  | 부 | 상 | 독 |  |  | 봉 |
| 임 | 시 | 낭 | 패 |  | 존 | 망 | 지 | 추 |

## 여든아홉 번째

| 반 | 포 | 지 | 효 |  | 궁 | 구 | 막 | 추 |
|---|---|---|---|---|---|---|---|---|
| 근 |  |  | 자 | 연 | 인 |  |  | 금 |
| 착 |  | 생 | 애 |  | 모 | 험 |  | 찬 |
| 절 | 회 |  | 일 | 상 | 사 |  | 투 | 옥 |
|  | 오 | 류 |  | 층 |  | 변 | 명 |  |
| 인 | 리 |  | 학 | 부 | 형 |  | 성 | 사 |
| 과 |  | 선 | 발 |  | 설 | 욕 |  | 차 |
| 응 |  |  | 동 | 인 | 지 |  |  | 불 |
| 보 | 혜 | 미 | 안 |  | 공 | 전 | 절 | 후 |

## 아흔 번째

| 토 | 착 | 왜 | 구 |  | 수 | 주 | 대 | 토 |
|---|---|---|---|---|---|---|---|---|
| 사 |  |  | 제 | 정 | 신 |  |  | 영 |
| 구 |  | 와 | 불 |  | 제 | 법 |  | 삼 |
| 팽 | 배 |  | 능 | 변 | 가 |  | 발 | 굴 |
|  | 수 | 치 |  | 화 |  | 하 | 자 |  |
| 시 | 진 |  | 선 | 구 | 자 |  | 취 | 향 |
| 종 |  | 보 | 건 |  | 기 | 념 |  | 우 |
| 여 |  |  | 전 | 변 | 기 |  |  | 지 |
| 일 | 척 | 건 | 곤 |  | 만 | 시 | 지 | 탄 |

## 아흔한 번째

| 지 | 자 | 불 | 언 |  | 동 | 대 | 서 | 걸 |
|---|---|---|---|---|---|---|---|---|
| 란 |  |  | 소 | 매 | 가 |  |  | 음 |
| 지 |  | 팔 | 자 |  | 홍 | 익 |  | 나 |
| 교 | 체 |  | 약 | 재 | 상 |  | 미 | 비 |
|  | 계 | 몽 |  | 채 |  | 원 | 망 |  |
| 염 | 화 |  | 장 | 기 | 수 |  | 인 | 파 |
| 불 |  | 복 | 구 |  | 불 | 만 |  | 과 |
| 급 |  |  | 지 | 정 | 석 |  |  | 지 |
| 타 | 초 | 경 | 사 |  | 권 | 불 | 십 | 년 |

## 아흔두 번째

| 춘 | 와 | 추 | 선 |  | 청 | 약 | 불 | 문 |
|---|---|---|---|---|---|---|---|---|
| 한 |  |  | 견 | 교 | 상 |  |  | 필 |
| 노 |  | 견 | 지 |  | 과 | 잉 |  | 쌍 |
| 건 | 성 |  | 명 | 사 | 수 |  | 호 | 전 |
|  | 명 | 성 |  | 주 |  | 두 | 각 |  |
| 경 | 서 |  | 나 | 전 | 칠 |  | 세 | 포 |
| 세 |  | 타 | 도 |  | 거 | 만 |  | 호 |
| 제 |  |  | 주 | 거 | 지 |  |  | 함 |
| 민 | 주 | 주 | 의 |  | 악 | 발 | 토 | 포 |

## 아흔세 번째

| 대 | 동 | 소 | 이 |  | 기 | 세 | 양 | 난 |
|---|---|---|---|---|---|---|---|---|
| 우 |  |  | 모 | 범 | 수 |  |  | 득 |
| 탄 |  | 도 | 취 |  | 소 | 신 |  | 호 |
| 금 | 기 |  | 인 | 생 | 관 |  | 궤 | 도 |
|  | 공 | 공 |  | 활 |  | 열 | 변 |  |
| 외 | 식 |  | 경 | 사 | 면 |  | 가 | 치 |
| 면 |  | 호 | 의 |  | 장 | 담 |  | 발 |
| 수 |  |  | 비 | 육 | 우 |  |  | 부 |
| 새 | 옹 | 지 | 마 |  | 피 | 장 | 파 | 장 |

## 아흔네 번째

| 즐 | 문 | 토 | 기 |  | 이 | 란 | 격 | 석 |
|---|---|---|---|---|---|---|---|---|
| 풍 |  |  | 상 | 고 | 심 |  |  | 불 |
| 목 |  | 마 | 천 |  | 전 | 복 |  | 가 |
| 우 | 승 |  | 외 | 경 | 심 |  | 수 | 난 |
|  | 강 | 구 |  | 쟁 |  | 압 | 도 |  |
| 외 | 기 |  | 소 | 자 | 출 |  | 사 | 태 |
| 유 |  | 곤 | 불 |  | 람 | 사 |  | 강 |
| 외 |  |  | 간 | 주 | 지 |  |  | 즉 |
| 강 | 근 | 지 | 친 |  | 예 | 의 | 범 | 절 |

## 아흔다섯 번째

| 이 | 로 | 동 | 귀 |  | 적 | 덕 | 누 | 인 |
|---|---|---|---|---|---|---|---|---|
| 포 |  |  | 마 | 연 | 지 |  |  | 마 |
| 역 |  | 처 | 방 |  | 천 | 착 |  | 역 |
| 포 | 기 |  | 우 | 수 | 리 |  | 선 | 동 |
|  | 시 | 방 |  | 난 |  | 악 | 착 |  |
| 이 | 감 |  | 태 | 극 | 삼 |  | 순 | 서 |
| 율 |  | 냉 | 평 |  | 척 | 결 |  | 간 |
| 배 |  |  | 성 | 충 | 동 |  |  | 충 |
| 반 | 생 | 반 | 사 |  | 자 | 린 | 고 | 비 |

## 아흔여섯 번째

| 강 | 기 | 퇴 | 이 |  | 애 | 매 | 모 | 호 |
|---|---|---|---|---|---|---|---|---|
| 려 |  |  | 소 | 식 | 지 |  |  | 연 |
| 자 |  | 관 | 능 |  | 중 | 추 |  | 지 |
| 용 | 서 |  | 장 | 판 | 지 |  | 계 | 기 |
|  | 사 | 단 |  | 결 |  | 절 | 영 |  |
| 세 | 시 |  | 세 | 례 | 명 |  | 배 | 후 |
| 사 |  | 갈 | 구 |  | 철 | 저 |  | 시 |
| 난 |  |  | 연 | 화 | 보 |  |  | 지 |
| 측 | 은 | 지 | 심 |  | 신 | 세 | 한 | 탄 |

## 아흔일곱 번째

| | | | | | | | | |
|---|---|---|---|---|---|---|---|---|
| 맹 | 귀 | 우 | 목 | | 자 | 승 | 자 | 박 |
| 호 | | | 전 | 성 | 기 | | | 이 |
| 복 | | 긍 | 지 | | 암 | 살 | | 부 |
| 초 | 월 | | 계 | 명 | 시 | | 애 | 정 |
| | 경 | 륜 | | 랑 | | 염 | 원 | |
| 독 | 자 | | 과 | 보 | 호 | | 조 | 석 |
| 야 | | 은 | 인 | | 마 | 름 | | 척 |
| 청 | | | 지 | 원 | 망 | | | 기 |
| 청 | 천 | 벽 | 력 | | 북 | 창 | 삼 | 우 |

## 아흔여덟 번째

| | | | | | | | | |
|---|---|---|---|---|---|---|---|---|
| 인 | 사 | 불 | 성 | | 언 | 청 | 계 | 용 |
| 이 | | | 인 | 건 | 비 | | | 호 |
| 불 | | 의 | 지 | | 천 | 혜 | | 지 |
| 발 | 권 | | 미 | 사 | 리 | | 박 | 자 |
| | 고 | 갈 | | 실 | | 약 | 진 | |
| 묘 | 안 | | 구 | 상 | 안 | | 감 | 각 |
| 년 | | 목 | 첩 | | 빈 | 번 | | 지 |
| 재 | | | 반 | 승 | 낙 | | | 불 |
| 격 | 절 | 탄 | 상 | | 도 | 로 | 무 | 공 |

## 아흔아홉 번째

| | | | | | | | | |
|---|---|---|---|---|---|---|---|---|
| 학 | 수 | 고 | 대 | | 육 | 대 | 반 | 낭 |
| 철 | | | 동 | 정 | 식 | | | 자 |
| 부 | | 폐 | 단 | | 처 | 세 | | 야 |
| 어 | 깨 | | 결 | 사 | 대 | | 조 | 심 |
| | 소 | 행 | | 오 | | 참 | 작 | |
| 부 | 금 | | 예 | 정 | 일 | | 설 | 득 |
| 앙 | | 임 | 의 | | 념 | 념 | | 의 |
| 무 | | | 전 | 쟁 | 통 | | | 지 |
| 괴 | 회 | 지 | 심 | | 암 | 중 | 모 | 색 |

## 백 번째

| | | | | | | | | |
|---|---|---|---|---|---|---|---|---|
| 충 | 간 | 의 | 담 | | 천 | 학 | 비 | 재 |
| 비 | | | 호 | 혜 | 성 | | | 소 |
| 서 | | 비 | 호 | | 난 | 제 | | 난 |
| 간 | 담 | | 지 | 우 | 개 | | 연 | 면 |
| | 박 | 살 | | 거 | | 섭 | 리 | |
| 여 | 질 | | 인 | 지 | 도 | | 지 | 모 |
| 리 | | 요 | 인 | | 문 | 선 | | 략 |
| 박 | | | 성 | 공 | 담 | | | 선 |
| 빙 | 공 | 영 | 사 | | 불 | 역 | 지 | 전 |